Leben gestalten

Auf dieser Seite wird Ihnen eine Person vorgestellt, die es sich in besonderer Weise lohnt kennenzulernen.

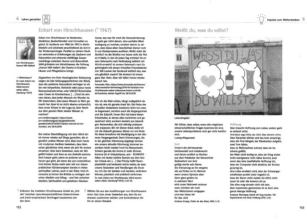

Impulse zum Weiterdenken

Hier finden Sie ein Werk der bildenden Kunst oder Literatur, welches Sie noch einmal zum Nachdenken anregen soll.

Im Gespräch bleiben

Hier reflektieren Sie am Ende des Kapitels, was Sie Neues kennengelernt haben und ob Sie Bekanntes in einem anderen Licht sehen. Mithilfe der Abschlussaufgabe können Sie festhalten, was Sie gelernt haben, um mit anderen zu diesem Thema im Gespräch bleiben zu können.

Symbole

→ Querverweise in der Randspalte verweisen auf thematisch passende Texte innerhalb des Buchs.

\# Hashtags finden Sie unter den Texten. Sie besitzen informierende, kommentierende und vernetzende Funktion.

⊕ Recherchebegriffe in der Randspalte dienen Ihnen am Ende jeder thematischen Einheit als Hilfe zur weiteren thematischen Suche im Internet.

Zugelassen als Lehrbuch für den katholischen Religionsunterricht an den angegebenen Schularten für die Bundesländer Berlin, Brandenburg, Hessen, Mecklenburg-Vorpommern, Niedersachsen, Nordrhein-Westfalen, Rheinland-Pfalz, Saarland, Sachsen, Sachsen-Anhalt, Schleswig-Holstein und Thüringen.

Berlin:	Gymnasium, Integrierte Sekundarschule, Gemeinschaftsschule
Brandenburg:	Gymnasium, Gesamtschule mit gymnasialer Oberstufe
Hessen:	Gymnasium (Gy8 und Gy9), Gesamtschule
Mecklenburg-Vorpommern:	Gymnasium, Gesamtschule
Niedersachsen:	Gymnasium, Oberschule, Gesamtschule
Nordrhein-Westfalen:	Gymnasium, Gesamtschule, Gemeinschaftsschule
Rheinland-Pfalz:	Gymnasium, Integrierte Gesamtschule
Saarland:	Gymnasium, Gemeinschaftsschule
Sachsen:	Gymnasium
Sachsen-Anhalt:	Gymnasium, Gesamtschule, Gemeinschaftsschule
Schleswig-Holstein:	Gymnasium, Gemeinschaftsschule
Thüringen:	Gymnasium, Gemeinschaftsschule, Gesamtschule

1. Auflage   1 5 4 3 2 1 | 24 23 22 21 20

Alle Drucke dieser Auflage sind unverändert und können im Unterricht nebeneinander verwendet werden. Die letzte Zahl bezeichnet das Jahr des Druckes.

Herausgeber: Prof. Dr. Norbert Brieden; Prof. Dr. Markus Tomberg
Autorinnen und Autoren: Uta Martina Hauf; Marcus Hoffmann; Anne Sand; Silvia Maria Tan; Dr. Tobias Voßhenrich

Entstanden in Zusammenarbeit mit dem Projektteam des Verlages.

Gestaltung: Kognito Gestaltung GmbH, Berlin
Umschlaggestaltung: Ernst Klett Verlag GmbH
Satz: Fotosatz Herbert Buck, Kumhausen
Druck: DBM Druckhaus Berlin-Mitte GmbH, Berlin

Printed in Germany
ISBN 978-3-12-007256-0

Leben gestalten
Oberstufe

Einführungsphase

Unterrichtswerk
für den Katholischen Religionsunterricht

Herausgegeben von Prof. Dr. Norbert Brieden und
Prof. Dr. Markus Tomberg

Erarbeitet von
Uta Martina Hauf
Marcus Hoffmann
Anne Sand
Silvia Maria Tan
Dr. Tobias Voßhenrich

Ernst Klett Verlag
Stuttgart · Leipzig

Inhaltsverzeichnis

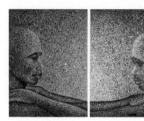

Liebe Schülerin, lieber Schüler,

„Religion" ist ein außergewöhnliches Fach. Es ist das einzige Unterrichtsfach, das im Grundgesetz der Bundesrepublik Deutschland verankert ist. Es bezieht mit der Kirche einen nichtstaatlichen Partner in die Schule ein: Wer „Religion" unterrichtet, braucht eine kirchliche Unterrichtserlaubnis, die sogenannte „Missio canonica" bei katholischen, die „Vocatio" bei evangelischen Lehrkräften. Schulbücher tragen einen kirchlichen Genehmigungsvermerk. Und zugleich, auch das ist im Grundgesetz festgelegt, wird niemand zur Teilnahme am Unterricht gezwungen. „Religion" ist ein eigenartiges Fach, und es lohnt, darüber nachzudenken.

Geschichtlich betrachtet stammt der Religionsunterricht aus einer Zeit, als Schule und Unterricht ausschließlich kirchlich verantwortet wurden. Sachlich sprechen bis heute viele Argumente für ein Unterrichtsfach Religion. Die Fähigkeit, mit Religion(en) umzugehen, ist in einer pluralen Gesellschaft unverzichtbar. Die Schule muss ihren Beitrag dazu leisten.

Der konfessionelle Religionsunterricht in der Mitverantwortung der Kirchen ist dabei von besonderer Bedeutung. Denn die Auseinandersetzung mit Religion(en) ist komplex. Niemand kann das Phänomen Religion in einer exakten, für alle und alles geltenden Definition beschreiben. Wer über Religion redet, muss sich zum Phänomen Religion positionieren und angeben, was Religion überhaupt sein soll. Was „Religion" sein kann, hängt immer auch von der Auffassung derer ab, die sich mit ihr beschäftigen.

Das Lernen und Arbeiten im Religionsunterricht ist deshalb nie nur ein äußerliches Zurkenntnisnehmen von Sachverhalten. Man kann Religion nicht allein anhand von Dokumenten, der Wahrnehmung von Gottesdiensten, dem Anschauen von Riten und Bräuchen und auch nicht in der Diskussion ethischer Grundsätze angemessen entdecken. Das Entdecken von Religion braucht die Entdeckerin, den Entdecker: es braucht Sie.

Und das hat **Auswirkungen auf das Lernen im Religionsunterricht**. Natürlich geht es da um Wissenserwerb. Wie Menschen gut und richtig leben können, welche Botschaft Jesus von Nazaret gebracht hat, wie man mit der Bibel umgeht und noch vieles mehr kann und soll man lernen. Aber bereits die Frage nach dem guten und richtigen Leben zeigt: sie braucht Zustimmung. Was andere für richtig halten, muss sich in Ihrem Leben erst bewahrheiten. Lernen im Religionsunterricht zielt deshalb auf *konfessorische Kompetenz*. Damit ist die Fähigkeit gemeint, sich mit guten, vernünftigen Gründen zu religiösen Traditionen verhalten zu können, ihnen zuzustimmen und beizupflichten, sie aber auch ablehnen zu können. Und das geht am besten, wenn man einer konkreten Tradition so begegnet, dass deutlich wird, was Zustimmung bedeutet. Falsch verstanden wäre das Fach, wenn Sie sich genötigt fühlen, irrationalen Theorien oder Aussagen einfach Glauben schenken zu müssen!

Der Religionsunterricht lädt Sie ein, die Weltdeutungsperspektive der Religionen zu entdecken – und deren Lebensrelevanz auszuprobieren. **„Leben gestalten"** will Sie und Ihre Lehrerin oder Ihren Lehrer dabei unterstützen. Der Titel des Unterrichtswerks, das Sie in Händen halten, betont: Religionsunterricht dient nicht der Kirche, sondern Ihnen.

Die Reflexionsangebote und Denk- und Erfahrungsherausforderungen des Buches unterteilen sich in sechs Kapitel. Im *ersten Kapitel* geht es ausdrücklich um Sie: Nur in und durch Beziehungen können wir (über-)leben, nur aus Beziehungen heraus uns selbst verstehen. Das *zweite Kapitel* fragt nach dem Beitrag der jüdisch-christlichen Tradition in diesem Beziehungsgefüge. Im *dritten Kapitel* begegnen Sie der Vision Jesu vom Gelingen dessen, was Menschen miteinander beginnen. Im *vierten Kapitel* geht es um die Frage nach dem richtigen und guten Leben und der Suche nach Orientierung Ein schwieriges, für viele Menschen heute sogar sehr fern liegendes Thema, nimmt das *fünfte Kapitel* in den Blick. Hat die Kirche Menschen heute noch etwas zu sagen? Haben Sie der Kirche etwas zu sagen? Das *sechste Kapitel* fragt dann noch einmal grundsätzlich nach dem komplizierten Phänomen „Religion" und der Bedeutung von Glaube und Vernunft für alles, was sich erkennen, verstehen und denken lässt.

Die Kapitel sind einheitlich aufgebaut. Sie beginnen mit einer *Bildseite sowie mehreren Angeboten*, miteinander Ins Gespräch zu kommen. Schließlich bringen Sie alle bereits umfangreiches Wissen, Meinungen oder Erfahrungen mit, denen der Unterricht Raum geben soll. Jedes Kapitel macht Ihnen dann einen Vorschlag für die Arbeit an einem gemeinsamen *Projekt*.

Auf den nächsten Seiten finden Sie *thematische Arbeitseinheiten*. Durchnummerierte Texte, Bilder und Grafiken bieten Ihnen Gelegenheit zur Auseinandersetzung und Diskussion, zu Zustimmung und Widerspruch. Jede dieser Einheiten schließt mit Arbeitsaufträgen.

Den Schluss jedes Kapitels bilden wieder drei besondere Angebote. Die *„Leben-gestalten"*-Seite stellt Ihnen eine Kurzbiographie vor. *Impulse zum Weiterdenken* bieten Ihnen verschiedene Angebote für weiterführende Überlegungen. Und die Seite *Im Gespräch bleiben* greift auf die Erfahrungen zurück, die Sie bei der Arbeit mit dem Kapitel gemacht haben, und verbindet sie mit den Überlegungen, mit denen Sie in die Arbeit an dem Kapitel eingestiegen sind.

Beziehungen sind ein Leitthema dieses Buches. Deshalb finden Sie auf den Themenseiten **weitere Beziehungsangebote**: Zum ersten zu jedem Text die vollständigen *bibliographischen Angaben*. Die korrekte Zitation ermöglicht es Ihnen, den Originaltext – z.B. in der ungekürzten Fassung – in einer Bibliothek nachzuschlagen. Eine Einordnung der Positionen erleichtern aber auch knapp gehaltene *biographische Hinweise* zu den Autorinnen und Autoren.

Weil viele Themen facettenreich sind und sich erst in der Pluralität der Perspektiven erschließen, geben Ihnen *Querverweise* Hinweise auf weitere Aspekte eines Themas. Eine Auswahl an *Suchbegriffen* kann Sie unterstützen, weitere Dimensionen eines Themas durch eine Internetrecherche zu finden. Die Suchbegriffe sind dabei noch einmal unterteilt: Zunächst finden Sie solche Begriffe, die sich eng an die Themen der Materialien anschließen. Dann – nach einer Leerzeile – finden Sie Begriffe, die über das Thema hinausgehen und weitere verwandte oder vertiefende Sachverhalte erschließen können.

Und dann sind da noch *#Hashtags*. Im Internet haben sie eine doppelte Funktion: sie verweisen und gliedern, sie kommentieren aber auch. Die Hashtags in Leben gestalten kommentieren, ironisch oder vertiefend. Sie werden aber auch ausdrückliche oder assoziative Querverbindungen zwischen Texten und Kapiteln entdecken. Und genau dazu laden diese Hashtags Sie ein: Zum Querdenken und zu Entdeckungsreisen. Zu überraschenden Perspektiven. Zu Ihrem ganz eigenen Weg durch das weite Feld der Religion.

Damit sind Sie am Zug. Leben gestalten kann Ihnen nur Angebote machen – Entdecken und Ausprobieren müssen Sie selbst. Dass Sie das in einer Lerngruppe tun, ist dabei von besonderer Bedeutung. Denn mehr als Texte und Bilder ermöglichen Mitmenschen es Ihnen, sich zu positionieren, Ihren Weg zu suchen, die Bedeutsamkeiten der Themen zu erproben. Das, was Sie sich *gemeinsam erarbeiten*, sollten Sie auch gemeinsam dokumentieren. Dazu können Sie arbeitsteilig ein Glossar mit Erläuterungen zentraler Begriffe aus Religion und Ethik erstellen. Oder sie arbeiten gemeinsam an einem Wiki. So entstehen Texte, die tatsächlich Ihre Texte sind, die Ihr Verständnis und Ihre Bewertungen wiedergeben!

Religion ist ein außergewöhnliches Fach. Es lebt in ganz verschiedenen Beziehungen. Eine davon ist Ihr Unterrichtswerk „Leben gestalten". Wir hoffen, dass es Sie zu Entdeckungen inspiriert und Erfahrungen im Umgang mit Religion(en) ermöglicht.

Viel Freude bei der Arbeit wünschen Ihnen Autorenteam und Herausgeber

1 Der Mensch –
ein Beziehungswesen

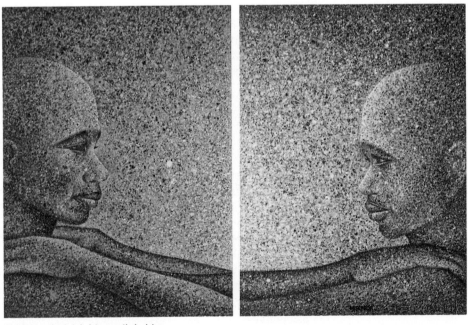

Chidi Kwubiri, Ich bin, weil du bist,
Misereor Hungertuch 2017/2018

Zusammentreffen

Der nigerianische Künstler Chidi Kwubiri (* 1966) sagt über sein Werk:
„Die Inspiration für das Motiv sind die zwei längsten Flüsse in Nigeria: die Ströme Niger und Benue. Sie fließen bei Lokoja zusammen und von dort an friedlich geeint und gestärkt weiter, obwohl sie aus verschiedenen Quellen stammen. Der Niger ist schlammig, gelb, fast rostfarben. Der Benue ist von blau-grünlicher Farbe. Wenn diese beiden Naturkräfte tatsächlich zusammenkommen können, sich gegenseitig beeinflussen und stärken können, sich ansehen und sagen können: ‚Schau, ich bin, weil du bist‘, dann ist das genau das, was ich versuche auszudrücken. Und das bringe ich mit meinem ganzen Leben in Verbindung."
Nennen Sie vergleichbare Phänomene, bei denen aus dem Zusammentreffen von Verschiedenem Neues entsteht.

Dasein

„Ich bin, weil du bist." – Tragen Sie Situationen zusammen, in denen dieser Satz stimmig, sogar wahr ist. Erläutern Sie jeweils die konkrete Bedeutung, die der Satz in den von Ihnen benannten Situationen erhält.

Menschsein

Was macht „Menschsein" aus – im Vergleich zum Tier? Nennen Sie einige Aspekte. Was heißt dagegen „menschlich sein"? Vergleichen Sie Ihre Antworten.

Ansehen

Verfolgen Sie die Blicke der beiden Menschen auf dem Bild. Beurteilen Sie, inwieweit für eine gelingende Beziehung das gegenseitige „Ansehen" (im zweifachen Wortsinn) von Bedeutung ist. Notieren Sie Wege, auf denen ein solches „Ansehen" realisiert werden kann.

Beziehung

Schauen Sie sich auf einem der gängigen Streamingportale das Video zum Song „Wenn es passiert" der deutschen Band „Wir sind Helden" an. Der Clip erzählt aus dem Leben eines Handelsvertreters.
• Beschreiben Sie das Leben des Mannes mit passenden Adjektiven.
• Im Video kommt es zu mehreren (Blick-)Kontakten des Mannes mit anderen Menschen. Beobachten Sie das gezeigte „Ansehen" und bewerten Sie seine Bedeutung für die gegenseitige Beziehung.
• Am Ende des Videos passiert etwas im Leben des Handelsvertreters. Erklären Sie mit eigenen Worten, was „es" ist. Beschreiben Sie die Wirkung des Geschehens für den Mann. Beurteilen Sie, inwieweit er selbst zu dieser Veränderung beigetragen hat.

Beziehungsmoleküle

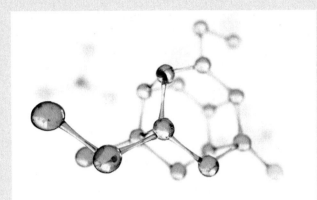

Modell eines Moleküls

Jeder und jede von uns steht in vielfältiger Weise mit anderen in Beziehung. Dabei sind diese Verbindungen mal stark und wichtig, mal weniger bedeutend.

Ein Molekül, wie wir es z. B. aus der Chemie kennen, ist die kleinste aus verschiedenen Atomen bestehende Einheit. Im Modell kann die Art und Intensität dieser Verbindungen z. B. durch die räumliche Anordnung dargestellt werden.

Ähnliches gilt auch für menschliche Verbindungen, also Beziehungen. Stellen Sie sich deshalb vor, Sie wären ein „soziales Atom". Als solches zeichnen Sie sich auf einem großen Blatt Papier (mindestens DIN-A3) in die Mitte (z. B. als Kreis). Überlegen Sie spontan: Zu welchen Personen (oder Dingen?) haben Sie eine (emotionale) Beziehung? Zeichnen Sie Ihre wichtigsten Beziehungen durch Verbindungen zu weiteren „Atomen" ein, am besten besonders kräftig oder dick. Dabei drücken Sie durch den Abstand zu ihnen Nähe und Distanz aus. Ergänzen Sie nun nach und nach, mit welchen „Atomen" Sie noch in Beziehung stehen. Tragen Sie auch diese ein, in angemessenem Abstand, möglicherweise in unterschiedlicher Größe je nach Bedeutung für Sie. Gibt es Lieblingsbeziehungen? Oder besonders belastende Beziehungen? Entdecken Sie Querverbindungen? Auch diese können in geeigneter Form festgehalten werden. Am Ende wird ein durchaus komplexes, aber aussagekräftiges „Beziehungsmolekül" entstehen.

Das Beziehungsmolekül, das Sie gezeichnet haben, ist nur eine Momentaufnahme. Ihr Beziehungsnetzwerk ändert sich ständig. Beziehungen verändern sich, neue kommen hinzu und beeinflussen die gesamte „Statik" des Moleküls.

Führen Sie begleitend zur Unterrichtsreihe ein „Beziehungsdiary". Machen Sie sich auf der Grundlage Ihres Beziehungsmoleküls in regelmäßigen Abständen (z. B. alle zwei Tage, jede Woche, nach jeder Religionsstunde ...) Notizen, wie sich Ihre Beziehungen entwickelt haben. Möglicherweise haben sich manche Beziehungen intensiviert, sind wichtiger geworden, während andere in den Hintergrund getreten sind. Vielleicht entdecken Sie im Verlauf der Unterrichtsreihe auch, dass Sie Ihr Beziehungsmolekül erweitern, verändern oder ganz neu denken wollen.

Bei diesem Projekt können Sie

... sich der Vielfalt ihrer Lebensbeziehungen bewusst werden.

... Beziehungsmuster und Beziehungsnetzwerke aufdecken und Ihre Rolle darin wahrnehmen und reflektieren.

... sich selbst als konkretes Beziehungswesen wahrnehmen und die Bedeutungen Ihrer Beziehungen untersuchen.

... Beziehungsveränderungen wahrnehmen, beschreiben und gegebenenfalls aktiv gestalten.

In Beziehungen verstrickt oder geborgen?

M 1 Solveig D., 16 Jahre, aus Münster, erzählt aus ihrem Leben

Da erreichte mich dann eine SMS von meinem Ex-Freund – mit dem ich aber (leider?) noch viel zu viel Kontakt hatte, um ihn abhaken zu können –, dass ich doch bitte versuchen sollte,
5 die Karten für „Harry Potter und der Feuerkelch" bis 22:30 Uhr im Cineplex abzuholen – um 23 Uhr fing ja der Film an, den zusammen zu gucken wir spontan beschlossen haben. [...]

Nachdem Solveig feststellen musste, dass das
10 *Kino nachmittags noch geschlossen hatte, fuhr sie zunächst nach Hause.*

Die Tür aufgemacht wurde mir da von meiner Oma – mein Vater war die letzten Tage, für mich sehr spontan, zu seiner neuen, einen
15 Kopf größeren Freundin gefahren, die ihren Geburtstag mit Familie feierte, zu der mein Vater jetzt anscheinend nach drei Wochen Intensivbeziehung auch gehörte. Jedenfalls hieß es nun die nächsten Stunden
20 so rumzukriegen, dass ich nicht das Gefühl bekam, meine Oma in noch depressivere oder stillere Stimmungen zu versetzen, als die, in der sie sich chronisch zu befinden scheint. Also: zuhören, Small-Talk. Mein neunjähriger
25 Bruder verhielt sich absolut ähnlich und immer wieder erstaunte mich seine aufrichtige Höflichkeit, die ihm normalerweise nicht so zuzutrauen ist. Der doch teilweise beklemmend-fremd wirkenden Enkel-Oma-Zusam-
30 menkunft wurde dann (endlich) um halb vier ein Ende gesetzt: Es klingelte. Meine Mutter, die seit der Trennung vor fast fünf Jahren schon ein paar Minuten entfernt wohnt und bei der ich jede zweite Woche verbringe, stand
35 in der Tür, um uns drei abzuholen und das Band der Schwiegerfamilie aufrecht zu erhalten und in Telgte Kuchen zu essen, in einem kleinen Hinterhofcafé, das sehr gemütlich und nobel wirkte – auch wenn die Bilder an den
40 Wänden leicht geschmacklos waren. Also saßen wir da, unterhielten uns über ganz normales Zeug. [...] Die Überraschung kam für mich dann schnell: Meine Frage, wie sie Weihnachten mit ihrem Freund organisiert, beant-
45 wortete meine Mutter damit, dass sie wohl gar nichts mehr machen würden. Also hatten sie

sich schon wieder getrennt. Zum achten Mal inzwischen, glaube ich. Im Moment hatten wir ein wirklich gutes Verhältnis zueinander, ich
50 glaubte ihr, dass es diesmal endgültig aussieht. Und es tat mir wirklich leid. Die Gründe sahen für mich wie meine eigenen Beziehungsscheiterungsgründe aus: Probleme mit Freiheit und Vertrauen.
55 Kurz darauf fuhren wir schon wieder. Die perfekte Abendplanung für diesen Freitag hätte dann so ausgesehen: um kurz nach acht nach Drensteinfurt fahren, um da alle möglichen Freunde in einer Kneipe zu treffen, die
60 mittlerweile bei Leuten über 20 – nach meinem Ex-Freund – gemieden wird, weil zu viele „junge" Leute da rumtanzen. Dass ich allerdings vorhatte, um elf schon wieder im Kino zu sein, mit einem Menschen, zu
65 dem ich eigentlich keinen Kontakt mehr haben sollte, habe ich allen verschwiegen. Es ist nämlich immer schwer gewesen, mit meiner besten Freundin darüber zu reden, und dem bin ich dann auch penibel aus dem Weg gegan-
70 gen. Die Zeit fehlt mal wieder am falschen Platz ... Entschieden habe ich mich letztendlich dann fürs Kino, die Spannung zwischen mir und meinem Ex-Freund war noch groß genug,
75 sodass ich der Situation nicht aus dem Weg gehen wollte. Dass ich nicht in der Kneipe aufgetaucht bin, habe ich mit anderen Gründen entschuldigt und mich schlecht dabei gefühlt. [...]
80 Einige Zeit später kam dann auch mein Ex-Freund, mit für ihn wirklich untypisch guter Laune: strahlend und erzählend. [...] Auf dem Weg zu unseren Plätzen bin ich dann auch
85 noch fast über meine Trainerin (ich voltigiere) und zwei andere Bekannte aus meinem Verein gestolpert, die mich auch gleich belustigt darauf aufmerksam gemacht haben. Der Film fing an ... und mit der Zeit begannen auch unsere
90 Hände, sich gegenseitig zu berühren, während Harry Potter gegen einen Hornschwanz kämpfte. Schließlich und plötzlich kam es wieder zu einem, zwei, drei ... Küssen und zu aufkommenden, schönen Erinnerungen ...
95 Ich erinnere mich, wie wir um beinahe halb drei morgens endlich im Parkhaus standen, in einer gewaltigen Schlange, ich meiner Traine-

🌐 Mein 18. November, Alltagsgeschichte

Autobiografie

rin noch ein zweites Mal begegnete, [...] Hand in Hand mit meinem „Ex"-Freund. Und trotz-
100 dem: Unsere Streitereien und die unterschiedlichen Ansichten zu bestimmten Themen konnte ich nicht aus meinem Kopf streichen, obwohl der Abend (oder der Morgen) sehr schön war.

„Mein 18. November". Menschen schreiben Alltagsgeschichte(n). Hrsg. v. Ruth-E. Mohrmann, Britta Spies und Lutz Volmer. Münster/New York/München/Berlin (Waxmann) 2006, S.48–50.

#Werbinich
#Hin-undhergerissen
#ErzähldeineGeschichte

→ Erzählen – das heißt auch, sich etwas anzueignen: S.37.

M2 Beziehungsbilder

1 Setzen Sie sich mit Solveig D. auseinander.
a) Arbeiten Sie heraus, mit wem/mit was Solveig D. in Beziehung steht **M1**.
b) Entwickeln Sie Kategorien, mit deren Hilfe die Beziehungen unterschieden und klassifiziert werden können.
c) Visualisieren Sie diese Beziehungen als Beziehungsmolekül (vgl. S.9).

d) Beziehungsbilder: Ordnen Sie – soweit möglich – die Abbildungen **M2** den Kategorien zu, die Sie entwickelt haben.

2 Setzen Sie sich damit auseinander, inwiefern Solveig D. in Beziehungen verstrickt oder geborgen ist.

Übertragen Sie die Kategorien, die Sie entwickelt haben, auf Ihr eigenes Beziehungsmolekül.

Lebendig sein heißt in Beziehungen stehen

Beziehungsfähig zu sein und Beziehungen zu haben – das sind keine mehr oder weniger zufälligen Eigenarten des Menschseins. Beziehungen machen das Wesen des Menschen aus und bestimmen seine gesamte Existenz.

M1 Von der Kunst zu brauchen und gebraucht zu werden

Fulbert Steffensky (* 1933) ist ein deutscher evangelischer Theologe.

Lebendig sein heißt in Beziehungen stehen, Beziehungslosigkeit ist der Tod des Menschen, und eine der möglichen Beziehungen zu anderen und zur Welt ist, dass man nötig ist, dass
5 man uns braucht und gebraucht. Mit dieser Kunst, sich brauchen zu lassen, hängt eine andere zusammen, die Kunst jemanden zu brauchen. Ich halte sie für die viel schwerere Kunst. Es gibt Menschen, die jederzeit für andere da
10 und bereit sind; die selbstlos jedem Hilferuf folgen, die sich aber viel schwerer damit tun, selber andere zu bitten und andere in Anspruch zu nehmen. Sie lassen sich brauchen, wagen oder wollen aber nicht andere brau-
15 chen. Vielleicht glauben sie, dass sie es nicht verdienen, andere zu brauchen. Vielleicht können sie nicht auf ihre kärgliche Unabhängigkeit verzichten. Wenn ich jemanden brauche, gebe ich zu, dass es nicht genug ist, mein eige-
20 ner Souverän zu sein. Ich gebe in Demut zu, dass ich angewiesen bin und mit mir allein nicht auskomme. Die Angewiesenheit auf andere ist keine Schwäche, es ist Schönheit. Die eigentliche Größe des Menschen ist, diese Ver-
25 wiesenheit zu bejahen und sich ihrer nicht zu schämen. Je geistiger ein Wesen ist, umso mehr ist es angewiesen und abhängig, und es schämt sich nicht dieser Abhängigkeit. Erst von einem Wesen, das seine eigene Hilfsbe-
30 dürftigkeit nicht verleugnet, kann man sich helfen lassen, ohne dass diese Hilfe beschämt. Das eine Unglück der Menschen ist, von niemandem gebraucht zu werden. Das andere Unglück besteht darin, nur als Instrument ge-
35 braucht zu werden. Benutzt werden heißt entwürdigt zu werden. Man ist ein Ding, man ist ein Instrument. Man ist sich nicht mehr Selbstzweck, man wird von anderen zu Zwecken benutzt. Es kommt dabei nicht auf die
40 Person eines Menschen an, sondern auf die Funktion, die er ausübt. Wenn man zu diesen Zwecken nicht mehr taugt, ist man ein überflüssiger Fresser und kann eliminiert werden. Das ist das andere Unglück, nur für die Zwecke

🌐 Humankapital, Menschenmaterial, Demut, Existenzialpragmatik, relationale Ontologie

Unwort des Jahres, Kant: Selbstzweckformel, Dialogphilosophie, Martin Buber

Reinhold Boschki (* 1961) lehrt Religionspädagogik an der Eberhard Karls Universität Tübingen.

45 anderer zu existieren. Jedes den Menschen nicht schändende Gebrauchtwerden hat etwas mit Liebe zu tun: gebraucht werden als eine Möglichkeit, die anderen zum Leben verhilft, ob man nun gebraucht wird für Menschen
50 oder für eine Idee oder ein Ziel, das menschenwürdig und menschenfördernd ist. Ein humanes Gebrauchtwerden heißt, dass das Herz gebraucht wird, nicht nur die Hände. Wo dies nicht der Fall ist, ist man entwürdigt und nur
55 noch Mittel zum Zweck. Es gibt Wörter in unserer Sprache, die diese Art von Benutzung anzeigen, etwa das Wort Menschenmaterial der Nazis oder das gebräuchliche Wort Humankapital. Auch das Wort Arbeitskräfte kommt in
60 die gefährliche Nähe eines solchen Begriffs. Hier ist nur noch an die Verwendungsmöglichkeit des Menschen gedacht.

Fulbert Steffensky, Wider die Angst vor dem Unglück, in: EFL-Beratung Nr.40/2018, S.19–27, hier: S.26f.

#Benutzmich

M2 In Beziehung zu Raum und Zeit

Der Tübinger Religionspädagoge Reinhold Boschki legt die Weltbezüge mit Blick auf Kinder und Jugendliche weiter aus:

Ohne Beziehung gibt es kein Menschsein, ohne ein gesundes Geflecht an Beziehungen gibt es keine gesunde Entwicklung von jungen Menschen. [...]
5 Beziehung ist geprägt von Zeit und Zeitlichkeit. Zeit ist ein Wesenskern von Beziehung, der als dynamischer Prozess verstanden werden muss. Beziehungen haben einen Anfang, einen Verlauf und gegebenenfalls ein Ende. Sie
10 sind keine geraden Linien, sondern wechselvolle Geschehnisse, die durch Verdichtungen oder Verflachungen gekennzeichnet sein können. [...] Die vielfältigen menschlichen Beziehungsdimensionen umfassen auch die
15 Beziehung zu übergeordneten Räumen, zu Lebensräumen und Zeiträumen. Kinder erleben in besonderer Weise die sie umgebenden Räume. Sie setzen sich in Beziehung zu ihnen und verändern sie. Raumerleben und Zeiterle-

20 ben sind eng verknüpft. Zu den bedeutsamen Räumen und Zeitstrukturen gehören die Dinge des Alltags, Institutionen, die gesamte belebte und unbelebte Umwelt, die Gesellschaft, die kollektive Geschichte und die individuelle 25 Biographie. Kinder und Jugendliche setzen sich aktiv „in Beziehung" zu diesen Räumen und Zeiten.

Reinhold Boschki, „Beziehung" als Leitbegriff der Religionspädagogik. Grundlegung einer dialogisch-kreativen Religionsdidaktik, Ostfildern 2003, S. 89.

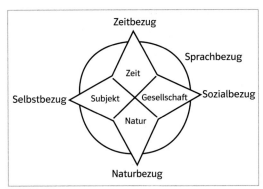

M 3 Hans-Joachim Höhn, Zeit und Sinn. Religionsphilosophie postsäkular, Paderborn u. a. 2010, S. 127.

M 4 Relationalität: Die Lebens- und Weltbezüge des Menschen

Am Leben sein heißt grundsätzlich: „ein Verhältnis haben", „in Beziehungen stehen" und sich zu diesen Beziehungen nochmals in ein Verhältnis setzen können. Die ursprüngliche 5 Konstellation und unabstreifbare Grundstruktur des Menschseins ist durch Relationalität charakterisiert. Die Rückfrage nach der elementaren Verfassung menschlicher Existenz ergibt, dass sie durch vier Bezüge gekenn-10 zeichnet ist, die nicht aufeinander zurückgeführt oder voneinander abgeleitet werden können: Jeder Mensch ist in der Weise am Leben, dass er/sie ein Verhältnis hat zur Gesellschaft, Natur, Zeit und zu sich selbst. Zwischen 15 diesen Bezügen besteht ein Verhältnis der wechselseitigen Implikation.

Hans-Joachim Höhn, Postsäkular. Gesellschaft im Umbruch – Religion im Wandel, Paderborn u. a. 2007, S. 66.

#AlleshatseineZeit
#LebenistBegegnung

Hans-Joachim Höhn (* 1957) ist kath. Theologe und Religionsphilosoph an der Universität zu Köln.

→ In Beziehung stehen hat ethische Implikationen: S. 82.

→ Beziehungsgefüge eröffnen konkrete Perspektiven auf Kirche (S. 116 f.) und Wirklichkeit insgesamt (S. 132–135).

1 „Lebendig sein heißt in Beziehungen stehen" **M 1**, Z. 1.
a) Notieren Sie weitere Sätze aus dem Text von Steffensky, die Beziehungsherausforderungen benennen. Diskutieren Sie Ihre Auswahl in der Lerngruppe.
b) Erklären Sie, worin die Kunst (Z. 6 ff.) und das Unglück (Z. 32 ff.) des Menschen bestehen **M 1**.

2 „Am Leben sein heißt: bei (sich) sein, mit (anderen) sein, gegenüber (anderem) sein, in (der Zeit) sein" (Höhn). Finden Sie Beispiele für jeden dieser in **M 4** genannten vier Grundbezüge des Menschen und ordnen Sie diese dem Schaubild **M 3** zu.

3 „Ohne Beziehung gibt es kein Menschsein" **M 2**, Z. 1.
a) Benennen und erläutern Sie die Beziehungsdimensionen, die Boschki **M 2** nennt.

b) Übertragen Sie das Schaubild **M 3** vergrößert in Ihr Heft und beschriften Sie die inneren Verbindungslinien, sodass die wechselseitigen Implikationen der vier Grundbezüge deutlich werden. Greifen Sie dazu auch auf **M 2** zurück.

4 Im Schaubild **M 3** werden die vier Grundbezüge des Menschen von einem weiteren Bezug, dem Sprachbezug, umschlossen. Beschreiben Sie Beispiele, die zeigen, dass die Grundrelationen sprachlich vermittelt sein können (vgl. S. 22).

Identifizieren Sie die Grundrelationen in Ihrem Beziehungsmolekül.

Mit sich selbst in Beziehung sein – Selbstdeutungen

Der Mensch ist ein Beziehungswesen. Er verhält sich zu Menschen und Sachen.
Wie aber steht er zu sich selbst?

M1 Karikatur von Ernst Mattiello (* 1941)

Arnold Gehlen
(1904–1976) war
ein deutscher
Philosoph.

M2 Zu sich selbst Stellung nehmen –
Selbstdeutungsformeln

Arnold Gehlen hat einmal gesagt:
„Es gibt ein lebendiges Wesen, zu dessen wichtigsten Eigenschaften es gehört, zu sich selbst Stellung nehmen zu müssen, wozu eben ein
5 ‚Bild', eine Deutungsformel notwendig ist."
Bernhard Beller kommentiert:
- Sein Leben führen bedeutet, handeln zu müssen und sich entscheiden zu müssen. Aber ohne Zielbilder weiß der Mensch nicht,
10 was er in seinen Handlungen, über die pure Lebensfristung hinaus, erreichen soll, worauf er sein Leben ausrichten soll, was er aus sich selber machen soll. Ein Bild von sich bzw. von sich im Ganzen der Welt gehört
15 zwingend zu den Lebensbedingungen eines solches Wesens hinzu [...].
- Die Frage des Menschen nach sich selbst ist nicht von der Frage nach der Welt zu trennen. Ein Bild von sich selbst heißt immer,
20 ein Bild von sich selbst im Gesamt des Seins. Ein Gesamtentwurf des Menschen meint nicht nur, die leibliche wie die geistige Seite gleichermaßen einzubeziehen, sondern auch die gesamte sonstige Wirklichkeit: die
25 äußere Natur, die anderen Menschen, die Kultur und Geschichte. Der Mensch ist ja kein isoliertes Wesen, sondern lebt immer schon in einer ganz konkreten Welt, die in die Frage nach der Selbstauslegung mit
30 einzubeziehen ist.

Bernhard Beller, Anthropologie und Ethik bei Arnold Gehlen, München 2010, S. 41, 42; https://edoc.ub.uni-muenchen.de/15913/1/Beller_Bernhard.pdf

⊕ Frida Kahlo,
Selbstdeutung,
Mängelwesen

Spiegelstadium,
Jacques Lacan

Frida Kahlo (1907–
1954), bekannteste
mexikanische
Malerin und eine
der bedeutends-
ten Vertreterinnen
der volkstümlichen
Entfaltung des
Surrealismus.

M3 Frida Kahlo, Die gebrochene Säule, Öl auf Masonit (40x30), 1944

#MeinBildvonmir
#Werbinich?

1 Interpretieren Sie die Karikatur **M1**, indem Sie
a) sie sorgfältig beschreiben;
b) aufzeigen, was die Karikatur zum Ausdruck bringen will;
c) einen Titel für die Karikatur finden.
d) Bewerten Sie die Karikatur.

2 Wer zu sich selbst Stellung bezieht, braucht dazu „ein ‚Bild', eine Deutungsformel" **M2**, Z. 5.
a) Erörtern Sie im Rückgriff auf die Auslegung Bellers, inwiefern diese These Gehlens zutrifft.
b) Diskutieren Sie, inwiefern eine Antwort auf „die Frage nach der Selbstauslegung" **M2**, Z.29 eine Voraussetzung dafür darstellt, sinnvoll in der Welt zu handeln.

3 Untersuchen Sie das Selbstporträt **M3** der mexikanischen Malerin Frida Kahlo.
a) Beschreiben Sie das Bild genau.
b) Formulieren Sie die Selbstdeutungsformel, die Sie in dem Bild erkennen.

4 Kahlo fertigte zeitlebens 55 Selbstbildnisse an. Suchen Sie im Internet nach weiteren Selbstbildnissen der Künstlerin und vergleichen Sie diese miteinander vor dem Hintergrund der Biographie Kahlos.

5 Sammeln Sie Aspekte, die auf Ihrem Selbstbildnis auf gar keinen Fall fehlen dürften.

🚶🚶 Ordnen Sie die Darstellung Ihres Selbstbezugs in Ihr Beziehungsmolekül ein.

Gesicht zeigen – sich selbst zeigen?

Der Mensch kann sich sehen lassen – und er will es auch. Von alters her gebraucht der Mensch (Selbst-)Bilder und Masken, um seiner Selbstdeutung Ausdruck zu verleihen, aber auch um mit anderen in Beziehung zu treten.

Hans Belting (* 1935) lehrte Kunstgeschichte und Medientheorie in Heidelberg, München und Karlsruhe.

Georg Langemeyer (1929–2014) lehrte katholische Theologie (Dogmatik) in Bochum.

M1 Gesicht und Bild

Die Etymologie des deutschen Wortes „Gesicht" lässt aber erkennen, dass ein Ge-sicht jenes ist, das vom Betrachter gesehen wird, ähnlich wie es auch für den altgriechischen
5 Begriff pros-opon gilt, der übrigens ebenso das Gesicht wie die Maske bezeichnete. Die Wortgeschichte hat begonnen mit dem Gesicht, das andere sehen. Dabei wollen sie sich vom Gesicht, indem sie seinen Ausdruck „ablesen",
10 „ein Bild machen", obwohl sie wissen, dass Bilder täuschen können.
Unsere Gesichter können sich jederzeit in Masken verwandeln oder verschließen. Diese Verwandlung ist eine natürliche Fähigkeit, die
15 in unserer Mimik und Stimme angelegt ist. Schon deshalb lassen sich Gesicht und Maske nicht auf einen Gegensatz reduzieren. Es ist gerade die Unschärfe zwischen ihnen, die in einer Geschichte des Gesichts bald zutage
20 tritt. Erst das Gesicht verwandelt, auf andere Weise als eine Maske, den Körper in ein Bild. Dieser wird durch Gesicht und Geste als Bild wahrgenommen. Unsere Gesichter erwachen sofort zu Bildern, wenn wir blicken und spre-
25 chen. Mit dem Gesicht setzen wir uns in Szene, wie man im Deutschen sagen kann. Wir kommunizieren und repräsentieren uns selbst mit dem Gesicht. Dieses ist mehr als ein Körperteil, denn es agiert als Stellvertreter oder Pars
30 pro toto des ganzen Körpers.
Hans Belting, Faces. Eine Geschichte des Gesichts, München ²2014, S. 26.

#IchbinmeineMaske

> **Person** – lateinisch persona, stammt wohl vom altgriechischen prosopon für das, was man sehen kann: Gesicht, Antlitz, Gestalt des Menschen, aber auch die Maske, Rolle im griechischen Theater. Der Begriff wird auf das etruskische persuh (Maske) zurückgeführt.

M2 Personalität

Unter Personaliät des Menschen versteht man die Einzigkeit jedes einzelnen Menschen, die darauf beruht, dass der Mensch sich selbst als unterschieden von allen anderen Menschen
5 und allem anderen überhaupt weiß und zu sich selbst und allem anderen Stellung nimmt. Zur Personalität gehören folglich einerseits Bewusstsein und Freiheit, anderseits die Beziehung zu anderem, vor allem zu anderen
10 Personen.
Georg Langemeyer, Art. Personalität des Menschen, in: Wolfgang Beinert (Hg.), Lexikon der katholischen Dogmatik, Freiburg 1997, S. 413.

M3 Selfies

M 4 „So bin ich – bin ich so?" – Selfies als Identitätsspiegel

Identität wohnt immer auch ein Spiegelungsmoment inne, da wir den Blick der anderen brauchen, um unser Selbstbild reflexiv zu erwerben und unser Selbstwertgefühl zu regulie-
5 ren. Wir schauen den anderen daher immer in der Erwartung eines Echos oder einer Spiegelung an, um dadurch eine Bestätigung unseres Seins zu erhalten. Nur durch zwischenleibliche Kommunikation kann sich der Mensch
10 überhaupt als Person entwickeln, andere Personen als Person erleben und auch von anderen als Person erlebt werden. Die Ich-Perspektive gibt es nicht ohne die Du-Perspektive. Das heißt, Identität wird immer in Bezug auf ein
15 Gegenüber entworfen und hat demnach ein interaktionistisches Moment inne. [...] Selfies und im Internet gepostete Selbstporträts symbolisieren [...] diese Spiegelungen der „fiktiven" Gegenüber. Das heißt, durch die
20 Rückmeldungen in Form von Likes und Kommentaren findet diese Spiegelung in der digitalen Kommunikation teils verzögert und nicht-leiblich statt. Die Reaktion erfährt der Produzent bzw. die Produzentin also nicht

25 direkt beim Blick ins Angesicht des leiblich anwesenden Gegenübers oder durch die mündlich geäußerte sowie leiblich gezeigte Reaktion, sondern in Form von schriftlicher Kommunikation, wozu selbstverständlich
30 auch Symbole wie Emojis gehören. Auch wenn also die Art und Weise der Spiegelung sich heutzutage teilweise anders vollzieht, so bleibt sie dennoch weiterhin unabdingbarer Bestandteil für die reflexive Identitätsarbeit mit-
35 tels Spiegelung im Gegenüber. [...] Ich möchte bewusst nicht die These aufstellen, die leiblich präsente Kommunikation wäre direkter, echter, authentischer als die schriftliche, digitale, da mir dies nicht entscheidend erscheint. Viel-
40 mehr ist festzuhalten, dass nach wie vor Spiegelung stattfindet und dass diese gerade auch von den Akteuren und Akteurinnen als wesentlich eingestuft wird.

Kathrin S. Kürzinger, „So bin ich – bin ich so?". Identität und Spiegelungen des Selbst in Selfies und Selbstporträts, in: Tanja Gojny u.a. (Hrsg.), Selfie – I like it. Anthropologische und ethische Implikationen digitaler Selbstinszenierung, Stuttgart 2016, 117–129, hier: 127 f.

#MeinBildundich

Kathrin S. Kürzinger ist Theologin und Studienleiterin an der Evangelischen Akademie im Rheinland.

🌐 Selfie, Relfie, Nelfie

Identität, Erik H. Erikson, Heiner Keupp, Selbstdarstellungen, Selbstinszenierung, Porträt

1 Unternehmen Sie einen Selbstversuch.
a) Nehmen Sie fünf Selfies oder Fotos von Ihrem Gesicht auf, jeweils mit einem anderen Ausdruck.
b) Beschreiben Sie, wie leicht oder schwer es Ihnen gefallen ist, Ihrem Gesicht einen anderen Ausdruck zu geben.
c) Vergleichen und deuten Sie Ihre Selbstwahrnehmungen in Kleingruppen.

2 Stellen Sie den Zusammenhang von Gesicht, Maske, Bild und Körper in einem Schaubild dar **M 1**.

3 Zeigen Sie im Alltag Gesicht oder tragen Sie eine Maske? Unterscheiden Sie eine wörtliche oder eine übertragene Bedeutung der Frage und diskutieren Sie differenziert Nutzen und Schaden des Masketragens.

4
a) Erklären Sie den Begriff Personalität mit eigenen Worten **M 2**.
b) Beschreiben Sie anhand von Alltagssituationen, wie dort Ihre Personalität zum Ausdruck kommt.

5 Vergleichen Sie die Selfies **M 3** und formulieren Sie Adjektive, die zum Ausdruck bringen, welches Bild die Personen von sich abgeben möchten.

6
a) Formulieren Sie die Hauptthesen des Textes **M 4** und nehmen Sie Stellung dazu.
b) Setzen Sie sich kritisch mit der Aussage in Z. 12/13 auseinander.
c) Kürzinger schreibt an anderer Stelle ihres Textes: „Es überwiegen bei Mädchen und jungen Frauen eindeutig Flirt- und Modelposen sowie Bilder, die sie selbst als sexy oder beschützenswert darstellen, wohingegen Selfies von Jungen und jungen Männern Stärke, Macht und Dominanz demonstrieren oder sie beispielsweise in Do-it-yourself-Posen zeigen." (S. 121 f.) Recherchieren Sie durch eine Bildersuche im Internet, inwiefern diese Behauptung zutrifft. Gleichen Sie Ihren Recherchebefund mit Beobachtungen in Ihrem Umfeld ab. Diskutieren Sie, welche Gründe es für eine bewusst geschlechtsbetonte Selbstdarstellung in den Selfies geben könnte.

Der Körper als Beziehungsmedium

Dass der Mensch nicht nur ein Geist- und Vernunftwesen, sondern nicht zuletzt auch ein körperliches Wesen ist, drängt sich mehr und mehr in das Bewusstsein. Menschen legen Wert auf ihren Körper, identifizieren sich mit ihm. Er dient ihnen dabei als Beziehungs- und Ausdrucksmedium.

M 1 Gerd Hartung (1913–2003), Paar, Szenenbild einer Berliner Theateraufführung, Filzstift auf Papier, 21 x 29,7 cm

Konrad Stauss
(1943–2016),
Psychotherapeut,
Facharzt für
Psychiatrie und
Neurologie.

🌐 Agape, Eros,
Bindungstheorie

Hyperrealismus,
Expressionismus

M 2 Geschlechtlichkeit – Agape

Die größte Nähe wird oft im sexuellen Erleben erfahren. Sexualität wird als eine Form der erotischen Begegnung verstanden. Durch das in den Menschen hineingelegte Bedürfnis
5 nach Erotik und Sexualität tritt das Ich aus seiner Selbstgenügsamkeit heraus und öffnet sich mit allen Sinnen auf das (erotische) Du hin. Es kommt zu einem Dialog und zur Hingabe an das erotische Du. Das Ich fühlt sich in
10 seinem tiefsten Wesen in seiner sexuellen Identität erkannt und wird von dem gegengeschlechtlichen, von ihm sexuell unterschiedenen Du (Differenz) angezogen. Die erotische sexuelle Begegnung hat eine dialogische
15 Struktur und schafft das Dritte, die sexuelle Vereinigung und Gemeinschaft. Daraus kann eine neue Form von Communio in Gestalt einer lang andauernden, sicheren Bindung entstehen. Das psychologische Kennzeichen einer
20 sicheren Bindung ist die gegenseitige Sorge füreinander und die Bereitschaft, sich in Notlagen gegenseitig zu trösten und zu unterstützen. In der biblischen Sprache wird diese Form von Beziehung als „Agape" bezeichnet. Agape
25 überwindet die leidenschaftlichen und oft egoistischen Züge des Eros. Die Bindung in Form von Agape will Endgültigkeit und Ausschließlichkeit. Ausschließlichkeit: Ich meine dich, und Endgültigkeit: für immer. Sie um-
30 fasst die eigene Existenz und die des geliebten Menschen und zielt auf Ewigkeit. Agape ist eine theologische Beschreibung dessen, was man psychologisch unter einer sicheren Bindung versteht: eine lebenslange Bindung an
35 den anderen mit der Bereitschaft zur gegenseitigen Übernahme von Beziehungsverantwortung und Beziehungsverpflichtung: „... gegenseitig Sorge zu tragen in guten wie in schlechten Zeiten, bis der Tod uns scheidet."

Konrad Stauss, Die heilende Kraft der Vergebung. Die sieben Phasen spirituell-therapeutischer Vergebungs- und Versöhnungsarbeit, München ⁴2010, S. 48 f.

Agape (griech. = Liebe) ist ein im nicht-christlichen Griechisch seltener, im Neuen Testament häufiger Begriff für Liebe, vor allem für selbstlose Zuneigung im Unterschied zu den sinnlich-begehrenden Momenten des Eros.
Agape meint neutestamentlich zunächst die Liebe Gottes (der die Agape selbst ist, 1 Joh 4,16) zu Jesus und zu den Menschen, dann aber auch die Liebe der Glaubenden zueinander und zu den Bedürftigen (lat. caritas) sowie das „Liebesmahl" im Gottesdienst und darüber hinaus.

Vgl. Herbert Vorgrimler, Art. Agape, in: Neues Theologisches Wörterbuch, Freiburg 2000, S. 23 f.

#MeinBildvonuns

Edvard Munch, Der Kuss, Radierung, 1895

M 4 Fitness – Selbstvergöttlichung oder Identitätsermöglicher?

Fitness ist Teil einer umfassenderen gesellschaftlichen Orientierung hin zur Körperlichkeit, die Identität stärker in subjektiver leiblicher Erfahrung verankert. [...] Das
5 unübersichtliche Feld kann strukturiert werden durch drei Körpertechniken:
a) Selbsterfahrung suchende Body-Consciousness,
b) Selbstsorge bzw. Selbstbestätigung
10 thematisierende Wellness.
c) Selbstdisziplinierung betreibende Fitness.
a) Body-Consciousness nutzt den Körper als Medium der Selbsterfahrung, um sich durch ihn seiner selbst bewusst zu werden. Dem Kör-
15 per wird dabei zugetraut, etwas über den Menschen auszusagen. Er gilt sogar als Garant der Authentizität [...]. Um ihn lesen zu können, bedarf es der Übung, das gewöhnlich unwillkürliche Körpersein zu beobachten, sich be-
20 wusst zu machen und intensiv zu spüren. Dies dient der Selbstvergewisserung und der Selbsterkenntnis.
b) Wellness geht von einem ganzheitlichen Bild des Menschen aus und möchte Körper,
25 Seele und Geist harmonisieren. Weder der Wille, noch die Gefühle, noch unwillkürliche Körperregungen sollen einseitig dominieren. Denn das als permanenter Normalzustand an-
30 gestrebte Wohlbefinden besteht in der Harmonisierung dieser Impulse. Erfahrungen der Ganzheitlichkeit sollen gesellschaftliche Fragmentierung kompensieren. Im eigenen Körper frei von fremden Ansprüchen einfach da sein zu können und sich aufgehoben zu fühlen, soll
35 die vielfältigen Rollenerwartungen und Ansprüche des Alltags ausgleichen. Wellness tendiert zur regressiven Selbstbestätigung: In meinem Körper kann ich sein, wie ich bin. Die Wellness-Praktizierende kann sich selbst von
40 allen Verwundungen erlösen, vertraut mit sich selbst werden und sich als gut und heil bestätigen. Dafür wird – abgeschirmt von störender Irritation – ein reflexives Wahrnehmen des eigenen Sich-Wohlfühlens gesucht und inten-
45 siviert.
c) Fitness sucht weniger Selbsterkenntnis und -bestätigung als – durch körperliche Selbstformung – eine effektive Steigerung des eigenen Leistungs- und Genussvermögens wie auch
50 der sozialen Wertschätzung. Der Körperausdruck folgt nicht dem Imperativ der Authentizität, sondern ist eine bewusste Inszenierung, um Anerkennung zu generieren. Gezielte Außenwirkungen setzen einen starken Willen zur
55 Selbststeuerung voraus. Man kann sich gegen seinen Körper durchsetzen und will genau dies auch zeigen. Ein fitter Körper zeigt, dass man sich optimal zu managen weiß.
Während Wellness und Body-Consciousness
60 Selbstwahrnehmung suchen, zielt Fitness auf die immer stärkere Steigerung und Formung des Körpers, die aber letztlich wiederum zum Ausweis innerer Qualitäten der Selbstdisziplin wird. Sucht Fitness den Sieg des Willens über
65 den Körper, so findet Body-Consciousness in ihm die eigene Wahrheit und Wellness regressive Selbstbestätigung. [...] In allen drei Körpertechniken Wellness, Fitness und Body-Consciousness geht es um den Umgang mit
70 dem Sich-Gegebensein als körperlichem Wesen. Im Umgang mit der eigenen Körperlichkeit übt der Mensch [...], er selbst zu werden. Das tut er a) in intensiverer Selbstwahrnehmung und -vergewisserung,
75 b) in der Bejahung seines Soseins oder
c) in der aktiven Durchsetzung des Willens.

Detlef Lienau, Fitness – Selbstvergöttlichung oder Identitätsermöglicher? Körperpraktiken aus christlicher Sicht, in: inspiration 2/2018, S. 2–8.

Edvard Munch (1863–1944), norwegischer Maler und Grafiker, Bahnbrecher des Expressionismus.

Detlef Lienau (* 1967), ist ev. Pfarrer und Religionssoziologe.

Carey Hart (* 1975) ist ein US-amerikanischer Motocrossfahrer.

→ Nichtmenschliche, aber handlungsfähige Körper? S. 98–101.

Michelle Delio ist eine freie Journalistin, die bis 2005 zahlreiche Artikel in der US-amerikanischen Computerzeitschrift Wired veröffentlichte.

M 5 Carpe diem

Ich habe eine besondere Vorliebe dafür, alle meine Erfolge und Niederlagen auf meiner Haut zu verewigen. Wenn meine Tattoos eines Tages zusammen mit mir alt geworden sind,
5 die Farben zu Monet-ähnlichen impressionistischen Pinselstrichen verblasst sind, die wunderschönen Illustrationen meines Lebens verzerrt und unkenntlich geworden sind, auch dann werde ich sie nicht bereuen. Im Gegen-
10 teil, ich werde sie noch mehr zu schätzen wissen. Tattoos sind für mich nicht nur auf eine ästhetische Art und Weise ansprechend, sondern geben mir auch Kraft und Motivation. Überdies spiegeln sie eine „Carpe-Diem"-
15 Lebenseinstellung wider, die sich gegen unsere Gesellschaft auflehnt und uns fortwährend dazu auffordert, nicht einfach mit dem Strom zu schwimmen. Das Gefühl von Individualität, das mir meine Tattoos verleiht, macht so süch-
20 tig, dass ich erst damit aufhören kann, wenn ich keine Stelle auf meiner Haut mehr frei habe.
Carey Hart, Tattoos und ihre Geschichten, Potsdam 2013, S. 74.

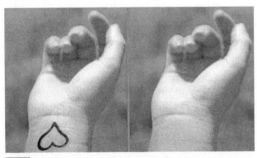

M 6 Zwei Hände – zwei Botschaften?

M 7 Demonstrant auf einer Thügida-Kundgebung 2016
Thügida = Thüringen gegen die Islamisierung des Abendlandes, eine fremdenfeindliche Gruppierung; 88 steht für den Gruß „Heil Hitler!"

M 8 Eine Auschwitz-Überlebende zeigt die tätowierte Häftlingsnummer, die an Stelle des Namens trat.

M 9 Paar mit Partnertattoo

M 10 Innere Inspiration

Bei sorgfältiger Auswahl der Motive verfügen Tattoos über eine eigene Kraft und Magie. Sie verzieren den Körper, wirken jedoch auch stimulierend auf die Seele. Ich möchte die Leser
5 ermutigen, tief in sich zu gehen, um auf der Suche nach dem geeigneten Tattoo die wirklichen Lüste und Leidenschaften, mithin die Würze des Lebens, zu entdecken. Lass dich erst dann tätowieren, wenn du genug über
10 dich weißt, um deine Träume und Ängste in Bilder übersetzen zu können. Meine Tattoos offenbaren dem wirklich Sehenden die Wahrheit. Wenn ich mich im Wirrwarr des Alltags verliere, erinnern sie mich an mein Selbst. Sie
15 sind gleichermaßen alte, knorrige Wurzeln, die mich mit meiner Vergangenheit verbinden, wie auch ein beherzter Brückenschlag in meine Zukunft. Sie erzählen meine Geschichte und veranschaulichen meine persönliche
20 Rätselhaftigkeit. Sie verleihen mir Kraft, erinnern aber auch an Sterblichkeit.
Michelle Delio, Tattoo: Tätowierung – der wiederentdeckte Kult, Niedernhausen 1994, S. 13.

M 11 Stigmatisierung und Tradition

Der koptische Tätowierer Wassim Razzouk berichtet: „Nach unserer Tradition […] dient das koptische Kreuz am rechten inneren Handgelenk dazu, sich gegenseitig zu erkennen."

5 Schon seine Vorfahren tätowierten ihren koptischen Glaubensbrüdern und -schwestern das Kreuz. Nur ihnen war es erlaubt, koptische Kirchen in Ägypten zu betreten.

Ursprünglich ließen sich koptische Christen in 10 Ägypten nicht freiwillig ihren Glauben unter die Haut stechen. Um 640 aber wurde das Land islamisch, Andersgläubige zu Ausgegrenzten: „Christen wurden gezwungen, zum Islam zu konvertieren. Wer sich weigerte, wur-15 de mit einem Kreuz auf der Hand gekennzeichnet." Wassim Razzouk sagt, diese Stigmatisierung habe ihren Ursprung im Altertum:

20 Bei den Griechen und in Rom sei eine Tätowierung ein Sklavenzeichen gewesen; so habe man Ausgestoßene erkannt. Heute ist das Kreuz gute Tradition geworden.

Silke Heine, Glaube geht unter die Haut, http://www.katholisch.de/aktuelles/aktuelle-artikel/glaube-geht-unter-die-haut

#Ichzeigdirwasmirwichtigist

Die Volksgruppe der **Kopten** sind die Ureinwohner Ägyptens. Im Gegensatz zur arabisch-muslimischen Mehrheit sind die Kopten Christen; sie machen weniger als 10 % der Gesamtbevölkerung aus. Der koptisch-orthodoxen Kirche, die der Überlieferung nach auf den Evangelisten Markus zurückgeht, steht ein Papst vor (seit 2012 Tawadros II.).

🌐 Kopten, koptisch-orthodoxe Kirche, Ostkirchen

Ökumene, Pro Oriente

Silke Heine ist Journalistin.

1 Gerd Hartungs „Paar" **M 1** zeigt auf den ersten Blick Nähe und Intimität.

a) Beschreiben Sie Körperhaltung, Gesichtsausdruck und Blick der beiden abgebildeten Personen.

b) Untersuchen Sie, inwiefern der Körper hier Beziehungsmedium ist. Was sagt der weibliche Körper aus, was der männliche?

c) Fassen Sie die körperlich zum Ausdruck kommende Kommunikation in einem Wort zusammen. Würden Sie hier von einer geglückten körperlichen Kommunikation sprechen?

2 Vergleichen Sie Gerd Hartungs Paar mit dem Paar in der Radierung von Edward Munch **M 3**.

3

a) Erarbeiten Sie den Zusammenhang von Sexualität und Beziehung nach **M 2**.

b) Interpretieren Sie auf dieser Grundlage die Radierung von Munch **M 3**. Inwiefern sind hier die Körper Beziehungsmedien?

4 In der Bibel findet sich mit dem Hohelied ein Text, der sich intensiv mit der Liebe beschäftigt. Das Buch setzt sich aus ca. 30 Liebesliedern zusammen.

a) Lesen Sie Hld 1–2,7 oder eine andere Perikope des Buches. Beschreiben Sie, wie Liebe und Erotik dargestellt werden.

b) Arbeiten Sie aus der Perikope heraus, wie Dialog und Hingabe **M 2** inszeniert werden.

c) Deuten Sie den nur einmaligen Verweis auf „Gott" im Hohelied (8,6) im Gesamtzusammenhang der Verse und diskutieren Sie mögliche Gründe für die Zurückhaltung in der Rede von Gott.

5 Diskutieren Sie, inwieweit sich aus Ihrer Sicht der neutestamentliche Begriff Agape auf die menschliche Partnerbeziehung übertragen lässt **M 2**.

6 Konrad Stauss **M 2** nimmt für die „dialogische Struktur" (Z. 14 f.) sexueller Vereinigung Gegengeschlechtlichkeit an. Setzen Sie sich mit dieser Annahme kritisch auseinander.

7 Arbeiten Sie arbeitsteilig heraus, was Body-Consciousness, Wellness und Fitness voneinander unterscheidet **M 4**.

8 Setzen Sie sich mit der These des Autors auseinander **M 4**: „Im Umgang mit der eigenen Körperlichkeit übt der Mensch […], er selbst zu werden" (Z. 71 f.).

9 Beantworten Sie die Frage der Überschrift **M 4**.

10 Vergleichen Sie die beiden Hände **M 6**. Benennen Sie die Eindrücke, die Ihnen spontan in den Sinn kommen.

11 Untersuchen Sie arbeitsteilig **M 5**–**M 11**: Welche Funktion kommt den Tattoos jeweils zu?

12 Beurteilen Sie jeweils, inwiefern der tätowierte Körper zu einem Beziehungsmedium wird und um welche Art von Beziehung es sich ggf. handelt **M 5**–**M 11**.

Der Mensch – ein Sprachwesen

Was wäre der Mensch ohne Sprache? Nicht wenige sind davon überzeugt, dass alle menschlichen Bezüge im Letzten sprachvermittelt seien.

Martin Heidegger (1889–1976), deutscher Philosoph.

Daniel Kahneman (* 1934), israelisch-US-amerikanischer Psychologe; erhielt 2002 den Nobelpreis für Wirtschaft.

Clara Herdeanu ist eine deutsche Linguistin rumänischer Abstammung.

🌐 Embodied Cognition

M1 Wir sprechen stets

Wir sprechen im Wachen und im Traum. Wir sprechen stets; auch dann, wenn wir kein Wort verlauten lassen, sondern nur zuhören oder lesen, sogar dann, wenn wir weder eigens zu-
5 hören noch lesen, stattdessen einer Arbeit nachgehen oder in der Muße aufgehen. Wir sprechen ständig in irgendeiner Weise. Wir sprechen, weil sprechen uns natürlich ist. [...] Die Lehre gilt, der Mensch sei im Unterschied
10 zu Pflanze und Tier das sprachfähige Lebewesen. Der Satz meint nicht nur, der Mensch besitze neben anderen Fähigkeiten auch diejenige zu sprechen.
Der Satz will sagen, erst die Sprache befähige
15 den Menschen, dasjenige Lebewesen zu sein, das er als Mensch ist. Als der Sprechende ist der Mensch: Mensch.

Martin Heidegger, Unterwegs zur Sprache, Pfullingen 1959, S. 11.

M2 Sprachlichkeit

Der Mensch ist in seinem Menschsein an zwei grundlegende Kategorien gebunden: Das Leibapriori/Sinnlichkeit und das Sprachapriori/Sprachlichkeit.
5 Zum einen nehmen wir alles, was wir von der Welt um uns herum wahrnehmen, durch unsere Sinne wahr. [...] Zum anderen verwenden wir Sprache, um uns mit anderen Menschen zu verständigen und um unsere Wahrnehmungen der Welt begreifbar zu machen. Au-
10 ßerhalb unserer eigenen Sinneserfahrungen begegnet uns die Welt als eine vertextete, eine versprachlichte Welt.
Dabei ist Sprache kein neutrales Medium, mit dem die Welt realitätsgetreu abgebildet wird. Wenn mit Sprache auf Personen und Sachver-
15 halte Bezug genommen wird, wird unser Denken über sie bewusst und unbewusst durch die Versprachlichungen beeinflusst.
Die von uns verwendete Sprache aktiviert in unserem Denken Wissens- und Deutungsrah-
20 men, sogenannte Frames. Diese Wissensrah-

men bilden den Hintergrund, von dem aus wir die Wörter deuten und verstehen. So formt Sprache unser Denken und somit eben auch unsere Weltbilder.
25 Frames sind keine isolierten Größen, sondern eng miteinander zu einem Netzwerk verwoben und verknüpft. Ein Wort ruft somit nicht nur einzelne Frames auf – es wird ein ganzes Netzwerk an Deutungs- und Wissensrahmen akti-
30 viert.
Wie sehr Sprache durch Framing unser Denken beeinflusst, bleibt uns aber zumeist verborgen, da der größte Teil des Denkens unbewusst erfolgt. Der Nobelpreisträger und
35 Psychologe Daniel Kahneman hat nachweisen können, dass über 90 % unserer Denkprozesse außerhalb unserer bewussten Wahrnehmung liegen. [...] Bei Entscheidungen [...] werden wir von der sprachlichen Präsentation beeinflusst.
40 Daniel Kahneman ließ Testpersonen entscheiden, ob schwerkranke Patienten operiert werden sollten. Eine Gruppe erhielt die Information, dass die Operation mit einer 10 % Sterblichkeitsrate einhergehen würde, eine
45 andere Gruppe erhielt die Information, dass der Patient die Operation zu 90 % überleben würde. Die Faktenlage war dieselbe, einzig die sprachliche Präsentation variierte – und diese führte dazu, dass sich die Studienteilnehmer
50 anders entschieden!
Es geht sogar noch einen Schritt weiter: Sprache formt nicht nur unser Denken und unsere Weltbilder, sondern wirkt sich auch direkt auf unser Handeln aus. Es reicht für unser Gehirn
55 bereits aus, Wörter zu hören bzw. zu lesen, um körperliche Prozesse, die mit den jeweiligen Wörtern assoziiert werden, zu aktivieren und gedanklich zu simulieren.
Lesen wir Wörter wie Erbrochenes, verziehen
60 wir aus Ekel bereits das Gesicht. Diese Prozesse der Embodied Cognition laufen im Regelfall unbewusst ab. [...] Sprache wirkt sich also auf unser Denken und Handeln aus und perspektiviert unsere Wahrnehmung von Personen, Ob-

65 jekten, Ereignissen, Sachverhalten – mitunter schafft sie sogar ganz neue Sachverhalte bzw. ein Bewusstsein für sie.

Clara Herdeanu, Sprache & Wissen. Wie wissen wir, was wir zu wissen glauben?, in: https://www.sprachrealitaet.de/sprache-macht-diskurs/sprache-wissen/

#DieGrenzenmeinerSprachesinddieGrenzen-meinerWelt

M 3 Aus einem Leitfaden für rassismuskritischen Sprachgebrauch

Eingeborene_r
Einheimische_r oder konkrete (Selbst-)Bezeichnung der Gesellschaft/ Benennung der Nationalität
Begriff entstand in der Kolonialzeit, ungleiche Verwendung

Illegale_r
Mensch ohne Aufenthaltsgenehmigung
Menschen an sich können nicht gesetzeswidrig sein

Passdeutsche_r
Deutsche_r
Abwertend: Begriff aus dem Vokabular von Rechtsextremist_innen

Sprache schafft Wirklichkeit – Glossar und Checkliste zum Leitfaden für einen rassismuskritischen Sprachgebrauch, hrsg. von AntiDiskriminierungsBüro (ADB) Köln/Öffentlichkeit gegen Gewalt e.V., Köln 2014, passim

#Kunigunde

Performative Sprachhandlungen

Der Begriff *performativ* wurde zuerst in den 1950er Jahren von John Langshaw Austin verwendet. Er gebrauchte ihn, um bestimmte sprachlich-grammatikalische Äußerungen von anderen abzugrenzen. Performativ steht für eine „Sprachhandlung" – d.h. eine Handlung, die durch das Sprechen selbst geschieht. Sprache bezeichnet hier nicht nur irgendetwas; vielmehr entfalten die performativen Sprechakte „materielle" Wirkungen. Sie lassen etwas Wirklichkeit werden in dem Moment, in dem sie vollzogen werden. Beispiel:
„Ich taufe dieses Schiff auf den Namen ‚Kunigunde'."
Im Augenblick des Sprechens wird diese Aussage Wirklichkeit. Wird Sprache performativ eingesetzt, wird sie unmittelbar relational, d.h. sie kann Beziehungen stiften (oder zerstören): „Ich liebe dich!" – „Ich hasse dich!"
In der Religion trifft man häufig auf performative Sprachhandlungen. Sie kennzeichnen z.B. den Vollzug der Sakramente in der katholischen Kirche:
„Ich taufe dich im Namen des Vaters und des Sohnes und des Heiligen Geistes."
„Ich spreche dich los von deinen Sünden."
„Ich nehme dich an als meinen Mann/ meine Frau."
„Das ist mein Leib, der für euch hingegeben wird."

John Langshaw Austin (1911–1960), britischer Philosoph, Professor an der Universität von Oxford.

→ Sprache braucht Verstehen, braucht Hermeneutik: S.148 f.

⊕ performative Verben, Sakrament

Framing, Ludwig Wittgenstein

---

1 Erläutern Sie die These Heideggers, dass die Sprache den Menschen erst zum Menschen mache **M 1**.

2 Erklären Sie, welches Bild von Sprache Heidegger hat, wenn er sagt, der Mensch spreche auch dann, wenn er keinen Laut von sich gibt **M 1**.

3 Arbeiten Sie heraus, warum die Sprache kein neutrales Medium ist **M 2**.

4 Diskutieren Sie, inwieweit auch die Sinnlichkeit des Menschen letztlich sprachvermittelt ist.

5 Sammeln Sie weitere Beispiele für performative Sprachhandlungen **M 4**.

6
a) Legen Sie **M 3** an einen aktuellen, einschlägigen Medientext an und prüfen Sie, wie sich die dargestellte Wirklichkeit ändert, je nachdem welche Wörter gewählt werden.

b) Erörtern Sie, inwiefern Sprache Wirklichkeit schaffen kann.

Untersuchen Sie Ihr Beziehungsmolekül hinsichtlich der Frage, welche Bedeutung Sprachlichkeit für die einzelnen Beziehungen hat. Formulieren Sie für einzelne Beziehungen Sprachhandlungen, die diese kennzeichnen.

Der Mensch und seine Beziehung zu Gott

Aus christlicher Sicht ist der Glaube an Gott in erster Linie ein Beziehungsgeschehen, das bereits in der Schöpfung grundgelegt wird. Es begründet sein Personsein und ist doch nicht ungefährdet.

Eberhard Jüngel (* 1934), Evangelischer Theologe, bis 2003 Professor an der Eberhard Karls Universität Tübingen.

→ Im Christentum nimmt die Beziehung zwischen Gott und Mensch Gestalt an in Jesus Christus: S. 68 f.

M 1 Menschsein: „Zusammensein mit …"
Was ist der Mensch? Das christliche Verständnis des Menschen ist von den biblischen Texten geleitet.
Das gilt bereits für die Fragestellung. Denn die
5 christliche Rede vom Menschen muss sich durchgehend, sie muss sich in allen ihren Sätzen, also auch bereits in ihren Fragesätzen, daran orientieren, dass Gott selber als ein Mensch zur Welt gekommen ist, um mit den
10 Menschen zusammen zu sein und ihnen zugleich ein gelingendes Zusammensein untereinander zu ermöglichen. Was immer über das Sein des Menschen inhaltlich auszusagen ist: seine Grundbestimmung ist die des Zusam-
15 menseins, so dass Menschsein auf jeden Fall die Struktur des *Zusammenseins mit …* hat. Ein auf sich selbst reduzierter Mensch wäre nichts anderes als – eine Leiche.
Diese Einsicht bestimmt wohlgemerkt bereits
20 die Fragestellung, mit der in der Bibel nach dem Menschen gefragt wird. Da fällt sofort eine gewisse Umständlichkeit auf, die darin besteht, dass mit dem Sein des Menschen zugleich immer auch eine Grundsituation
25 menschlicher Existenz zur Sprache kommt. Das Sein des Menschen wird im Blick auf eine Beziehung, eine Relation erfragt: was ist der Mensch, dass Du seiner gedenkst, und was ist des Menschen Kind, dass Du Dich seiner an-
30 nimmst? (Ps 8,5; vgl. Ps 144,3). Der Mensch ist nach biblischem Urteil offenkundig ein Beziehungswesen, das immer schon auf anderes Sein bezogen und nur in solchen Relationen es selbst ist […].
35 Die relationale Verfasstheit des menschlichen Ich baut sich aus mehreren Grundrelationen auf, die den Menschen zu einem ausgesprochen beziehungsreichen Wesen machen. Zu diesen Grundrelationen gehört (1.) die Bezie-
40 hung des Menschen zu sich selbst, (2.) die Beziehung des Menschen zu seiner sozialen Umwelt, (3.) die Beziehung des Menschen zu seiner natürlichen Umwelt und (4.) die Beziehung des Menschen zu seinem Gott. Alle diese
45 Beziehungen aber verdanken sich ihrerseits

der Beziehung Gottes zum Menschen, die sich wiederum dreifach bestimmen lässt, nämlich (1.) als schöpferische Beziehung, (2.) als rettende Beziehung und (3.) als vollendende Be-
50 ziehung.

#Werbinich
#Ichbinweildumichwillst

M 2 Der Mensch zwischen Beziehungsreichtum und Beziehungslosigkeit
Dass Gott dem Menschen nicht nur als *Schöpfer*, sondern auch als *Retter* und als *Vollender* begegnet, das hat seinen Grund in der selbstverschuldeten Situation der Beziehungslosig-
5 keit oder Sünde, die der Mensch immer dann über sich heraufbeschwört, wenn er eine der fundamentalen Grundrelationen *rücksichtslos*, das heißt auf Kosten der anderen Grundrelationen verwirklicht. So führt die rücksichts-
10 lose Selbstverwirklichung des Menschen dazu, dass für das Ich alles andere Sein nur noch als Mittel zum Zweck in Betracht kommt. Nun wird der andere Mensch, statt als Ebenbild Gottes um seiner selbst willen interessant zu
15 sein, zum bloßen Mittel zur Durchsetzung meiner eigenen Interessen und Zwecke. Nun wird das Du zum Es. […]
Doch nicht nur das eigene Selbstverhältnis, auch das Gottesverhältnis kann so rücksichts-
20 los verwirklicht werden, dass die anderen fundamentalen Lebensbeziehungen sozusagen „gekippt" werden. Religiöser Fanatismus erzeugt dann sowohl in seiner individuellen wie in seiner kollektiven Gestalt eine alle anderen
25 Grundbeziehungen des Menschseins terrorisierende „Gottesvergiftung". Wir haben die terroristischen Konsequenzen solcher Gottesvergiftung gerade erlebt.
In allen solchen selbstverschuldeten elemen-
30 taren Rücksichtslosigkeiten tritt an die Stelle des ursprünglichen Beziehungsreichtums des menschlichen Seins eine wachsende Beziehungslosigkeit. Die Theologie nennt diesen selbstverschuldeten Drang in die Beziehungs-
35 losigkeit Tatsünde und den aus diesem Drang

hervorgehenden Zwang zum Drang in die Beziehungslosigkeit *Erbsünde*. Und weil mit den Lebensbeziehungen auch das Leben selber *stirbt*, sieht sie überall da, wo Beziehungen zer-
40 brechen und die Beziehungslosigkeit wächst, den Tod am Werk. Denn der Tod ist der Eintritt vollkommener Beziehungslosigkeit.

Hinweis: Der Text ist kurz nach dem terroristischen Anschlag auf das World Trade Center am 11. September 2001 in New York verfasst worden.

M 3 Der Mensch – Geschöpf und Ebenbild

Das christliche Verständnis des Menschen kann nicht davon abstrahieren, dass der Mensch sich schon immer in der Situation solcher selbstverschuldeten wachsenden Bezie-
5 hungslosigkeit befindet und also als Sünder existiert. Es kann aber schon gar nicht davon abstrahieren, dass sich Gott auch dem sündigen Menschen erneut *schöpferisch* zuwendet, nunmehr freilich sein *schöpferisches* Verhalten
10 steigernd zu einem den Menschen aus seiner selbstverschuldeten tödlichen Beziehungslosigkeit rettenden Handeln, das den Menschen zu einem Wesen des Friedens macht: des Friedens, der nach biblischem Verständnis darin
15 besteht, dass alle fundamentalen Lebensbeziehungen, statt gegeneinander zu streiten, ihrerseits im Verhältnis größtmöglicher gegenseitiger Begünstigung stehen. [...]
Für das christliche Verständnis des Menschen
20 ist der Glaube an Gott den Schöpfer wesentlich. Im Glauben an den Schöpfer erfährt sich

der Mensch als ein Geschöpf unter Geschöpfen (und insofern in einer fundamentalen Solidarität mit aller Kreatur), zugleich aber als das
25 zur Gottebenbildlichkeit erschaffene Geschöpf, das Gottes schöpferisches Handeln als *göttliche Wohltat* zu erkennen und zu rühmen bestimmt ist. [...]
Weil der Mensch in seinem Bejaht- und An-
30 erkanntsein durch Gott Person ist, kann ihn niemand, kann er auch selbst sich nicht zur Unperson machen. Der Mensch bleibt auch als Sünder Person und als Person zur Gottebenbildlichkeit, d. h. zu der Freiheit bestimmt, mit
35 sich und seiner Welt etwas *anzufangen*.

M 1–3: Eberhard Jüngel, Hoffen, Handeln – und Leiden. Zum christlichen Verständnis des Menschen aus theologischer Sicht, https://www.ekd.de/bioethik_juengel_vortrag_020128.htm
Hervorhebungen im Original.

#EinBildvondir

→ Über die Auslegung biblischer Texte informieren besonders S. 40–43, S. 148 f.

M 4 Erschaffung Adams, Relief (13. Jh.), Sainte-Chapelle, Paris

1

a) Der Text von Eberhard Jüngel ist auf dieser Doppelseite in drei Abschnitte aufgeteilt und bereits mit Zwischenüberschriften versehen. Untergliedern sie – arbeitsteilig – **M 1–M 3** weiter möglichst kleinteilig. Geben Sie jedem Abschnitt eine weitere Zwischenüberschrift.

b) Stellen Sie aus **M 1–M 3** alle Antworten auf die Ausgangsfrage „Was ist der Mensch?" zusammen. Formulieren Sie diese Antworten in möglichst knappen Aussagesätzen.

2 Erklären Sie, was der Autor unter einer „selbstverschuldeten Situation der Beziehungslosigkeit" in **M 2**, Z. 3 f.) versteht. Finden Sie Beispiele.

3 „Wo Beziehungen zerbrechen und die Beziehungslosigkeit wächst, [ist der] Tod am Werk" (Z. 39 ff.). Nennen Sie Beispiele für derartige „Todeserfahrungen" im Alltag. Definieren Sie auf dieser Grundlage den Begriff „sozialer Tod" **M 2**.

4 Setzen Sie die vom Autor verwendeten Begriffe „Person", „Gottesebenbildlichkeit", „Freiheit" und „Frieden" in Beziehung zueinander. Entwerfen Sie dazu ein Schaubild **M 3**.

5 Interpretieren Sie das Schöpfungsbild **M 4** vor dem Hintergrund der Aussagen Jüngels. Vergleichen Sie es mit dem Bild zu Beginn dieses Kapitels auf S. 7.

Prüfen Sie, an welcher Stelle in Ihrem Beziehungsmolekül Ihre Beziehung zu Gott Platz hat bzw. haben könnte.

Beziehungen sind zerbrechlich

Gottfried Wenzelmann (* 1951), ev. Pfarrer i. R.

Claudia Hofrichter (* 1960) ist Theologin und Referentin für Katechese am Institut für Fort- und Weiterbildung der Diözese Rottenburg-Stuttgart.

→ Beziehungen zerbrechen am Tod: S. 58 f.

Frida Kahlo (1907–1954), bekannteste mexikanische Malerin und eine der bedeutendsten Vertreterinnen der volkstümlichen Entfaltung des Surrealismus.

M1 Die Psychologie versteht Beziehungsstörungen als Verletzungen

Liebe äußert sich in lebensfördernden Beziehungen. Zu ihrem Gegenteil gehören, sehr allgemein und grundsätzlich formuliert, Beziehungsstörungen. Sie führen bei Menschen
5 jeden Alters zu Verletzungen, auch wenn diese in verschiedenen Altersstufen als unterschiedlich folgenreich erlebt werden. Beziehungsstörungen bringen eine Einschränkung der Kommunikation oder einen Kommunikations-
10 verlust mit sich, so dass eine wechselseitige Anteilnahme eingeschränkt wird oder entfällt. Dies kann zu mehr oder weniger bedrohlich erlebten Einsamkeitserfahrungen führen. Da der Mensch auf Beziehungen angelegt ist, füh-
15 ren Verlusterfahrungen in diesem Bereich zu Leiderfahrungen. Zwischenmenschliche Konflikte haben immer etwas mit Beziehungen zu tun, und aktuelle Beziehungen haben meist etwas mit früher erlebten Beziehungen zu tun.
20 Problembeladene Beziehungen belasten das Leben der an ihnen Beteiligten.
Ein Treue- oder Vertrauensbruch kann als spezieller Fall von Beziehungsstörung betrachtet werden. Enttäuschtes Vertrauen […] hinter-
25 lässt seelische Wunden, zerschlägt eine Beziehung und führt zu gegenseitigem Misstrauen. Die am Treue- oder Vertrauensbruch Beteiligten können ihre Beziehung meist erst dann fortsetzen, wenn das begangene Unrecht in ir-
30 gendeiner Weise aus der Welt geschafft ist. Lässt sich Liebe ihrem Wesen nach als bedingungslose Zuwendung begreifen, so stellen Ablehnung und Verachtung eines Menschen durch einen anderen ihr Gegenteil dar. Ableh-
35 nung lässt ein Bemühen um das Verstehen und Bejahen des anderen nicht aufkommen. […]
Wo Liebe fehlt, werden Beziehungen von Ungeborgenheit und Unsicherheit geprägt.
40 Dabei werden Gefühle der Verlassenheit entstehen. Ein Mangel an Geborgenheit und Sicherheit wirkt bedrohlich; in einer solchen Atmosphäre kann sich ein Mensch nicht entfalten. Er wird vielmehr versuchen, sich zu
45 schützen.
Gottfried Wenzelmann, Innere Heilung. Theologische Basis und seelsorgerliche Praxis, Wuppertal ⁶2010, S. 103 f.

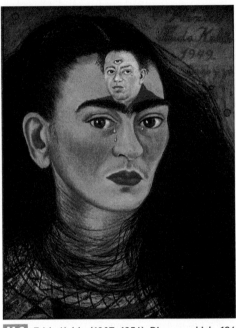

M2 Frida Kahlo (1907–1954), Diego und ich, 1949

M3 Die Entfremdung des Menschen

Mit der Rede von der Sünde ist etwas sehr Tiefgreifendes über das menschliche Leben ausgesagt. […] Martin Luther hat für „Sünde" eine einprägsame Beschreibung gefunden. Er be-
5 zeichnet [mit Augustinus] Sünde als „incurvatio in seipsum", als „Hineingekrümmtsein des Menschen in sich selbst".
Der Mensch ist von Natur aus ein Wesen, das sich nicht instinktsicher in seiner Welt bewe-
10 gen kann. Dem Menschen ist es nicht genug, einfach zu überleben. Er braucht andere Menschen, um überleben zu können. Der Mensch braucht andere Menschen, weil er sich die wichtigsten Dinge seines Lebens nicht selbst
15 geben kann: Vertrauen, Geborgenheit, Liebe … Und er fragt über sich selbst hinaus: „Woher komme ich?", „Was soll ich hier?", „Was wird einmal sein?", weil er sonst an der Sinnlosigkeit seines Lebens verzweifeln würde. Es ge-
20 hört also unbedingt zum Wesen des Menschen, dass er über sich hinaussieht und hinausdenkt. Es gehört zu ihm, dass er andere Menschen beachtet und über sein eigenes kleines Leben hinaus nach einem größeren
25 Sinn und Zusammenhang fragt.
Wenn ein Mensch „hineingekrümmt" ist in sich selbst, dann bedeutet das nichts anderes,

als dass er dieses sein Wesen verfehlt: „Incurvatio" bedeutet, unfähig sein, einander zu begegnen, um darin Anerkennung zu finden. Incurvatio heißt, auf sich selbst gerichtet sein so
total, dass einer alles, was ihm begegnet, in
sich hineinzieht. So verstanden wird auch
deutlicher, warum es wichtig ist, sich mit der
„Sünde" der Menschen zu befassen: nicht, um
dem Menschen die Freude am Leben zu verderben, sondern um ihm bewusst zu machen,
dass er am „Eigentlichen" seines Lebens vorbei
leben könnte, wenn er sich zu sehr in sich ein-
schließt.

Um es mit einem moderneren Wort zu um-
schreiben, ist das, was Luther unter der Sünde
als „Hineingekrümmtsein" beschreibt, nichts
anderes als eine „Entfremdung" des Menschen
von seinem eigenen Wesen. Dem „wahren"
Wesen des Menschen entspricht, sich an andere zu verschenken, ihnen Vertrauen und Liebe
entgegenzubringen, weil jeder von uns davon
lebt: es entspricht ihm, nach „Gott" zu fragen,
nach einem, der dem Leben Ziel, Richtung und
Zukunft gibt. Aber genau von diesem
eigentlich „wahren" Wesen unseres Selbst
können wir uns entfremden.

Damit wird noch einmal konkreter, was unter
„Sünde" zu verstehen ist: Nicht das Übertreten
dieses oder jenes Gebotes, sondern das
Sich-Verfehlen gegen unser eigentliches
Menschsein, so wie es von Gott gewollt und

geschaffen ist. Dies ist ausgesagt mit dem Begriff der „Ursünde", die sich in jeglicher Sünde
spiegelt.

Was aber ist es, das Menschen abhält, so zu
leben, wie es ihrem „wahren" Menschsein und
damit auch dem Willen Gottes entspricht?
Was hält Menschen immer wieder ab, auf andere Menschen, anstatt nur auf sich selbst zu
bauen? Was hält Menschen ab, auf Gott zu vertrauen, anstatt immer nur auf die eigene Leistung? Angst spielt dabei entscheidend mit. Die
Angst zu vertrauen, die Angst, enttäuscht zu
werden, die Angst, dass andere das entgegen-
gebrachte Vertrauen ausnützen oder dass dieses Vertrauen vergeblich sein könnte. Angst
hindert daran, es einfach einmal auszuprobieren: zu vertrauen, anstatt zu misstrauen; zu
lieben, anstatt sich zu rächen; vergeben zu
können, anstatt auf Gerechtigkeit zu pochen.
[...]
So ist das Gegenteil der Sünde auch keineswegs die Tugend, sondern der Glaube. Der
Glaube als Vertrauen, als Kraft zum Wagnis
der Liebe. Dieser Glaube ermöglicht dann Ver-
söhnung und lässt die „Sünde" als das „Hineingekrümmtsein in sich selbst" überwinden.

Claudia Hofrichter u.a. (Hg.), Ich glaube. Handreichung zur Firmvorbereitung, München 1994, S.274.

#DieKurvekriegen

🌐 Bindungs-
theorie, Bindungs-
trauma, Selbst-
entfremdung,
Erbsünde, Urge-
schichte, Bruder-
mord

→ Über das, was
der Glaube ermög-
licht, vgl. S.83.

1
a) Visualisieren Sie den Gedankengang von **M1**.
b) Erklären Sie den Schlusssatz.

2 Beschreiben Sie, wie das Bild **M2** der Beziehung
zwischen Frida und ihrem Mann Ausdruck gibt.

3 Erklären Sie den Zusammenhang von Beziehungs-
fähigkeit, Angst und Sünde **M3**.

4 Erläutern Sie, inwiefern der Glaube das „Hineingekrümmtsein des Menschen in sich selbst" (Z.6f.) überwinden helfen kann **M3**.

5 Bei dem Text Gen 4,1–16 handelt es sich um eine mythische Erzählung. Es gibt verschiedene Deutungsan-
sätze. Grundlegend für das Verständnis des Textes ist
eine Analyse der Beziehungsstrukturen.

a) Entwickeln Sie zu Gen 4,1–16 ein Beziehungsnetzwerk,
das Adam, Eva, Kain, Abel, Gott umfasst und charakterisieren Sie die Beziehungen mit passenden Adjektiven.
b) Übertragen Sie den Beziehungskonflikt auf Ihren Alltag.
Beschreiben Sie eine Situation, die diesen widerspiegelt.

6 Gestalten Sie in Kleingruppen zu Gen 4,1–16 ein Text-
theater.

a) Filtern Sie dazu aus dem Text die Passagen heraus, die
Ihnen besonders wichtig erscheinen. Schreiben Sie diese
heraus, ohne den Text zu verändern.
b) Gestalten Sie nun einen Vortrag dieses Textes. Sie können die Sätze besonders betont vortragen, einzelne Stellen wiederholen, alleine oder im Chor sprechen. Überlegen Sie dazu passende Gesten oder Körperhaltungen.

👥 Erklären Sie für einzelne Beziehungen Ihres Beziehungsmoleküls, was passieren müsste, damit diese zerbrechen.
Wodurch könnten sie wieder geheilt werden?

Sophie Magdalena Scholl (1921–1943)

Sophie Scholl 1940
oder 1941

→ Weiterlesen?
Hans Scholl/
Sophie Scholl,
Briefe und Auf-
zeichnungen,
hrsg. v. Inge Jens,
Frankfurt 1995

„Wie könnte man da von einem Schicksal erwarten, dass es einer gerechten Sache den
Sieg gebe, da sich kaum einer findet, der sich
ungeteilt einer gerechten Sache opfert."

Diese Worte stammen von Sophie Scholl, die
am 22.02.1943 als 21-jährige Widerstandskämp-
ferin von den Nationalsozialisten hingerichtet
wurde. Sophie Scholl, geboren am 9. Mai 1921,
wuchs mit vier Geschwistern in einer liberalen,
gebildeten Familie in Ulm auf. Gegen den Willen ihres Vaters engagierten sich die Kinder anfangs stark in der Hitlerjugend und im Bund
Deutscher Mädel. Ende der 1930er Jahre distan-
zierten sich die Scholls mehr und mehr vom
Nationalsozialismus. Mit ihrem Bruder Hans
und den Freunden der „Weißen Rose" ver-
breitete sie Flugblätter gegen den NS-Staat.
Überliefert ist der Briefwechsel zwischen Sophie und ihrem langjährigen Freund Fritz Hart-
nagel (1917–2001), der als Soldat an der Ost-
front stand. Mit offenen und eindringlichen
Worten gibt Sophie darin Rechenschaft von
ihren Beziehungen: zu sich selbst, zu ihrem
Freund Fritz, zur Gesellschaft, zur Natur, zu Gott.

„Zu einer Freundschaft bin ich nicht stark genug. Ich weiß nicht, ob auch Du Dich nicht über-
schätzt. […] Überdies: Sind wir denn nicht
Freunde? Meine ganze Liebe aber an einen
Menschen zu hängen, oder vielmehr mich ganz
mit ihm teilen, das bringe ich jetzt nicht fertig.
Ist es denn nötig? – Deshalb muss ich nicht ein
Einsiedlerleben anstreben. Dazu gibt es viel zu
viel Beziehungen zwischen uns, nicht nur zwischen mir und Dir, von denen wir sowieso die
meisten übersehen, weil wir so grobe Sinne
haben." (06.01.1941)

„Ich bin in Gedanken auch öfters bei Dir als
sonst, vielleicht kommt dies davon, dass ich an
Dir in meiner leichten Abgeschafftheit (hat sich

bei mir schnell) einen Halt suche. Denn ich
weiß ja, dass ich auf Dich bauen kann, dass Du
mich liebst. Deshalb müssen wir uns ja nicht
binden. Ich merke, wie ich Dich von neuem,
anders, liebgewinne. Ich habe Dich gern um
des Guten willen, das in Dir ist, um dessentwil-
len, dass Du ein Mensch bist. Das kann seltsam
verbinden." (28.02.1941)

„Ich kenne kaum eine Stunde, in der nicht einer
meiner Gedanken abschweift. Und nur in
einem einzigen Bruchteil meiner Handlungen
tue ich, was ich für richtig halte. Oft graut mir
vor diesen Handlungen, die über mir zusam-
menwachsen wie dunkle Berge, so dass ich mir
nichts anderes wünsche als Nichtsein, oder als
nur eine Ackerkrume zu sein, oder ein Stück
einer Baumrinde." (22.05.1940)

„Ich bin Gott noch so ferne, dass ich ihn nicht
einmal beim Gebet spüre. Ja, manchmal, wenn
ich den Namen Gottes ausspreche, will ich in
ein Nichts versinken. Das ist nicht etwa
schrecklich, oder schwindelerregend, es ist gar
nichts – und das ist noch viel entsetzlicher.
Doch hilft dagegen nur das Gebet, und wenn in
mir noch so viele Teufel rasen, ich will mich an
das Seil klammern, das mir Gott in Jesus Christus zugeworfen hat, und wenn ich es nicht
mehr in meinen erstarrten Händen fühle. Ich
bitte Dich: denke an mich in Deinem Gebet; ich
will Dich auch nicht vergessen." (18.11.1942)

„Man kann nicht anders als sich freuen und lachen, so wenig man unbewegten oder trauri-
gen Herzens die Frühlingswolken am Himmel
und die vom Wind bewegten knospenden
Zweige in der glänzenden jungen Sonne sich
wiegen sehen kann. O, ich freue mich wieder so
sehr auf den Frühling." (17.02.1943, einen Tag
vor ihrer Verhaftung)

---

1 Sophie Scholl gibt Einblick in ihr „Beziehungsleben".
Nennen Sie die für Sie besonders gut nachvollzieh-
baren Gedanken.

2 Immer wieder zitiert Sophie Scholl in ihren Briefen einen Satz des katholischen französischen Philosophen

Jacques Maritain (1882–1973): „Il faut avoir l'esprit dur et
le cœur tendre." („Man muss einen harten Geist und ein
weiches Herz haben.")
Entfalten Sie, auf welche Weise sich eine solche
Lebenseinstellung auf die Beziehungen eines Menschen
auswirkt.

Heute bin ich blond

Sophie van der Stap (* 1983)

Eine andere Frisur, ein anderer Mensch? Als man bei Sophie mit einundzwanzig Krebs diagnostiziert, bedeutet das Chemotherapie und Haarausfall. Neun Perücken helfen ihr nicht nur weiterzuleben, sondern werfen auch die Frage auf, wer sie eigentlich ist. Und wie sie sich verändert – für sich. Aber auch für alle anderen.

„Haare auf dem Kopfkissen, als ich aufwache. Haare in meiner Bürste, mehr als sonst. Kummer im Waschbecken. [...] Ich sehe mich nach und nach kahl werden, dabei habe ich mir gestern noch genau wie sonst die Haare gewaschen. Aber das war gestern, und jetzt ist heute. Und heute muss eine Perücke her, so viel ist sicher. Es ist schon mein vierter Perückenladen, aber immer noch sehe ich mich unbehaglich um. [...]

Ich kann aus dieser ganzen Scheißsituation doch bestimmt noch Kapital schlagen und endlich mal eine üppige Mähne tragen. [...] Verschiedene Frisuren werden mir über den Kopf gestülpt, und plötzlich ist Daisy da.

Wir sehen es sofort: Daisy ist keine Eintagsfliege. Im Spiegel betrachte ich das fremde Mädchen mit den dichten blonden, bis über die Schultern herabfallenden Locken. Herrlich, mit den Fingern durch diese langen Haare zu fahren, die ich bisher nur aus meinen Träumen kenne. Ein ganz anderes Gesicht, fremd und verspielt. Annabel bindet sorgfältig ein rosa Band um Daisy und fährt dann fort, die Perücken zu mustern. Schließlich kommt sie mit einer verwegenen Frisur voller roter Strähnen an, die ich später Sue nenne.

Ich verlasse den Laden mit zwei neuen Perücken, zwei neuen Looks. [...]

Allmählich finde ich Spaß an diesen Verwandlungen und gehe lieber in den Theaterladen als zu H&M. Ich gebe den Perücken Namen, denn mit jeder fühle ich mich anders. Wie eine andere Frau. Ich bin nicht Sophie, sondern Stella mit meinem steifen Muttchenkopf, Daisy als Barbie-Mädchen mit Locken und Blondie mit meinem blonden Bob. [...] Blondie gibt den Ton an, denn blonde Mädchen werden bevorzugt. Sie ziehen mehr Blicke auf sich, werden öfter eingeladen und erreichen mehr bei ihren Mitmenschen. Bei den Männlichen jedenfalls, und davon gibt es ja ziemlich viele.

Perücken sind viel mehr als nur Haare. Sie machen etwas mit mir, nicht nur mit meinem Kopf, sondern auch mit meinem weiblichen Bewusstsein. Dass ich anders aussehe, bewirkt, dass ich mich anders fühle und dass ich andere Reaktionen hervorrufe. Stella, Sue, Daisy oder Blondie. Wenn ich Daisy aufsetze, ist alles anders. Die komplette Verwandlung. Lange Locken, die auf meinem Rücken tanzen. Meine italienischen Highheels werden plötzlich zu Hurentretern, meine engen Jeans zu Leggings und mein harmloses Dekolleté zu einem wahren Blickfang. Deswegen mag ich Daisy so gern. Die beste Wirkung erzielt Daisy nach einer kurzen Ruhepause oder wenn sie ihre Locken kokett tanzen lässt. Jeder will wissen, wer sich unter den blonden Elfenlocken verbirgt.

Als Daisy mag ich ganz andere Dinge, als wenn ich Sue, Stella oder Blondie bin. Ich stehe dann gern im Mittelpunkt. Ich schüttle meine Mähne, lache über jeden dummen Witz, trinke Milchshakes statt Tomatensaft und verwende rosa Lipgloss. [...] Aber eins haben die vier Damen gemeinsam: Hinter allen verbirgt sich ein bisschen Sophie. Eine Sophie, die ihnen über die Schulter sieht und jede Schauspielerei mit Unbehagen registriert. Eine Sophie, die ihnen etwas abschaut und sich dadurch weiterentwickelt. Und eine Sophie, die merkt, dass sie sich verändert, indem sie beobachtet, wie Daisy, Blondie, Sue, Stella sich verhalten. Die merkt, dass Daisy, Blondie, Sue und Stella zusammen eine neue Sophie sind."

Sophie van der Stap, Heute bin ich blond. Das Mädchen mit den neun Perücken, München 2009, 33. 48–50.

Zusammentreffen

Sie haben in diesem Kapitel verfolgt, wie durch das Zusammentreffen von Menschen Beziehung entsteht, was Beziehungen auszeichnet und sie verletzlich macht. Beziehungen bedürfen der Pflege. Formulieren Sie einige „Gebote der Beziehungspflege".

Dasein

„Ich bin, weil du bist." – Erörtern Sie, inwiefern dieser Satz eine performative Sprachhandlung sein kann.

Menschsein

Menschsein heißt u.a. in Beziehungen zu stehen, ein Selbstbild zu entwickeln, körperlich zu existieren und ein Sprachwesen zu sein. Aus christlicher Sicht bedeutet es auch als Ebenbild Gottes geschaffen zu sein. Ergänzen Sie diese Aufzählung und erstellen Sie dazu eine Concept-Map.

Ansehen

Ansehen und angesehen werden sind konstitutiv für menschliche Beziehungen. Begründen Sie diese These unter Verwendung des Personbegriffs.

Beziehung

Schauen Sie sich eine Begegnung des Handelsvertreters aus dem „Wir sind Helden"-Videoclip genauer an (z. B. mit dem Tankstellenkassierer, mit der Würstchenverkäuferin, mit dem Indianer auf der Straße …). Arbeiten Sie heraus, welche Rolle das Selbstbild, der Körper, die Sprachlichkeit für das Gelingen oder Nichtgelingen der Beziehung haben.

Abschlussaufgabe

Der Mensch – ein Beziehungswesen?
- Fassen Sie Ihre Gedanken dazu zusammen. Sie dürfen exakt 100 Wörter benutzen.
- Fassen Sie Ihre Gedanken dazu zusammen und zeichnen Sie Ihre Ausführungen digital auf: Ihr Beitrag umfasst maximal 100 Sekunden.

2 Eine Beziehung, die hält: Gottes Bund mit den Menschen

Franz Radziwill (1895–1983), Der Kosmos kann zerstört werden, der Himmel nicht, 1953

Kosmos und Himmel

Nehmen Sie das Bild von Franz Radziwill wahr: Was sehen Sie? Was ist Ihr erster Eindruck von dem Werk?

Nehmen Sie in einem zweiten Schritt den Aufbau des Bildes genauer in den Blick: Einteilung in oben und unten, Vordergrund und Hintergrund – Licht und Dunkel – Formen – Elemente der Natur – Gegenstände – Verbindungslinien – Entsprechungen und Gegensätze – Komposition.

Formulieren Sie, was Sie mit dem Bild in Verbindung bringen: Assoziationen – Gefühle – Werturteile – Fragen …

Interpretieren Sie das Bild. Beziehen Sie dabei auch den Titel mit ein, den der Künstler ihm gegeben hat. Wie und warum passen Bild und Titel für Sie (nicht) zusammen?

Welt wahrnehmen und verstehen

In dem Lied „Romanze" von den Wise Guys wird eine Situation geschildert, in der Kommunikation scheitert. Hören Sie sich das Lied an. Beschreiben Sie, wodurch die Komik des Liedes entsteht.

Bund

Tragen Sie clusterartig zusammen, was Sie unter „Bund" verstehen. Wo begegnet Ihnen der Begriff? Und wofür steht er biblisch? Ist ein „Bund mit Gott" für Sie eine sinnvolle Option?

Buch der Bücher

„Die Bibel ist kein Lehrbuch, und wer sie wie ein Lehrbuch liest, sollte es besser lassen. Sie ist ein Wunder an Sprachkraft, sie birgt einen unermesslichen Bilderreichtum, sie ist so prägend für unser kulturelles Gedächtnis, dass man gar nicht an ihr vorbeikommt, auch wenn man gar nicht gläubig ist. Es wäre schlicht eine Dummheit, sie sich entgehen zu lassen."

Heribert Prantl, Leiter des Meinungsressorts der Süddeutschen Zeitung, Bibel heute 3/2016, S. 25.

Nehmen Sie Stellung: Was verbinden Sie mit der Bibel? Welchen gesellschaftlichen Stellenwert des „Buches der Bücher" sehen Sie? Halten Sie ihre Ergebnisse stichwortartig, z. B. auf Moderationskarten, fest.

Die Fluterzählung und ihre Symbole

Pablo Picasso, Taube mit Olivenzweig, 28. Dezember 1961, Courtesy Saint-Denis, Musée d'art et d'histoire und Irène Andréani
© Succession Picasso/Bildrecht, Wien 2010.

Die Friedenstaube, so kann man immer wieder im Internet lesen, sei eine Erfindung Pablo Picassos (1881–1973). Tatsächlich ist die Taube als Symbol des Friedens viel älter. Ihre Spuren reichen bis in die Bibel.

Und nicht nur ihre. Die biblische Fluterzählung (Gen 6–9) kennt nicht nur die Taube, sondern auch die Arche und den Regenbogen. Jede und jeder kennt diese Symbole. Das zeigt eine große Wirkmächtigkeit der biblischen Erzählung. Wo aber erscheinen diese Symbole heute, wo werden sie eingesetzt bzw. benutzt? Wozu dienen sie bzw. können sie dienen? Sind die biblischen Ursprünge in ihnen bis heute präsent?

Recherchieren Sie – ggf. arbeitsteilig – zu Arche, Taube und Regenbogen:
- Wofür stehen „Arche", „Taube", „Regenbogen"? In welchen Zusammenhängen werden sie benutzt?
- Welche Bedeutungsebenen werden den Begriffen zugeordnet?
- Werden die Begriffe mit Zeichen und Symbolen in Verbindung gebracht?
- Welcher Zusammenhang besteht mit der Fluterzählung? Tauchen die Begriffe auch in anderen religiösen Kontexten bzw. Erzählungen auf?
- Suchen Sie nach Rezeptionen in Kunst, Literatur, Musik und Film.
- …

Die Recherche und Erarbeitung „Ihres" Symbols kann das Kapitel fortlaufend begleiten.
Zur Darstellung Ihrer Ergebnisse können Sie selbst eine geeignete Form wählen:
Das kann eine Wandzeitung sein, eine Collage, eine digitale Präsentationsform, eine Inszenierung etc.

Dieses Projekt bietet Ihnen die Möglichkeit,
… bereits bekannte Symbole neu wahrzunehmen und zu entdecken,
… unterschiedliche Bedeutungsebenen dieses Symbols zu erfassen,
… die Verwendung der Symbole in unterschiedlichen gesellschaftlichen, religiösen, politischen Kontexten zu beobachten und ihre jeweilige Bedeutung zu bewerten,
… die verschiedenen Darstellungen und Bedeutungen von Taube, Regenbogen und Arche in einer von Ihnen selbst gewählten Form zu veranschaulichen oder eines dieser Symbole selbst zu inszenieren oder zu gestalten.

Banksy (zugeschrieben), Friedenstaube in Betlehem, 2007, Foto: Klaus Steinbüchl, Grafitti an der Mauer zwischen Israel und Palästina

Sintflutartig

Fluterzählungen gibt es in vielen Kulturen. Ihr Ursprung gibt bis heute Rätsel auf. Die Symbole der Fluterzählung sind bis in die Gegenwart bedeutsam geblieben. Was steckt eigentlich hinter diesen Erzählungen? Lassen sie sich auf historische Ereignisse zurückführen?

M 1 Oskar Kokoschka, Sturmflut in Hamburg, 1962

→ Was heißt überhaupt „wirklich"? S.136–147.

M 2 Gab es wirklich eine Sintflut?

Die Frage, welches Phänomen der Sintfluterzählung zugrunde liegt, beschäftigt Forscher bis heute. Schwarzmeer-Theorie, Meteoriten-Einschlag oder Tsunami: Die
5 Anworten sind zahlreich.

Die Schwarzmeer-Theorie

Die „Sintflut" ereignete sich vor fast 8.000 Jahren am Schwarzen Meer. So lautet eine gegenwärtige Annahme. [...] Was spielte sich dem-
10 nach am Schwarzen Meer ab? Am Bosporus gab es einst einen Landriegel zwischen dem Marmarameer und dem Schwarzen Meer. Der schmale Riegel verband Europa und Asien. Der Pegel des Marmarameeres lag aber höher als
15 der des Schwarzen Meeres. Durch Klimawechsel stiegen die Ozeane, das Mittelmeer und folglich das Maramarameer erheblich an. Irgendwann musste so der Landriegel brechen. Wassermassen schossen dann mit
20 Wucht aus über einhundert Meter Höhe in das Schwarze Meer hinab. In kurzer Zeit wurden weite Gebiete um das Schwarze Meer überflutet. Deren Bewohner flohen. Die geflohenen Gruppen waren gezwungen, ihre Kultur
25 weiterzuentwickeln. Nur so konnten sie und ihre Nachbarn in neuen Territorien überleben. Entdecker dieser Katastrophe wollen ein Geheimnis der altorientalischen und biblischen Sintfluterzählungen gelüftet haben. Aber Fra-
30 gen bleiben. So liegen zwischen der Schwarzmeerkatastrophe und ersten schriftlichen Zeugnissen im Alten Orient zur Sintflut immerhin etwa 3.000 Jahre.

Kollision von Himmelskörpern

35 Andere Erklärungen der Sintflut gehen von einer umfangreicheren Katastrophe aus. Von der Sintflut wurde in vielen Teilen der Welt in Legenden und Mythen geredet. Alle Erwähnungen der Katastrophe gingen auf ein einziges Ereignis zurück. Z. B. meinen die österreichischen Geologen Alexander und Edith Tollmann, dass einst Himmelskörper mit der Erde kollidierten. Dieser Impakt hatte verheerende Auswirkungen für den ganzen Globus. 45 Fachkollegen halten jedoch das geologische Beweismaterial der Tollmanns für nicht tragfähig.

Die Flut: ein weitverbreitetes Motiv

Tatsächlich erzählten viele Völker von einer 50 großen Flut, selbst in Nord- und Südamerika, Australien und Teilen Asiens. Das Thema Sintflut war und ist weitverbreitet. Aber es lässt sich nicht in allen Kulturen finden. Zudem geht man heute davon aus, dass auch erst Vermittler, wie christliche Missionare, das Erzählen von Sintflut in einige Gegenden der Welt gebracht haben.

Lokale Überschwemmung

Ferner gibt es Versuche der Erklärungen, die 60 von einer lokalen Überschwemmung im Umkreis der schriftlichen Sintfluttradition des Alten Orients ausgehen. Erste Theorien hierzu wurden von US-amerikanischen und englischen Archäologen vor achtzig Jahren aufge- 65 bracht. Diese fanden in Städten des antiken Zweistromlandes meterdicke Schlammschichten über frühen Spuren von Zivilisationen. [...] Doch die Anzeichen für Überschwemmungen werden derzeit in Bezug auf ihr Alter von Ort 70 zu Ort unterschiedlich eingeordnet.

Fazit

Die Bibelwissenschaften konzentrieren sich heute zu Recht auf die Theologien in den altorientalischen und biblischen Texten zur Sint- 75 flut. Die Texte reflektieren menschliche Ängste, dass alles Leben untergehen könne. Zugleich zeigen viele Texte auf, dass Göttliches diesen Untergang künftig nicht zulassen wird. Diese „theologische" Sintflut lässt sich wohl 80 auf kein konkretes Ereignis zurückführen. Doch Theologen und Bibelinteressierte vergeben sich Chancen, wenn sie „natürliche" Erklärungen der Sintflut nicht beachten. Diese Erklärungsversuche sind ein Spiegel, wie die 85 Bibel auch wahrgenommen wird. Kein Text der Bibel hat so viele unterschiedliche Disziplinen professioneller Wissenschaften bewegt wie der zur Sintflut.

Norbert C. Baumgart, Gab es wirklich eine Sintflut?, in: Bibel heute 2/2007, S. 17 f.

#ErzählkeineGeschichten
#Daskannjawohlnichtwahrsein

Norbert Clemens Baumgart lehrt Exegese und Theologie des Alten Testaments an der Katholisch-Theologischen Fakultät Erfurt.

🌐 Alter Orient, Sintfluterzählung

Gilgamesch-Epos

---

1 Setzen Sie sich mit M1 auseinander.

a) Beschreiben Sie, wie der Maler Oskar Kokoschka sein Erleben der Sturmflut in Hamburg 1962 darstellt.

b) Nennen Sie die Assoziationen, die der Begriff „Sturmflut" bei Ihnen weckt.

c) Untersuchen Sie, wie der Begriff „sintflutartig" gebraucht wird und erläutern Sie: Was soll zum Ausdruck gebracht werden?

2 Auch die Bibel erzählt von einer großen Flut. Erläutern Sie, woher Sie diese Erzählung kennen. Welche Bilder verbinden Sie mit der biblischen Fluterzählung? Was haben Sie über die Erzählung gelernt? Und was davon erscheint Ihnen heute fraglich? Sie können Ihre Antwort auch bildlich gestalten.

3 Lesen Sie M2.

a) Gab es eine Sintflut? – Arbeiten Sie aus M2 die Antwort einschließlich möglicher Erklärungsversuche zur Historizität der „Sintflut" heraus.

b) Stellen Sie einen Bezug her zwischen dieser Antwort und den Anfragen, die Sie im Rahmen von Aufgabe 2 formuliert haben.

c) Beurteilen Sie, ob die naturwissenschaftlichen Erklärungsversuche helfen, die biblische Erzählung besser zu verstehen.

👥 Informieren Sie sich über naturwissenschaftliche Fragen und Klärungsversuche zu Arche, Taube und Regenbogen.

Ist nur wahr, was wirklich war? – Das Verhältnis von history und story

Menschen sind „in Geschichten verstrickt", hat der Philosoph Wilhelm Schapp (1884–1965) einmal gesagt. Wir leben in, mit und von Geschichten. Diese unterscheiden sich aber stark voneinander. Die Unterscheidung von history und story hilft, wichtige Geschichtstypen auseinanderzuhalten.

Erich Zenger (1939–2010) war katholischer Theologe. Schwerpunkt seiner Arbeit war die alttestamentliche Bibelwissenschaft. Darüber hinaus hat er sich für den jüdisch-christlichen Dialog eingesetzt. So geht auf ihn der Begriff „Erstes Testament" zurück, mit dem er Wertschätzung und Gültigkeit des ersten Teils der Bibel zum Ausdruck bringt.

→ Zum Aspekt des unterschiedlichen Sprechens bzw. verschiedener Wahrnehmung von Wirklichkeit: Kap. 6 , z. B. S. 132 f.

🌐 Urgeschichten, Genesis, Mythos, Logos, Sitz im Leben, Historismus

Christoph Dohmen (* 1957) lehrt Altes Testament an der Universität Regensburg.

M1 Der Anfang der Welt und des Lebens

Die Bibel beginnt mit Erzählungen über den „Anfang" der Welt und des Lebens auf ihr. Es geht dabei nicht um eine wissenschaftliche Theorie über Art und Zeit der Entstehung der

5 Welt. Gewiss reden die biblischen Erzählungen davon, dass Gott „seiner" Welt den Anfang gesetzt hat, aber dieser Anfang ist weder naturwissenschaftlich erforschbar noch experimentell darstellbar. Die biblische Botschaft lautet:

10 Die Welt und die Lebewesen auf ihr leben „von Anfang an" aus der Lebensmacht und der Zuwendung des die Welt liebenden Gottes – allen Störungen und Bedrohungen zum Trotz. Die Erzählungen über die Erschaffung der

15 Welt und der Menschen samt Tieren sowie über die Rettung des Lebens aus der Sintflut werden meist „Urgeschichten" genannt. Damit sollen ihr besonderer Inhalt *und* ihre spezifische Erzählabsicht gekennzeichnet werden.

20 Sie erzählen nicht von der historischen Zeit, sondern von der Ur-Zeit, d. h. sie erzählen nicht von Ereignissen, die einmal geschehen sind und nun der Vergangenheit angehören, sondern sie stellen erzählerisch dar, was diese

25 Welt zutiefst prägt, seit es sie gibt und solange es sie geben wird. Sie erzählen nicht einfach davon, dass Gott irgendwann einmal die Welt geschaffen hat, dass es irgendwann einmal eine gewaltige Sintflut gab, in der Noach und

30 seine Familie überlebten. Sie erzählen vom Anfang der Welt nicht so, wie man davon erzählen kann, dass David Jerusalem eroberte und die Stadt zu seinem Regierungssitz machte, dass der Prophet Jesaja im 8. Jh. v. Chr. in Je-

35 rusalem wirkte oder dass man um 520 v. Chr. in Jerusalem heftig über den Wiederaufbau des 586 v. Chr. zerstörten Tempels stritt. Sie reden eben nicht über eine historische Ereignis-Zeit, sondern über die mythische Ur-Zeit, d. h. über

40 die die historische Zeit „von Anfang an" bestimmenden Grundgegebenheiten und Grundstrukturen. Die besondere Art von Zeit der Ur-Zeit-Erzählungen lässt sich mit der liturgischen Formel verdeutlichen: „... wie es

45 war im Anfang, so auch jetzt und alle Zeit und in Ewigkeit: Amen!" Die biblischen Urgeschichten reden erzählerisch von dem, was immer gilt, weil und insofern es sich schon „am/im Anfang" zeigte. Und sogar das „Amen",

50 mit dem die Formel schließt, kann die Absicht der Urgeschichten verdeutlichen: „Amen" bedeutet ja „So ist es und so soll es sein!" In den Urgeschichten geht es nicht um eine Erklärung der Welt, sondern um die Darstellung

55 dessen, was die Welt und das Leben von Gott her und für ihn *ist*. Es geht um das Wesen und um den Sinn unserer Welt und des Lebens der Lebewesen auf ihr. Während unsere philosophisch-theologische Tradition solche Fragen

60 mit abstrakten Definitionen und begrifflichen Reflexionen beantwortet, redet der Raum, in dem die Bibel entstand, darüber in plastischen Geschichten, und weil es um Dinge geht, die *alle* Lebewesen betreffen, werden Geschichten

65 darüber erzählt, wie die Lebewesen an ihrem Anfang *so wurden* und seit ihrem Anfang *so sind*, wie sie sind. Etwas kompliziert ausgedrückt: Die Ur-Geschichten erzählen nicht Einmaliges, sondern Allmaliges als Erst-

70 maliges.

Der ursprüngliche „Sitz im Leben" dieser Geschichten über die Anfänge der Welt und ihrer Lebewesen ist die zwiespältige Wahrnehmung der Welt, wie sie ist: Sie ist einerseits schön

75 und lebensförderlich, aber sie ist andererseits vielfältig bedroht und rätselhaft. Beide Aspekte kommen in den Urgeschichten zur Sprache. So sind sie Geschichten des Staunens und der Zustimmung zum guten Schöpfergott, aber

80 auch Geschichten gegen die Angst, der Schöpfergott könne sich angesichts des Bösen von seiner Welt abwenden.

Erich Zenger/Christoph Dohmen: Die Anfänge, in: Die Bibel. Einheitsübersetzung. Kommentierte Studienausgabe. Stuttgarter Altes Testament. Band 1, hg. v. Christoph Dohmen, Stuttgart 2017, S. 7 f.

#WelcheGeschichtenerzählstdu

M 2 „Erzählen wirkt"

Mehr als äußere Bilder und Eindrücke wirkt das Erzählen von Geschichten. Denn unser Gehirn ist besonders dafür geschaffen, erzählte Geschichten zu sammeln und zu speichern.
5 Familiengeschichten, Märchen und Bibelgeschichten. Diese Geschichten stecken voller Erfahrungen, verbunden mit starken Gefühlen. Gerade diese emotionalen Erfahrungen sind es, die wir zum Leben, zum Überleben
10 brauchen. Schon im Mutterleib und dann besonders in den Jahren der Kindheit werden die wesentlichen Erfahrungen gesammelt – auch durch erzählte Erfahrungsgeschichten. Diese Erfahrungen – so die aktuelle Gehirnfor-
15 schung – werden als „Innere Bilder" oder Seelenproviant gespeichert und diese gespeicherten Erfahrungen prägen unbewusst unser Denken, Handeln und Fühlen mit. Besonders in Krisensituationen werden die gespeicher-
20 ten positiven Erfahrungen aktiviert und stärken unsere Widerstandskraft und auch unseren Glauben.

Dirk Schliephake, Bibel erzählen praktisch, in: Bibel heute 3/2016, S. 28.

#ErzählmirGeschichteN

Dirk Schliephake (* 1963) ist evangelischer Pastor und Leiter der Bibelerzähler/in-Ausbildung im Michaeliskloster Hildesheim.

→ Erzählen ermöglicht auch Identität: z. B. S. 10 f.

→ Jesus nutzte eine besonders wirksame Erzählform, die Gleichnisse: S. 66 f.

→ Über die „eigene Vernunft" von Poesie: S. 147.

---

1 Lesen Sie die ganze Erzählung Gen 6,5–9,17 laut vor – Sie können abwechselnd Vers für Vers lesen.

2 Wählen Sie eine der folgenden Aufgaben aus und bearbeiten Sie sie. Fassen Sie anschließend zusammen, was Sie an der Erzählung (neu) entdeckt haben. Halten Sie Ihre Ergebnisse auf geeignete Weise fest (Notizen, evtl. Fotos).

a) Zeichnen Sie ein Storyboard: Skizzieren Sie die Szenen der Handlung mit Bleistift in höchstens sechs Szenen. Wörter sind nicht erlaubt.
oder

b) Bilden Sie vier Kleingruppen: zu Gen 6,5–7,5 (vor der Flut); Gen 7,6–8,12 (die Flut); Gen 8,13–22 (nach der Flut I); Gen 9,1–17 (nach der Flut II).
Breiten Sie auf dem Boden ein großes blaues Tuch aus. Jede Gruppe gestaltet auf dem Tuch einen Bereich.
Der Auftrag für alle Gruppen: Lesen Sie ihren Textabschnitt genau. Stellen Sie mit Legematerial (kleinteilige Materialien wie Steinchen, Knöpfe, Moosgummi, Körner etc.) oder Tüchern dar, wie Sie die Beziehung Gottes zu seiner Schöpfung, der Menschheit und Noah wahrnehmen.
oder

c) Lesen Sie die Erzählung in Gen 6,5–9,17 noch einmal still für sich: Notieren Sie Ihre Fragen bzw. Beobachtungen zur Erzählung.
oder

d) Stellen Sie die Erzählung durch Standbilder dar.

3 Erklären Sie, was Erich Zenger meint, wenn er vom Unterschied zwischen historischer „Ereignis-Zeit" (Z. 38 f.) und „Ur-Zeit" (Z. 39) spricht M 1.

4 Zeigen Sie auf der Grundlage der Ausführungen Erich Zengers, dass die Sintfluterzählung „Allmaliges als Erstmaliges" (Z. 69 f.) erzählt M 1. Nehmen Sie die Unterscheidung von History und Story dabei zu Hilfe.

5
a) Erzählen wirkt M 2: Beschreiben und erläutern Sie (eigene) Erzählerfahrungen.

b) Die Aufforderung „Erzähl mal!" gibt es auch in Buch- und Spielform. Recherchieren Sie, um was es bei diesen Produkten geht, und begründen Sie, warum sie erfolgreich verkauft werden.

6 Nehmen Sie Stellung: Sind Erzählungen auch heute noch Sprachformen, die tauglich sind, Wirklichkeit zu beschreiben? Als Beispiel können Sie die Sintfluterzählung heranziehen.

Erzählen Sie selbst von Arche, Taube und Regenbogen. Erzählen Sie dabei aus einer bestimmten Perspektive, z. B. der Perspektive der Söhne Noahs. Hörerinnen und Hörer berichten anschließend, welche Wirkung dieses Erzählen auf sie hatte.

Zugänge zum biblischen Text: Textgeschichte und Kon-Text

Biblische Texte und Erzählungen stammen aus einer ganz anderen Zeit und Lebenswelt. Heutige Leserinnen und Leser sind von ihr durch einen Jahrtausende breiten Graben getrennt. Deshalb bedürfen die Texte zuweilen der Erklärung bzw. Erläuterung. Innerhalb der Theologie ist es Aufgabe der Exegese (griechisch: Auslegung), biblische Texte mithilfe wissenschaftlicher Methoden zu untersuchen und so besser zu verstehen. Die Methoden der Exegese kann man in zwei Grundtypen unterscheiden: „Synchrone" Exegese betrachtet den Text in seiner Endgestalt, wie er nun in der Bibel zu lesen ist. „Diachrone" Methoden der Exegese analysieren den historischen Entstehungsprozess eines Textes und versuchen, seinen „ursprünglichen" Sinn zu erfassen. Jeweils ein diachroner und ein synchroner Blick auf die Sintfluterzählung werden hier vorgestellt.

→ Ein weiterer Text von Zenger erläutert die Gattung der Sintflutgeschichte als Ur-Zeit-Erzählung S. 36.

M1 Die Fluterzählungen: Zwei in eins

In der Sintfluterzählung kann man zwei Textebenen unterscheiden, die nach Meinung der Bibelwissenschaft auf zwei unterschiedliche, einmal selbständige Geschichten zurückgehen
5 und die nun in zusammengesetzter Form vorliegen. Die jüngere der beiden Geschichten wird der auch in Gen 1,1–2,3 erkennbaren „Priesterschrift" (um 520 v. Chr.) zugerechnet. Beide Textschichten haben einerseits die glei-
10 che Geschehensstruktur. Sie erzählen die Rettung des Noach, seiner Familie und aller Tierarten aus der Sintflut, die der Schöpfergott aus Enttäuschung/Zorn über die Sünden der Menschen und der Tiere auf der Erde geschickt hat;
15 beide Geschichten kulminieren in einer feierlichen „Bestandsgarantie" für die Erde durch den Schöpfergott. Andererseits haben die beiden Geschichten ihr jeweils eigenes Erzählprofil, das sich in folgenden Unterschieden fest-
20 machen lässt: Die (vorpriesterliche) Erzählung stellt die Flut als vierzigtägigen Regen dar, lässt Noach den Raben (in der Antike beliebter „Navigationsvogel") und die Taube (Symbolvogel der Liebesgottheiten; in der Erzählung:
25 Symbolvogel der Zuwendung des Schöpfergottes) ausschicken und schließt das Geschehen mit dem Brandopfer des Noach, dessen lieblicher Wohlgeruch JHWHs Schöpfungszusage (Gen 8,20–22) auslöst. Diese letzten Details
30 fehlen in der priesterschriftlichen Erzählung, die die Flut als einjährige gigantische Wasserkatastrophe darstellt. Sie ist stark interessiert an den Details der Archenkonstruktion; die Ausmaße der rettenden Arche werden hier
35 zahlensymbolisch in Verbindung mit dem Heiligtum gebracht, das die Israeliten in der Wüste errichten, damit sich in ihm der Gott

des Lebens inmitten seines Volkes bzw. seiner Schöpfung offenbaren kann. Nur in der pries-
40 terschriftlichen Erzählung ist die Sintflutgeschichte eine Bundeserzählung; nur in ihr gibt es das Motiv vom Regenbogen in den Wolken als Zeichen der Gottesherrschaft und des unwiderruflichen Ja JHWHs zu seiner Schöpfung.
45 Nur auf der priesterschriftlichen Erzählebene ist dieses Ja des Schöpfergottes mit Geboten zum Schutz des Lebens (vgl. Gen 9,5 f.) verbunden. Die zwei Textebenen werden auch daran erkennbar, dass die Erzählung eine zweifache
50 Eröffnung (Ankündigung der Flut) und einen zweifachen Schluss (Zusage, keine Flut [mehr] zu schicken) hat.

Stuttgarter Altes Testament. Einheitsübersetzung mit Kommentar und Lexikon, hg. v. Erich Zenger, Stuttgart ²2004, S. 27.

#DemRabenfolgen
#InGeschichtenverstrickt

Die Grundrichtung der **diachronen Exegese** kennt verschiedene Methoden, die man zusammenfassend **historisch-kritische** nennt, da sie genau untersuchend („kritisch") die biblischen Texte als Ausdrucksform der jeweiligen Zeitgeschichte („historisch") betrachet. Dieser Ansatz stammt aus der Zeit der Aufklärung, als man begann, auch die biblischen Texte als historische Dokumente zu verstehen.

Eine Methode der **synchronen Exegese** ist es, in den Blick zu nehmen, wo in der Bibel ein Text steht und was in seinem Kontext erzählt wird. Dies wird kanonische Auslegung genannt, weil man darauf achtet, dass ein einzelner Text Teil eines gesamten Kanons (also der ganzen Bibel) ist. Die Erzählung von der Sintflut gehört zu den ersten Kapiteln der Bibel. In welchem größeren Zusammenhang ist sie dort zu lesen?

M 2 Flut und Schöpfung

Die Sintfluterzählung bildet […] einen Rahmen mit dem Schöpfungshymnus Gen 1,1–2,3. Schöpfung und Flut bilden einen Zusammenhang. Dies mag vielleicht überraschen, geht es
5 doch in der Flut um eine große Vernichtung. Doch die Katastrophe bildet nicht den Schlusspunkt. Im Gegenteil: Was geschaffen wurde und zutiefst gefährdet war, erhält am Ende der Flut die Garantie, sicher bestehen zu können.
10 Der Schöpfungshymnus in Gen 1 entwirft das ideale Bild der Welt, wie sie von Gott her sein soll. Die Fluterzählung ist schon realistischer geworden. Sie verarbeitet die menschlichen Erfahrungen vom Scheitern dieses Ideals und
15 dem Aufkommen von Bösem und Gewalttat. Sie zeigt ein Bild von der Welt, wie sie wirklich ist. Die Fluterzählung beschreibt, wie Gott unter diesem Zustand leidet, aber wie am Ende seine Bundeszusage dennoch dieser durch Ge-
20 walt bedrohten Welt gilt. Sie gibt Antwort auf die Fragen: Steht Gott auch angesichts von Scheitern und Gewalttat zu seiner Schöpfung?

Worin bestehen die Gefährdungen des Lebens und der Welt? Wie lassen sich die Bedrohungs-
25 potenziale nach der Flut aufhalten? Es ist ein wichtiger Schlüssel, die Fluterzählung im Zusammenhang mit der Schöpfungsthematik zu lesen.
Denn sonst bleibt sie eine fragwürdige Gewalt-
30 geschichte, an der Gott nicht unbeteiligt ist. Doch am Ende steht betont das „Nicht noch einmal" (Gen 8,21; 9,11.15). Nicht noch einmal soll so Schreckliches passieren. Von nun an soll die Schöpfung immer Bestand haben –
35 trotz menschlicher Gewalttat. Leser und Leserinnen der Geschichte dürfen sich beruhigt auf der Seite des „Nicht noch einmal" wissen. Sie sind jenseits des schrecklichen Damals und ihre Zeiten sind frei von einem globalen
40 Untergang, wie ihn die Sintfluterzählung schildert. Die Erzählung von der großen Flut ist eigentlich eine Rettungsgeschichte! Die Verbindung von Schöpfung und Flut spiegelt sich auch im Bibeltext wider. Es gibt zahlreiche
45 Stichwortverbindungen zwischen beiden Texten, und Schöpfungsvokabular wird in Gen 6–9 reichlich verwendet. Außerdem entspricht die Verbindung von Schöpfung und Flut altorientalischem Programm. Auch in
50 Mythen, die älter sind als die biblischen Texte, geht der Flutschilderung ein Schöpfungsmythos voran.

Bettina Wellmann, Von einem Schöpfergott, dem alles leidtut, in: Bibel heute 2/2007, S. 6 f.

#Wasistdennjetztrichtig

Dr. Bettina Wellmann (* 1971) gehört als katholische Theologin (Alttestamentlerin) zur Redaktion des Katholischen Bibelwerks.

🌐 historisch-kritische Exegese, kanonische Exegese

Hermann Samuel Reimarus

→ Geschöpf zu sein ist eine Grundaussage des Menschenbildes der Bibel: S. 25.

---

1 Arbeiten Sie aus dem Text von Erich Zenger heraus, welche Anhaltspunkte in der Sintfluterzählung die Exegetinnen und Exegeten dazu veranlassen anzunehmen, dass die Erzählung aus zwei verschiedenen Erzähllinien besteht.

2 Lesen Sie M 2 und erproben Sie ein synchrones Verfahren der Bibelauslegung. Vergleichen Sie dazu das Segenswort über Noah und seine Familie (Gen 9,1–7) mit dem Segenswort über die Menschheit in Gen 1,28–30. Suchen Sie nach Entsprechungen und Veränderungen. Erläutern Sie, wie Sie sich die Veränderungen erklären.

3 Prüfen Sie, inwiefern
a) der Blick auf die Textgeschichte und
b) der Blick auf den Kontext
das Verständnis der Sintfluterzählung erleichtern bzw. verändern M 1, M 2.

4 Nehmen Sie Stellung: Welche Vorteile für das heutige Verständnis der Fluterzählung bringt der diachrone, welche der synchrone Ansatz? Wo sehen Sie jeweils Nachteile oder Schwierigkeiten?

👥 Zeigen Sie am Beispiel von Arche, Taube und Regenbogen unterschiedliche Akzente der beiden Erzähllinien auf.

In Beziehung treten – mit dem Text ... und mit Gott

Wem begegnet man eigentlich beim Lesen der Bibel? Gewiss den biblischen Autoren und ihren Geschichten. Anderen Leserinnen und Lesern, wenn man sich über die Bibel austauscht. Und Gott?

Dr. Uta Zwingenberger ist Diözesanbeauftragte für biblische Bildung des Katholischen Bibelwerks im Bistum Osnabrück. Sie leitet das Bibelforum im Haus Ohrbeck bei Osnabrück.

M1 Begreifen, was uns ergreift

Die Bibel ist ein Kommunikationsgeschehen. Autoren haben Texte geschrieben und ergänzt. Texte stehen in Beziehung zu anderen Texten. Menschen lesen oder hören biblische Texte.
5 Und in all diesen Vorgängen richtet Gott sein Wort an die Menschen. Die Bibelwissenschaft hat in den letzten hundert Jahren ihre Suchscheinwerfer auf unterschiedliche Stellen in dem vielfältigen Gefüge gerichtet und zahl-
10 reiche Methoden entwickelt, um zu „begreifen, was uns ergreift" (Emil Staiger), wenn wir in das Gespräch mit dem Wort Gottes eintreten. Drei Scheinwerfer, drei Blickrichtungen haben sich bewährt, um die Bibel reichlich aus-
15 zuleuchten. Sie werden hier vorgestellt und befragt, welche Hilfen sie für die Praxis der Bibellektüre geben.

M2 Den Text ausleuchten

Die Autoren und ihre Welten

Unter dieser Perspektive hat spätestens im
20 18. Jahrhundert die moderne Bibelauslegung begonnen, die heute als „historisch-kritische" bezeichnet wird und die zu unverzichtbaren Einsichten geführt hat: Man erkannte, dass Mose nicht der Autor der Tora sein konnte
25 oder dass die Evangelien voneinander abhän-

gig sind. Biblische Texte sind das Ergebnis eines vielschichtigen und oft jahrhundertelangen mündlichen und schriftlichen Entstehungsprozesses. Zugleich sind sie Kinder ihrer
30 Zeit, die Konventionen, Textgattungen, Bilder und Gedankengut einer fernen Welt verwenden. Auch die nachfolgenden Jahrhunderte, in denen die biblischen Bücher abgeschrieben und übersetzt wurden, haben ihre Spuren in
35 den Texten hinterlassen.
Viele dieser Erkenntnisse sind heute Allgemeingut. Wenn wir sie uns aber nicht gelegentlich ins Gedächtnis rufen, laufen wir Gefahr, die biblischen Erzählungen, Gedichte
40 oder Gesetze als moderne Zeitungsberichte misszuverstehen. Der „Erste Schöpfungsbericht" der Genesis ist eben kein Bericht vom Beginn der Welt, sondern ein Gedicht über das Fundament der Beziehung von Gott, Mensch
45 und Schöpfung mit dem Refrain „Und Gott sah, wie gut es war." [...]
Die Bibelwissenschaft hat in den letzten Jahren ein differenziertes Instrumentarium entwickelt, um nach den Autoren, ihrer Welt und
50 ihren ursprünglichen Texten zu fragen. Zugleich ist aber die Erkenntnis gewachsen, dass es letztlich nicht möglich ist – nicht nur in der Bibel, sondern bei jedem Text –, herauszufinden, „was der Autor wirklich sagen wollte".
55 Wenn ich einen Brief schreibe, überlege ich oft, ob der Adressat meine Sätze wohl so verstehen wird, wie ich sie gemeint habe. Und ich kann nicht verhindern, dass er in ihnen etwas liest, was ich gar nicht ausdrücken wollte. Positiv
60 gewendet heißt das: In jedem Text können wir mehr Sinn, mehr Bedeutung entdecken, als sein Autor oder seine Autorin im Kopf gehabt haben. Um dem auf die Spur zu kommen, ist es hilfreich, die Bibel mit einem zweiten und drit-
65 ten Scheinwerfer zu erhellen.

Der Text und sein Netz

Bei dieser Fragerichtung geht es nicht darum, in welcher Umwelt und in welchen Schritten

der Text entstanden ist („diachrone" Frage).
70 Vielmehr wird der sogenannte Endtext in den
Blick genommen, der Text, der nach allen Ent-
wicklungsschritten in unseren heutigen Bibel-
ausgaben enthalten ist („synchrone" Frage). Er
ist kein zufälliges Produkt. Meist liegen der
75 Reihenfolge, in der Texte innerhalb eines biblischen Buches und Bücher innerhalb der Bibel
angeordnet sind, bewusste Entscheidungen
und theologische Erwägungen zugrunde.
Jeder Text ist eingebunden in ein dichtes Netz
80 aus seinen Nachbartexten und Stichwortverbindungen, die sich durch die gesamte Bibel
ziehen. In diesem Netz werfen Texte ein neues
Licht aufeinander, bereichern und erklären
sich gegenseitig. [...] Wenn im Matthäusevan-
85 gelium mehrfach der Psalmvers „Mein Sohn
bist du" (Ps 2,7; Mt 3,17; 17,5; vgl. Mt 27,54) zitiert wird, dringt damit die gesamte Bildwelt
des Psalms in das Evangelium ein. Was da passiert, vergleiche ich gerne mit einem Klassen-
90 treffen, wo jemand sagt: „Wisst ihr noch, unser
Mathelehrer?" Und plötzlich steht nicht nur
der Mathelehrer vor meinem geistigen Auge.
Ich höre ihn erklären, sehe die Tafel, die Mitschülerinnen und das Schulgebäude, erinnere
95 mich an die Klassenfahrt – und die ganze Welt
von damals ist wieder präsent. In ähnlicher
Weise lässt das kurze Psalmzitat das gesamte
Bild aus Psalm 2 entstehen: Der König und
Gottessohn thront auf einem Berg, wo alle
100 weltlichen Herrscher vor ihm niederfallen.
Dieses Bild ist zugleich das Schlussbild des
Matthäusevangeliums: Auf einem Berg fallen
die Jünger vor Jesus nieder, dem „alle Macht
im Himmel und auf Erden" gegeben ist
105 (Mt 28,18). Im Dialog mit dem Psalm wird klar,
welche Bedeutung Jesus am Ende des Matthäusevangeliums bekommt: Er garantiert das
Ende menschlicher Macht und die Ausbreitung des Reiches Gottes in der Welt.
110 Auch jeder Text in sich enthält eine Fülle von
Hinweisen für sein Verständnis:
- Wenn eine Aussage der Hauptfigur in den
Mund gelegt wird, wirkt sie viel markanter,
als wenn sie nur in einem Nebensatz auf-
115 taucht.
- Wenn ein bestimmtes Wort in einer Passage
häufiger vorkommt, lohnt es sich, ihm besondere Aufmerksamkeit zu schenken.

- Psalmen zeichnen mit Ausdrücken des Ver-
120 trauens, der Klage, des Lobes oder der Verzweiflung ganze Gefühlslandschaften.
- Dass die oben erwähnte Szene von der Aus-
sendung der Jünger am Ende des Matthäusevangeliums auf einem Berg spielt, wird si-
125 cherlich häufig übersehen. Dabei eröffnet
der Schauplatz, die Kulisse, in der eine biblische Erzählung spielt, meist neue Verständ-
nismöglichkeiten [...].
- Oft ist es hilfreich, sich vorzustellen – oder
130 auszuprobieren –, wie eine Szene auf einer
Bühne dargestellt werden könnte: Welche
Personen stehen einander gegenüber? Welches sind die Hauptpersonen, wo befinden
sie sich? [...]
135 Biblische Texte können so auf die gleiche Weise erschlossen werden wie andere Literatur.
Diese Erkenntnis nimmt meiner Erfahrung
nach Menschen oft die Scheu: Die Bibel ist
überhaupt nichts hoch Kompliziertes, was nur
140 Spezialisten vorbehalten wäre. Ich kann selbst
einen Text sachgerecht auslegen. [...]
Zu beobachten, wie ein Text (lat. textum
„Gewebe") in sich gewoben ist, zeugt von
Respekt vor der Bibel. Es geht darum, den Ge-
145 sprächspartner ernst zu nehmen. Das
Gespräch lebt davon, dass ich nicht nur selbst
rede, sondern mir auch vom anderen etwas sagen lasse – vielleicht auch etwas, was mich zunächst irritiert, was nicht meinen Erwartun-
150 gen entspricht, aber meinen Horizont
erweitern kann. So haben die ersten beiden
Scheinwerfer den Text und seinen Hintergrund ausgeleuchtet.

Der Leser, die Leserin und deren Lebens-
155 **erfahrung**
Der letzte Scheinwerfer lenkt den Blick auf den
anderen Gesprächspartner, auf Leserinnen
und Leser oder Hörerinnen und Hörer, und er-
hellt, was im Gespräch von Mensch und Bibel
160 geschieht. Diese Perspektive hat in den letzten
Jahren in der Bibelwissenschaft zunehmend
an Bedeutung gewonnen. Ihr liegt der Gedanke zugrunde, dass ein Text nicht einen klar de-
finierten Sinn enthält, der nur herausgefun-
165 den werden müsse. Vielmehr entsteht die
Bedeutung eines Textes jeweils neu, indem ihn
ein Leser liest. Eine Postkarte von Freunden
aus dem Skiurlaub liegt auf dem Tisch. Ihren
Text lesen Menschen mit unterschiedlichen

Bildern und Gedanken im Kopf, je nachdem, ob jemand den Wintersportort und seine Landschaft kennt oder nicht, ob jemand weiß, was eine „schwarze Abfahrt" ist oder nicht, ob jemand selbst Ski fahren kann oder an den letzten Beinbruch zurückdenkt ... So illustriert auch jeder Mensch biblische Texte mit Bildern aus der eigenen Vorstellungswelt, bringt seine Erfahrungen ein und ist gezwungen, das, was der Text nicht ausdrücklich sagt, mit eigenen Vorstellungen zu füllen. Solche „Leerstellen", wo die Geschichte den erwarteten Verlauf verlässt oder entscheidende Handlungsschritte nicht erzählt und dadurch für die eigene Lebenswelt transparent wird, sind oft die anregendsten Momente im Gespräch mit dem Text. Auf diese Weise lesen Frauen einen Text anders als Männer, Deutsche anders als Menschen aus anderen Kulturen, Kinder anders als Erwachsene ... In letzter Konsequenz heißt das: Wenn zwanzig Menschen einen Text lesen, wird dieser Text zum Knotenpunkt für zwanzig verschiedene Bedeutungen. Dieser Gedanke löst gelegentlich Erschrecken aus. Kann das denn sein, dass wir nicht definitiv sagen können, was die Bedeutung eines Textes ist? Darf das denn passieren, dass jeder „seinen eigenen" Bibeltext liest – noch dazu, wo es um die Urkunde unseres Glaubens geht? Ja, es darf nicht nur sein – es kann gar nicht anders sein, weil kein Mensch losgelöst von seiner speziellen Lebenserfahrung die Wechselbeziehung mit dem Text, mit dem Wort Gottes aufnehmen kann. Dabei verliert die Bibel nicht an

Eindeutigkeit, sondern ihr Reichtum tritt in größerer Fülle hervor. Wichtig ist, dass es eine Wechselbeziehung bleibt. Der Leser oder Hörer bringt sein Vorverständnis und seine eigene Lebenssituation in das Gespräch ein. Zugleich sendet der Text eine Vielzahl von Signalen der „Leserlenkung" aus. Durch die Personenkonstellation, durch gehäuft auftretende Wörter, durch die Dynamik der Handlung und vieles andere (siehe oben „Der Text und sein Netz" [...]) lenkt der Text den Leser in eine bestimmte Interpretationsrichtung. Umberto Eco bringt diese Spannung auf die Formel: „Ein Text kann zwar unendlich viele Interpretationen anregen, erlaubt aber nicht jede beliebige Interpretation" (in: Die Grenzen der Interpretation, München/Wien 1992, S. 144). Dieses Gespräch zwischen Leser und Text ist zugleich eine Wechselbeziehung im Heiligen Geist. Die göttliche Inspiration der Bibel ist weniger etwas, was dem Text von Gott durch die Gedanken des Autors mitgegeben wäre. Vielmehr geschieht Inspiration, wenn Menschen als Einzelne oder als kirchliche Gemeinschaft einen biblischen Text lesen und interpretieren. Solche Gedanken sind nicht neu. Wir entdecken damit die alte Vorstellung wieder, dass das Wort Gottes keine einmal gesprochene, abgeschlossene Einheit, sondern ein dynamischer Prozess ist: „Die göttlichen Worte wachsen mit dem Lesenden – divina eloquia cum legente crescunt", so hat es Papst Gregor der Große (540–604) in seinen Ezechiel-Homilien (1,7,8) formuliert. Lesern und Leserinnen kommt damit eine unverzichtbare Bedeutung und hohe Würde zu. Zugleich haben sie die Verantwortung, den Text zu Wort kommen zu lassen und sorgfältig auf seine Signale, sein Netz und seinen Hintergrund zu achten. So wird Bibelauslegung im Kommunikationsfeld von Autoren, Texten und Lesern zu einem „ewigen Gespräch mit dem Ewigen".

Uta Zwingenberger, Begreifen, was uns ergreift, in: Bibel heute 2/2005, S. 18–21.

#TextebrauchenLeser
#KeineGeschichteohneHörer

M 3 Im Gespräch mit dem Text

M 4 Die Bibel – Wort Gottes?

Judentum und Christentum nennen die Bibel auch „Wort Gottes", „Heilige Schrift" oder „vom heiligen Geist durchdrungen". Das führt manchmal zu dem Missverständnis, Gott habe
5 die Bibel sozusagen Wort für Wort „diktiert". Die Bibel selbst zeichnet hier jedoch ein ganz anderes Bild. So erzählt z. B. der Anfang des Lukasevangeliums ganz offen von dem komplizierten und offensichtlich nicht immer im
10 gewünschten Maß zuverlässigen Prozess der Weitergabe der Botschaft Jesu, der den Verfasser des Evangeliums dazu gebracht hat, „all diesen Überlieferungen bis hin zu den ersten Anfängen" selbst „sorgfältig nachzugehen",
15 um sie sodann „in der rechten Ordnung und Abfolge niederzuschreiben" (Lukas 1,3). Was ist es also, das die Bibel zum „Wort Gottes", zur „Heiligen Schrift" macht? Es gibt Erfahrungen, die wie Fenster sind, in
20 denen unsere „normale" Lebenswirklichkeit plötzlich ganz anders erscheint als zuvor, in denen sie auf einmal durchsichtig wird auf einen Grund, der sie trägt [...]: auf die Hand Gottes, in der die Welt und alles Leben steht. Sol-
25 che Erfahrungen sind nicht nur angenehm. Viele Menschen haben Gottes Nähe gerade in Zeiten der Not erfahren – mitunter auch solche, die zuvor mit der Botschaft der Bibel gar nicht viel anfangen konnten. Die Bibel erzählt
30 an vielen Stellen von solchen Erfahrungen – und mehr noch: Wer sich intensiv auf ihre Botschaft einlässt, kann selbst die Erfahrung machen, dass hier Gott zu ihm, zu ihr spricht. [...] So gesehen ist die Bibel Gottes Wort, ist sie
40 Heilige Schrift. Aber dieses Wort wird hörbar und erfahrbar in Menschenworten.
Deutsche Bibelgesellschaft: www.die-bibel.de

#GeschichtenöffnenHorizonte

⊕ Offenbarung, Heilige Schrift, Inspiration, Umberto Eco, lectio divina

→ Über eine weitere wichtige Textsorte der Bibel, die Apokalyptik, informieren S. 60–63.

→ Biblischer Fundamentalismus: S. 143.

→ Grundsätzliche Überlegungen zur Hermeneutik – nicht nur biblischer Texte: S. 148 f.

1 Setzen Sie sich mit dem Instrumentarium der Bibelwissenschaften auseinander **M 1**.
a) Stellen Sie ausgehend von der Metapher der „drei Scheinwerfer" dar, wie die Bibelwissenschaft methodisch mit dem „Kommunikationsgeschehen" Bibel umgeht. Sie können Ihre Arbeitsergebnisse grafisch aufbereiten.
b) Stellen Sie einen Bezug her zwischen den hier dargestellten Blickrichtungen („Scheinwerfern") und den Zugängen zur Sintfluterzählung, die Sie bereits kennengelernt haben.
c) Gestalten Sie – analog zu **M 2** – eine eigene Visualisierung des multiperspektivischen Zugangs zu biblischen Texten.

2 Wer kommuniziert eigentlich mit wem?
a) Entfalten Sie die kommunikativen Bezüge, in die Menschen bei der Lektüre biblischer Texte eintreten **M 3**. Berücksichtigen Sie dabei auch, dass die Bibel als Gottes Wort gelesen werden kann **M 4**.
b) Diskutieren Sie, ob es darüber hinaus andere Weisen gibt, mit Gott in Beziehung zu treten.

3 Lesen Sie Gen 6,5–9,17 noch einmal.
a) Beschreiben Sie für sich: An welchen Stellen fühlen Sie sich vom Text angesprochen und in den Text hineingezogen? Wo löst der Text Irritation oder Widerspruch aus? Welche Impulse löst der Text bei Ihnen aus? Wo verändert oder bestätigt er Sie?
Wie kommunizieren Sie mit dem Text bzw. kommuniziert der Text mit Ihnen **M 3**?
b) Vergleichen Sie Ihre Erfahrungen mit dem Text in der Lerngruppe. Deuten Sie Ihre Zugänge mithilfe der Scheinwerfer-Metapher **M 1**, **M 2**.

Nach der Flut: Bund und Bogen

Der in den Schöpfungserzählungen beschriebene Anfang der „Beziehungsgeschichte" zwischen Gott und Mensch wird durch die Sintflut nicht beendet.

„Meinen Bogen setze ich in die Wolken" spricht Gott (Genesis 9,13). Aber was ist das für ein Bogen? Das Wort, das im Hebräischen an dieser Stelle steht, lautet qäschät. Und qäschät bezeichnet eine Waffe, einen Kriegsbogen. Er bestand aus einem biegsamen Holzstab und Sehnen aus Leinen oder Hanf. Gespannt wurde er durch Biegen des Holzes mit der Hand. Dieser Bogen nun wird ungespannt, also nicht einsatzbereit, in die Wolken gehängt.

Dr. Benedikt Jürgens (* 1968), katholischer Alttestamentler, ist Leiter der Arbeitsstelle für kirchliche Führungsforschung am Zentum für angewandte Pastoralforschung der Universität Bochum.

M1 Der Bund mit Noach

Danach beschließt Gott, nie wieder eine solche Sintflut über die Erde kommen zu lassen, die die Menschen vernichten könnte. Bemerkenswert ist dabei, dass er zu diesem Beschluss
5 kommt, obwohl er ausdrücklich feststellen muss, dass sich die Menschen auch nach der Flut nicht geändert haben: „Ich will die Erde wegen des Menschen nicht noch einmal verfluchen; denn das Trachten des Menschen ist
10 böse von Jugend auf. Ich will künftig nicht mehr alles Lebendige vernichten, wie ich es getan habe" (Gen 8,21–22). Es ist Gott, der sich geändert hat und der zu den Menschen steht, obwohl sie eigentlich nicht nach Gottes Plä-
15 nen und Vorstellungen leben und handeln.

Gott macht einen neuen Anfang mit den Menschen, der die Züge einer neuen Schöpfung trägt: Er segnet sie und beauftragt sie erneut, fruchtbar zu sein und die Erde zu bevölkern.
20 Diese neue Schöpfung ist jedoch nicht mehr identisch mit der Schöpfung, von der in Gen 1–2 die Rede war. Das wird vor allem daran deutlich, dass die Beziehung zwischen Menschen und Tieren gestört ist. Von nun an
25 ist die Beziehung der Tiere zu den Menschen von Furcht und Schrecken geprägt. „Furcht und Schrecken vor euch soll sich auf alle Tiere der Erde legen, auf alle Vögel des Himmels, auf alles, was sich auf der Erde regt, und auf alle
30 Fische des Meeres; euch sind sie übergeben" (Gen 9,2). Der tiefere Grund für Furcht und Schrecken der Tiere vor den Menschen sind die Essgewohnheiten des Menschen, der offensichtlich nicht ohne den Verzehr von
35 Fleisch leben kann. Erst jetzt akzeptiert Gott auch diese Seite des Menschen: „Alles Lebendige, das sich regt, soll euch zur Nahrung dienen. Alles übergebe ich euch wie die grünen Pflanzen. Nur Fleisch, in dem noch Blut ist,
40 dürft ihr nicht essen" (Gen 9,3–4). Ursprünglich hatte er es anders geplant; der Mensch sollte sich nämlich nur von Pflanzen ernähren: „Dann sprach Gott: Hiermit übergebe ich euch alle Pflanzen auf der ganzen Erde, die Samen

M2 Der Bogen

45 tragen, und alle Bäume mit samenhaltigen Früchten. Euch sollen sie zur Nahrung dienen" (Gen 1,29). Bei einer vegetarischen Lebensweise wäre es nicht nötig gewesen, Tiere zu töten. Das ist den Menschen nun erlaubt. Doch da-

50 durch, dass das Blut ausdrücklich für tabu erklärt wird und nicht verzehrt werden darf, werden sie immer daran erinnert, dass auch das Töten von Tieren problematisch ist und dass nur Gott selbst der Herr über das Leben

55 selbst ist und bleibt.

Unter diesen Bedingungen schließt Gott nun einen Bund mit Noach, indem er ihm zusagt, nie wieder durch eine Sintflut das Leben auf der Erde zu vernichten. Als Zeichen setzt Gott

60 seinen Bogen in die Wolken, der ihn immer wieder an diesen Bund, den er mit Noach und damit mit allen Menschen, aber auch mit allen Tieren geschlossen hat: „Steht der Bogen in den Wolken, so werde ich auf ihn sehen und

65 des ewigen Bundes gedenken zwischen Gott und allen lebenden Wesen, allen Wesen aus Fleisch auf der Erde" (Gen 9,16).

Benedikt Jürgens, Die ersten fünf Bücher der Bibel – Der „Pentateuch", in: Andreas Leinhäupl (Hg.), Jetzt verstehe ich die Bibel, Stuttgart 2010, S. 90 f.

#Beziehungsgeschichten

M3 Der Noachbund und die noachidischen Gebote

Der Noachbund […] ist der erste Bund Gottes mit den Menschen und umspannt die ganze Schöpfung, ist also der allgemeinste Bund und ist „für immer". Dieser Bund beinhaltet die

5 Verpflichtung Gottes, die Welt künftig zu erhalten und sie nicht wieder, wie beim Flutgeschehen, zu zerstören (Gen 9,9–17), fordert aber vom Menschen, sich an Minimalregeln gegenüber Gott und seinen Mitmenschen zu

10 halten (Gen 9,6). Auf der Basis dieser Minimalregeln hat die jüdische Tradition die sog. „noachidischen Gesetze" formuliert. […]

Nach der jüdischen Tradition ist der noachidische Bund mit sieben Ge- bzw. Verboten ver-

15 bunden (vgl. auch Gen 9,4–6), die prinzipiell für alle Menschen gelten, während die 613 Ge- und Verbote der Tora ausschließlich für Juden gelten.

Die noachidischen Gebote
1. Gebot der Rechtspflege
2. Verbot des Götzendienstes
3. Verbot der Gotteslästerung
4. Verbot der Unzucht
5. Verbot von Blutvergießen
6. Verbot von Raub
7. Verbot des Blutgenusses

Hanna Liss, TANACH – Lehrbuch der jüdischen Bibel, Heidelberg 2008, S. 25 f.

#GutesEssenfüralle

🌐 Bund mit Abraham, Bund am Sinai, (Kriegs-)bogen

Weltethos

Dr. Hanna Liss ist Professorin für Bibel und Jüdische Bibelauslegung an der Hochschule für Jüdische Studien in Heidelberg.

→ Geschichten vom Gelingen – mehr dazu auf S. 64 f.

→ Segen – mehr dazu auf S. 72 f.

---

1 Untersuchen Sie die Bund-Theologie der Noah-Erzählung **M1**.

a) Fassen Sie zusammen, was die Erzählung vom Bund mit Noah über Gott aussagt.

b) Entfalten Sie, was die Autoren der Sintfluterzählung auf diese Weise grundsätzlich über die Welt aussagen. Sie können dazu auch auf den Text „Der Anfang der Welt und des Lebens" von Erich Zenger (S. 38) zurückgreifen.

2 Erörtern Sie, inwiefern die Sintfluterzählung als biblischer Impuls für eine andere, z. B. vegetarische Ernährung gelesen werden kann.

3 Setzen Sie sich mit **M3** auseinander.

a) Erklären Sie die Bedeutung der einzelnen noachidischen Gebote (vgl. dazu auch **M1**).

b) Prüfen Sie, welche Ge- bzw. Verbote ausdrücklich oder unausdrücklich für das Zusammenleben in Deutschland tatsächlich relevant sind.

c) Beurteilen Sie, ob diese Gebote aus der jüdischen Tradition für das interreligiöse Gespräch mit weiteren Religionen bedeutsam sein können.

4 Vergleichen Sie die Sintflutgeschichte in der Bibel mit den Aussagen zur Sintflut im Koran in den Suren 7:59–64; 11:25–48; 17:2–4; 23:30; 36:41–43.

5 Gestalten Sie ein biblisch motiviertes Regenbogenbild **M2** als Grußpostkarte. Erläutern Sie mögliche Verwendungskontexte und -absichten.

Recherchieren Sie, wofür der Regenbogen ein Symbol sein kann.

Die Flut im Gottesdienst

Für viele symbolisiert die Sintflut Tod und Vernichtung. Umso überraschender mag es sein, dass die Taufliturgie an die Sintflut erinnert. Passt das zu einer solchen Feier des Neubeginns und des Lebens?

M1 Die Flut und die Taufe

Häufig sind es die sperrigen Stoffe, die in der Liturgie auf Zentrales aufmerksam machen: Gen 22 etwa, die ungeliebte Lesung der Osternacht, die das Geschehen um Kreuz und Auf
5 erstehung so nachdrücklich ausdeutet, oder Joh 1,1–18, der Prolog des Evangeliums, der in der Messe von Weihnachten (am Tage) so gar nicht zur Krippenseligkeit des Festes zu passen scheint, aber gerade beschreibt, was
10 Menschwerdung meint. Auch die Erzählung von der Sintflut ist ein solcher Stoff, dem man die Zähne gezogen hat, wenn man vor allem auf eine Arche voller anmutiger Tiere und den farbigen Regenbogen blickt, aber auf die Kehr
15 seite der Geschichte wenig schaut: „Da reute es den Herrn, auf der Erde den Menschen gemacht zu haben, und es tat seinem Herzen weh. Und der Herr sagte: Ich will den Menschen, den ich erschaffen habe, vom Erdboden
20 vertilgen." (Gen 6,6) Und Gott lässt es 40 Tage und 40 Nächte lang auf die Erde regnen, damit die Flut alle Geschöpfe wegschwemmt – ersäuft, wie man wohl drastischer sagen muss.

→ Die Feier der Liturgie ist einer der Grundvollzüge der Kirche: S.116–119.

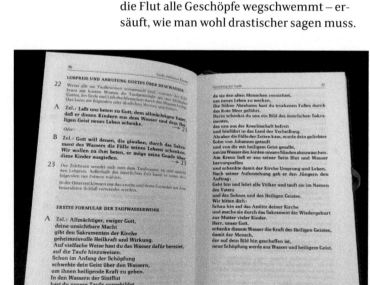

M2
Taufrituale, Die Feier der Kindertaufe in den katholischen Bistümern des deutschen Sprachgebietes, hrsg. im Auftr. der Bischofskonferenzen Deutschlands, Österreichs und der Schweiz und des Bischofs von Luxemburg, Freiburg, Herder 2001, S.36 f.

Wasser: Vernichtung und Neubeginn

25 Von der Sintflut ist ausgerechnet in der Taufliturgie die Rede. Die Zeichenhandlung mit Wasser wird ausgedeutet auch durch die Erinnerung an die Sintflut. In „Lobpreis und Anrufung Gottes über dem Wasser" – der katholi
30 schen Taufwasserweihe – wird, je nach Gebet variierend, das Taufgeschehen mit einer Vielzahl biblischer Motive ausgedeutet: Schöpfungswasser, Exodus, Taufe im Jordan u. a. Dabei kommt in einem Gebet auch die Sintflut
35 zur Sprache:

„In den Wassern der Sintflut hast du unsere Taufe vorgebildet, da sie den alten Menschen vernichtet, um neues Leben zu wecken", heißt es in der Feier der Kindertaufe. In der Oster
40 nacht formuliert die Liturgie etwas schärfer, wenn das Taufwasser geweiht wird: „Selbst die Sintflut war ein Zeichen der Taufe", der Konnex [Zusammenhang] von Flut und Taufe besitzt also etwas Befremdliches; „das Wasser
45 brachte der Sünde den Untergang und heiligem Leben einen neuen Anfang." Sieht man den Wasserritus – der Täufling, Erwachsener wie Säugling, wird mit Wasser übergossen – und den Text zusammen, müsste man
50 eigentlich zusammenzucken. Wasser wird hier mit der Vernichtung von Schöpfung in Beziehung gesetzt. Es ist eben nicht nur ein Element, das erfrischt und belebt, sondern begegnet auch als Todesmacht – große Natur
55 katastrophen zeigen das immer wieder. Vernichtung des sündigen Lebens auf der einen Seite, Neubeginn mit jenen, die Gottes Gnade gefunden haben, auf der anderen Seite.

Taufe: Kein harmloses Familienritual

60 Taufe wird mit solchen Texten als ein alles andere als harmloses Geschehen profiliert. Das Taufbuch der Evangelischen Kirche der Union stellt in einem Betrachtungstext dem Sintflutmotiv den Satz voran: „Seit alters ist der Weg
65 zu dir ein Weg durch den Tod zum Leben." Sich auf diese Erzählung hinter der Taufe einzulassen, hat eine durchaus heilsame Wirkung: Taufe ist plötzlich nicht mehr ein harmloses

Familienritual, sondern eine durchaus „gefähr-
70 liche" Liturgie, die im Leben des Menschen etwas bewegen will. Das Zeichen des Wassers
trägt das in die Liturgie ein. In der Taufe des
Menschen auf Christus geht etwas unter und
etwas Neues wird geschaffen. Das trägt einen
75 durchaus verstörenden Charakter; die Liturgie
hält dieses Irritierende hoch. Anthropologen
sprechen von der destruktiven Funktion von
Ritualen, die Etabliertes in Frage stellen können. Religiöse Rituale wollen zu neuen Hori-
80 zonten führen, wie es im Begriff „Übergangsri-
tual" anklingt. Eine solche Passage im Leben
gibt es aber nicht ohne Veränderung, zumal
wenn es um das Verhältnis von Gott und
Mensch geht. Mit dem Hinweis auf die Sint-
85 flut, mehr noch: dadurch, dass der Mensch in
der Taufe an dem teilnimmt, was Sintflut bedeutet, vollzieht sich an ihm dieser Wandel in
ganzer Radikalität. Die Liturgie als Wirklichkeit setzendes Geschehen erzählt nicht nur, sie
90 realisiert in Zeichenhaftigkeit und macht körperlich erfahrbar. Taufe begegnet nicht als
harmlose Feier, sondern als Liturgie, die den
Menschen wirklich und ganz beansprucht.

Versprochene Rettung

95 Eine Überforderung? Es lohnt, sich die liturgischen wie die biblischen Texte genauer anzusehen: „Noah aber fand Gnade und wurde er-
rettet aus der Flut. So soll im Wasser der Taufe
alles, was uns von Gott trennt, untergehen",
100 liest man in einer Betrachtung des Taufbuches
der Vereinigten Evangelisch-Lutherischen Kirche. Nicht der Mensch, sondern Gott handelt
hier; es geht um ein Geschehen aus Gnade,
auch das erinnert das Wasserzeichen: Der
105 Mensch wird gerettet, er muss sich zuletzt
nicht selber retten.
Liturgien sind legitim in vielfältiger Weise
deutbar. Die Liturgietheologie wird aber immer wieder auf das Kerngeschehen hinweisen
110 und dieses im Plural der Deutungen zur Sprache bringen müssen. Das Motiv der Sintflut in
der Taufliturgie stark zu machen, ist ein Beitrag dazu.
Benedikt Kranemann, Die Flut und die Taufe, in: Bibel
heute 2/2007, S. 24 f.

#MitallenWasserngewaschen
#VonderTaufeerzählen

Benedikt Krane-
mann (* 1959)
lehrt Liturgiewis-
senschaft an der
Katholisch-
Theologischen
Fakultät der Uni-
versität Erfurt.

→ Die Taufe
gehört zu den per-
formativen Sprach-
handlungen: S. 23.

🌐 Taufe, Liturgie,
Ritual, Symbol,
Sakrament

1 Tragen Sie Ihr Vorwissen und Ihre Erfahrungen
zusammen:
a) Beschreiben Sie, was konkret in einer Tauffeier
geschieht.
b) Erläutern Sie die Bedeutung der Taufe.

2
a) Arbeiten Sie aus dem Taufwasserweihegebet **M2** die
unterschiedliche Symbolik des Wassers heraus.
b) Stellen Sie die Ambivalenz von Wasser gestalterisch
dar (z. B. in Form einer Collage).

3 „Die Liturgie als Wirklichkeit setzendes Geschehen
erzählt nicht nur, sie realisiert in Zeichenhaftigkeit und
macht körperlich erfahrbar." (Z. 88–91) – Erläutern Sie
diese Aussage aus **M1**.

4 Erklären Sie auf der Grundlage von **M1** den Zusammenhang von der Erzählung der Sintflut und der
Liturgie der Taufe.

🧑‍🤝‍🧑 Gestalten Sie den Entwurf für eine Taufkerze mithilfe der
Symbole Taube, Arche bzw. Regenbogen. Der Entwurf soll
den Zusammenhang von Taufritus und Fluterzählung verdeutlichen.

In Beziehung: Mensch und Gott

Die Bibel erzählt von der Welt als Gottes guter Schöpfung. Und sie erzählt vom Bund Gottes mit den Menschen: von einer Beziehung, die hält.
Das haben Menschen über Jahrhunderte weitererzählt und so ihren Glauben weitergegeben, dass es „mehr als dies" gibt.

Dr. Elisabeth Birnbaum (* 1969) ist Alttestamentlerin an der Katholischen Privatuniversität Linz.

M1 „Mehr als dies" (Heinz Rudolf Kunze)
„Wenn dein Kind dich morgen fragt:
Wozu sind wir auf der Welt?
Wenn es anfängt, sich zu wundern,
wenn es wissen will, was zählt –

5 seine Augen sind so groß
wie ein weites Menschenmeer ...
dann bleib nicht die Antwort schuldig,
fällt sie dir auch manchmal schwer.

Was man ganz tief drinnen spürt,
10 das kommt nicht von ungefähr.
Glaub mir, denn es existiert:

Mehr als dies. Mehr als jetzt und mehr als hier.
Mehr als dies. Und mehr als wir.

Wenn dein Kind dich morgen fragt,
15 morgen Nacht in deinem Traum:
Warum hast du dir vorgenommen,
niemals Kinder zu bekommen?

Glaubst du, dass du alles bist?
Gib mir Leben, gib mir Raum.
20 Nichts muss bleiben, wie es ist.
Hör, was dir die Zukunft sagt:

Mehr als dies. Mehr als jetzt und mehr als hier.
Mehr als dies. Und mehr als wir.

25 In uns scheint ein Licht,
das verlier'n wir nicht.
Weil es jemand gibt,
der uns immer liebt.
Der fast alles vergibt."
Heinz Rudolf Kunze, Mehr als dies, 2001

Heinz Rudolf Kunze (* 1956) ist ein Liedermacher, Schriftsteller und Übersetzer.

M2 Vom Glauben erzählen (Deuteronomium 6,20–25):
„Wenn dich morgen dein Kind fragt"
Im Alten Testament wird Glaube nicht als Gesetz verordnet, sondern erzählt. Die Tora selbst, das Herzstück des jüdischen Glaubens, ist kein Gesetzbuch, auch wenn der Begriff

5 Tora gern mit „Gesetz" übersetzt wird. Vielmehr besteht sie mindestens zur Hälfte aus Erzählungen. Die Erzählungen begründen den Glauben, laufen ihm voraus, und sie begründen die Gebote und laufen ihnen voraus.

Erzählung statt Verordnung
10 Deshalb verwundert es nicht, wenn gerade in unserem Text (Deuteronomium 6,20–25) die Weitergabe dieser Erzählungen als grundlegend für den Glauben und für die Gebote
15 angesehen wird.
Der kleine Abschnitt steht an einer zentralen Stelle der Tora: Unmittelbar davor, in Kap. 5, ruft Mose das Volk zum Halten der Gebote auf. Bevor er aber auch nur eines nennt, wird vom
20 Geschehen am Horeb erzählt. Und auch die Zehn Gebote, die nun folgen, werden durch die Erzählungen eingeleitet, dass Gott sein Volk aus dem Sklavenhaus Ägypten befreit hat (Dtn 5,6). In Kap. 6 wird dann das wichtigste Gebot
25 verkündet: „Höre Israel, JHWH, dein Gott ist einzig. Darum sollst du den Herrn, deinen Gott, lieben mit ganzem Herzen, mit ganzer Seele und mit ganzer Kraft" (Dtn 6,4f.). Und genau hier, wo die wichtigsten Gebote entfal-
30 tet werden, wird gemahnt, dem Kind, das „morgen" fragen wird, diese Gebote durch die Erzählung des Glaubens zu begründen. [...]

Erzählung und Glaube
Damit wird Folgendes deutlich:
35 1. Damit Glaube lebendig bleibt, muss davon erzählt werden. Er wird weitergegeben durch Erzählungen der großen gemeinsamen Geschichte, die das Volk Gottes mit seinem Gott
40 erlebt hat. Glaube entsteht durch Gotteserfahrung und durch das Teilen dieser Gotteserfahrung.
2. Die Erzählungen von der Vergangenheit des Volkes mit diesem Gott ermöglichen Zukunft.
45 Das beginnt schon damit, dass es das Kind ist, das danach fragt. Den Kindern sollen sie weitergegeben werden, sie sind von Generation zu Generation zu übertragen, sie sind Teil der

Identität des Volkes, eine Brücke zwischen
50 Jung und Alt.
3. Die Erfahrungen des Volkes mit seinem Gott
sind die Grundlage des Glaubens und damit
auch die Voraussetzung für das Halten der Gebote. Nur sie führen vom Glauben zum Glau-
55 ben, und nur der Glaube an diesen so erfahre-
nen Gott bewirkt, dass die lebensfördernden
Gebote gehalten werden wollen und können.
Weil das Volk, weil jede/r Einzelne glaubt, hält
er/sie die Gebote. Die Gebote sind nicht der
60 Glaubensinhalt, sondern die Konsequenz des
Glaubensinhaltes.
4. Das wichtigste Stichwort in Dtn 6 und im
Buch Deuteronomium überhaupt lautet dabei
„Erinnerung". Das Volk erhält seine Identität
65 durch sein kollektives Gedächtnis. Es „erinnert" sich an seine Entstehung, an seine Herkunft, um zu wissen, wer es ist. Erinnerung
meint hier nicht ein Schwelgen in guten alten
Zeiten, um der Gegenwart zu entkommen. Er-
70 innerung meint zu wissen, wo man herkommt,
wer man ist, um zu wissen, wo man hinsoll.
5. Im gemeinsamen Erinnern entsteht Beziehung – zueinander, zur Vergangenheit und zu
dem, dem diese Zukunft zu verdanken ist; und
75 gleichzeitig entsteht dadurch auch Orientierung, eine immer neue Ausrichtung an JHWH.
Dessen Wirken soll erinnert und vergegenwär-
tigt werden, damit Zuversicht entstehen kann,
dass der Weg in die Zukunft nicht ohne dieses
80 Wirken bestritten werden muss. Die Erzählungen der Bibel erinnern, verinnerlichen also den
Glauben, sie begründen Gebote, sie stiften Gemeinschaft, sie formen und bewahren Identität und ermöglichen Zukunft. Daher dürfen
85 und sollen sie weitergegeben werden, gerade
auch an Kinder.

Elisabeth Birnbaum, „Wenn dich morgen dein Kind
fragt", in: Bibel heute 3/2016, S. 4 f.

#Weißtdunoch
#AlswirKinderwaren
#GefährlicheErinnerung

M3 Gefährliche Erinnerung (Johann
Baptist Metz)
Christlicher Glaube ist als jenes Verhalten zu
verstehen, in dem der Mensch sich an ergan-
gene Verheißungen und angesichts dieser Verheißungen gelebter Hoffnungen erinnert und
5 sich an diese Erinnerungen lebensbestim-
mend bindet. [...]
Gemeint ist nicht jene Erinnerung, die alles
Vergangene in einem verklärenden Licht sieht;
nicht Erinnerung, die alles Vergangene in sei-
10 nem Vergangen-Sein dadurch besiegelt, dass
sie sich mit allem Gefährlichen und Herausfor-
dernden an ihm ausgesöhnt hat. Und gemeint
ist [...] nicht eine Erinnerung, in der vergange-
nes „Glück" und „Heil" je nur individuell appli-
15 ziert wird. Hier ist jene gefährliche Erinnerung
gemeint, die die Gegenwart bedrängt und in
Frage stellt, weil sie an unausgestandene Zukunft erinnert.
Solche Erinnerung durchstößt den Bann des
20 herrschenden Bewusstseins. Sie reklamiert
unausgetragene, verdrängte Konflikte und
unabgegoltene Hoffnungen. Sie hält gegen die
herrschenden Einsichten früher gemachte
Erfahrungen hoch und entsichert damit die
25 Selbstverständlichkeiten der Gegenwart.
Johann Baptist Metz, Glaube in Geschichte und
Gesellschaft. Studien zu einer praktischen
Fundamentaltheologie, Mainz ⁵1992, 192.

→ Glaube, Bezie-
hung, Bibel: mehr
zu diesem Zusam-
menhang auf
S. 146.

⊕ kollektives
Gedächtnis

Johann Baptist
Metz

Johann Baptist
Metz (1928–2019)
war Fundamental-
theologe. Er lehrte
lange in Münster
und ist Begründer
der Neuen politi-
schen Theologie.

1 Beschreiben Sie, was Sie unter der Formulierung
„mehr als dies" verstehen **M1**.

2
a) Erzählen Sie einander, wer Ihnen von Gott erzählt hat
bzw. wie Sie der Frage nach Gott begegnet sind.
b) Greifen Sie zurück auf Ihre Erinnerung oder lesen Sie
in Kinderbibeln nach: Was und wie wird Kindern von
der Sintflut erzählt? Beurteilen Sie begründet, welche
Erzähl-/Darstellungsform Sie für angemessen halten.

3 Entfalten Sie auf der Grundlage des Textes **M2**, in
welcher Verbindung Erzählung, Erinnerung und Glaube
zueinander stehen.

4 Gefährliche Erinnerung?
a) Erläutern Sie diesen von J. B. Metz geprägten Begriff
M3.
b) Zeigen Sie auf, welches „gefährliche" Erinnerungspotenzi-
al der Sintfluterzählung innewohnt.

5 Nehmen Sie kritisch Stellung: Ist Glaube mehr als eine
kulturelle Tradition?

Pater Olaf Derenthal (* 1970)

Pater Olaf Derenthal arbeitet seit 2016 in der Zentralafrikanischen Republik. Bereits von 2008 bis 2011 arbeitete er dort in der Diözese Alindao und baute ein mobiles Team für die medizinische Versorgung auf.

Olaf Derenthal

Seit dem Sturz des Präsidenten Bozizé im März 2013 tobt in der Zentralafrikanischen Republik der Krieg. 2016 wurde zwar wieder eine offizielle Regierung gewählt, aber ihre Macht reichte nicht über die Hauptstadt Bangui hinaus. Seitdem spaltet sich das Land immer mehr entlang religiöser und ethnischer Linien. 14 bewaffnete Rebellengruppen sind inzwischen aktiv. Als Folgen des Krieges flohen bereits über 1,2 Millionen Menschen in die Nachbarländer. Doch diese sind selbst kaum in der Lage allen Flüchtlingen Schutz und Hilfe zu bieten.

→ Weiterlesen?

🌐 Olaf Derenthal

Aus dem Blog von Pater Olaf Derenthal: Pastoralarbeit in Zeiten von Rebellion und Gewalt, 22. Mai 2018:
„Was tun gegen die ‚Geister des Bösen‘, die unsere Stadt, unser Land nicht zur Ruhe kommen lassen? – Ich predige oft von ihnen. Sie, die die Herzen der Menschen zerstören, und damit alles, was Sinn macht im Leben. Viele auch unserer jungen Leute, die in der Kirche engagiert sind, haben sich aus Wut und Zorn über die Repressalien der Seleka-Rebellen der gewalttätigen Anti-Balaka-Bewegung angeschlossen, haben sich magischen Ritualen unterzogen, damit die Waffen der ‚Feinde‘ ihnen nichts anhaben können. Haben sich von den „Geistern des Bösen“ verführen lassen.
Aus Opfern sind Täter geworden.
Wie viel zählt das Leben eines Menschen? – Mir scheint, viele unserer Leute müssen dies erst wieder entdecken: ‚Alle Menschen sind gleich.‘ – ‚Die Würde des Menschen ist unantastbar.‘
In Verkündigung und Caritas versuchen wir das als Kirche umzusetzen. In ganz ganz kleinen Schritten, auch wenn wir immer wieder von neuen Gewaltexzessen hören, die unser Tun dann sinnlos erscheinen lassen.
Ein afrikanisches Sprichwort sagt: ‚Die beste Zeit, einen Baum zu pflanzen, war vor zwanzig Jahren. Die nächstbeste Zeit ist jetzt.‘
Deshalb organisieren wir in der Pfarrei fast jedes Wochenende Treffen und Camps von verschiedenen Gruppen: Pfadfinder, Jugendverbände, Chormitglieder, Katecheten usw. Wir möchten möglichst viele unserer Christen aus den verschiedenen Dorfkapellen hier bei uns versammeln, zum gemeinsamen Beten, Arbeiten und Lernen. Immer steht an solchen Tagen auch eine Aussprache über die aktuelle militärisch-politische Lage auf dem Programm. Und wir erklären, warum die Kirche auf Dialog auch mit den Seleka-Rebellen setzt, und die Gegenbewegung der ‚Anti-Balaka‘ NICHT unterstützt. Und warum der Weg der Rache niemals ein Weg ist, den ein Christ gehen kann.“

1 Beschreiben Sie den Lebenskontext, von dem Olaf Derenthal schreibt. Benennen Sie die Funktion, die die „gefährliche Erinnerung" (vgl. S. 48 f.) der biblischen Tradition hier hat.

2 Informieren Sie sich über die Situation in der Zentralafrikanischen Republik.

Ein Beziehungs-Symbol:
Regenbogenkreuz am Felsen der Inschriften in der Wüste Sinai

Soldaten und Händler hinterlassen seit Anbeginn der Menschheitsgeschichte ihre Spuren in den Ländern und Völkern. Nicht weniger aber tun dies die Pilger aller Religionen. Besonders beeindruckende Pilger-Spuren finden sich am Rock of Inscriptions in der Wüste Sinai: Die Pilger mehrerer Jahrtausende und verschiedener Religionen und Sprachen haben sich in diesem Felsen mit ihren Eingravierungen verewigt. Von christlichen Pilgern, die diesen Felsen auf ihrem Weg zum berühmten Katharinenkloster passierten, stammt das Regenbogenkreuz.

Es zeigt drei Dimensionen des Bundes Gottes mit den Menschen:
- Das Kreuz ist Symbol für den gewaltsamen Tod Jesu, aber auch Symbol für Gottes Liebe, die den Tod nicht das letzte Wort haben lässt.
- Die zwölf Enden des Kreuzes erinnern an den bleibenden Bund Gottes mit den zwölf Stämmen Israels am Sinai.
- Der (Regen-)Bogen ist Zeichen für den Bund, den Gott mit Noah schloss. So bringt das Regenbogenkreuz zum Ausdruck, dass die Beziehung Gottes zum Menschen eine ist, die hält.

In der Sinai-Wüste

Regenbogenkreuz am Felsen der Inschriften

Das Regenbogenkreuz ist auch das Logo der Abtei Dormitio B.M.V., einer deutschen Gründung auf dem Zionsberg in Jerusalem.

Kosmos und Himmel

Untersuchen Sie Bezüge zwischen der Sintfluterzählung und dem Bild von Franz Radziwill auf der Kapiteleinstiegsseite. Ist das Bild Ihrer Ansicht nach ein geeigneter Auftakt in das Kapitel? Begründen Sie Ihre Meinung.

Welt wahrnehmen und verstehen

Fassen Sie zusammen, auf welch unterschiedliche Weise sich von Welt und Wirklichkeit sprechen lässt. Sehen Sie dazu dieses Kapitel noch einmal durch und achten Sie dabei auf Gegensatzpaare/Oppositionen.

Bund

Nehmen Sie noch einmal das Cluster zur Hand, das Sie zu Beginn der Unterrichtseinheit erstellt hatten. Erweitern Sie das Cluster auf der Basis dessen, was Sie im Verlauf des Kapitels thematisiert haben, zu einer Concept-Map. Beziehen Sie dabei auch die Begriffe „Beziehung" und „Erinnerung" mit ein.

Buch der Bücher

Aus einem Interview mit dem Schauspieler Moritz Bleibtreu:
„Was ist für Sie das Schöne am Geschichtenerzählen?
Bleibtreu: Das ist, Punkt a, die Realitätsflucht. Denn das Leben ist ja oft grausig genug. Punkt b ist das ein tolles Mittel der Verständigung. Denn ich glaube nicht an die Wirkung von Kritik. Die ändert nichts. Ich glaube, dass Geschichten die große Kraft und Möglichkeit haben, Dinge nicht direkt benennen zu müssen. Sie müssen nicht mit dem Finger auf etwas zeigen. Das kann ein hilfreiches Mittel sein. Außerdem bieten uns Geschichten die Möglichkeit, uns Grenzerfahrungen zu nähern, ohne sie erleben zu müssen. Warum gucken wir uns Geschichten über den Tod an? Weil wir über diese Geschichten lernen können.

Was ist die wichtigste Geschichte unserer Zeit?
Bleibtreu: Die Bibel ist die wichtigste Geschichte überhaupt. Damit fängt ja quasi alles an."
Augsburger Allgemeine, 19.10.2018

Sie haben eine biblische Erzählung unter verschiedenen Gesichtspunkten betrachtet und so nicht nur etwas über die Sintfluterzählung erfahren, sondern auch über die Bibel selbst. Prüfen Sie, ob bzw. inwiefern sich Ihr Blick auf die Bibel verändert hat.

Abschlussaufgabe

Was sind Ihre „großen Erzählungen"? Welche „stories" sind Ihnen bedeutsam?
Das kann eine Erzählung aus einem Buch oder einem Blog sein oder eine Geschichte, die in der Familie erzählt wird, oder eine eigene Erfahrung oder …
Welche Symbole sind Ihnen wichtig, vielleicht gar heilig?
Erzählen Sie.

3 Ins Gelingen verliebt? Jesu Botschaft vom Reich Gottes

Edward Hopper, Zimmer am Meer, 1951

Zimmer am Meer

Betrachten Sie das Bild „Zimmer am Meer" von Edward Hopper auf der Einstiegsseite. Wo bleibt Ihr Blick hängen? Welche Stimmung vermittelt Ihnen das Bild? Was befindet sich im Zimmer hinter der Wand? Gibt es für Sie einen Ort in dem Bild? Malen Sie, gedanklich oder real auf einem Ausdruck, das Bild weiter. Schreiben Sie zum Bild eine Geschichte, in der Sie die Atmosphäre des Bildes zum Sprechen bringen.

Nach Glück fragen

Denken Sie über folgende Fragen nach und machen Sie sich Notizen: Was sind für Sie Kennzeichen eines glücklichen, eines glückenden Lebens? Was ist ein gutes, ein zufriedes Leben, ein erfülltes Leben, ein heilvolles Leben? Was bedeutet für Sie Leben bis zur Vollendung? Gestalten Sie nun aus ihren Überlegungen eine Concept-Map, in der sie mögliche Abhängigkeiten, Gemeinsamkeiten, Unterschiede oder auch Entwicklungen deutlich machen. Tauschen Sie sich in Ihrer Lerngruppe aus und benennen Sie Gemeinsamkeiten und Unterschiede. Prüfen Sie dabei auch, welche sprachlichen Zuschreibungen (Glück, Zufriedenheit, Heil, Vollendung usw.) für Sie stimmig, welche eher fremd oder unverständlich sind.

Eine Concept-Map kann z.B. so gestaltet werden:

Sehnsuchts-Orte

Gestalten Sie, z.B. durch Malen, Zeichnen oder Fotografieren, Ihren Sehnsuchtsort. Notieren Sie danach Ihre Gefühle, die Sie an diesem Ort empfinden. Ist Ihr Sehnsuchtsort ein realer oder ein fiktiver Ort?

Jesu Botschaft vom Reich Gottes! – Für dich? Für mich?

„Unter Reich Gottes stelle ich mir vor ..." Interviewen Sie zu zweit Mitschüler und Mitschülerinnen sowie Lehrer und Lehrerinnen Ihrer Schule, was diese sich unter dem Reich Gottes vorstellen. Nehmen Sie die Antworten auf und vergleichen Sie diese in Ihrer Lerngruppe. Welche Antworten verblüffen Sie, welche lehnen Sie ab und welche sind für Sie schwer verständlich? Halten Sie abschließend Ihre eigene Vorstellung vom Reich Gottes fest.

Café Glück – im Schuhkarton?

Wenn Schweine Flügel haben und gen Himmel fliegen, ist dann nicht alles möglich? Das jedenfalls scheint die Speisekarte des Cafés Glück in Fulda in Osthessen auszudrücken. Vor dem Café gibt es eine Glückstankstelle: einmal berühren und glücklich sein, steht da auf einem Aufsteller. Eine Ecke des Aufstellers ist abgegriffen und völlig verwischt.

Glück – kaum etwas ist so flüchtig, so wenig greifbar, so schnell entschwunden, so gefährdet. Und kaum etwas ist für uns so lebensnotwendig. Glück, sogar auf ewig, ist die Verheißung vieler Religionen. Sie versprechen nicht nur ein Glück auf (kurze) Zeit wie das Café Glück, sondern auf immer.

Aber auch die Religionen kennen Enklaven des Glücks in einer Welt, die sie zuweilen als „Jammertal", als vergänglich oder als Bewährungsort beschreiben. Kirchen und Gottesdienste sollen helfen, den Himmel zu imaginieren. In manchen mittelalterlichen Kirchen gibt es Eingangs- oder Vorhallen, die „Paradies" genannt werden. Es sind Verweisorte, die das Leben ausrichten helfen sollen. Der Soziologe und Philosoph Michel Foucault (1926–1984) spricht von „Heterotopen": das sind Fremd-Orte, die sich der Funktionalität des Alltags entziehen, dem Alltag aber so Orientierung und Sinn geben.

Im Verlauf dieses Kapitels werden Sie eingeladen, selbst einen Glücksort zu gestalten oder zu beschreiben: Ihren eigenen „Anders-Ort", ihr „Café Glück" (oder wie immer Sie ihn nennen möchten) zu planen und in einem Schuhkarton einzurichten.

Besorgen Sie sich einen leeren Schuhkarton und starten Sie z. B. mit dem Interieur: Wie sieht es in Ihrem Café Glück aus? Wie sind die Räumlichkeiten möbliert? Hängen Bilder an den Wänden? Ist es in Ihrem Café still oder läuft Musik? Wonach riecht es? Welches Logo findet sich auf Ihrer Speisekarte?
Und vielleicht prüfen Sie immer wieder: Wie intensiv, wie nachhaltig, wie dauerhaft kann das Glück in ihrem Schuhkarton-Café sein?

Speisekarte

Bei diesem Projekt lernen Sie,
… Situationen, die Erfahrungen von Glück ermöglichen wollen, zu erfassen.
… Dimensionen und Spuren des Religiösen wahrzunehmen.
… ethische Herausforderungen, die sich aus dem Zusammenleben der Menschen ergeben, zu benennen und Haltungen kreativ auszudrücken.
… einen begründeten Standpunkt angemessen zu kommunizieren.
… die Perspektive eines anderen einzunehmen und dadurch die eigene Perspektive zu erweitern.

Wie wollen wir leben?

Leben heißt Optionen abwägen und sich entscheiden zu müssen. Nicht alles, was Glück verheißt, macht dabei auch glücklich. Und ist Glück überhaupt ein Maßstab für das gute und richtige Leben?

Björn Krause ist Journalist und Autor. Er lebt in Hamburg.

🌐 Hermeneutik

M 1 Lifestyle

Als mein Wecker also um sechs Uhr klingelt, eine Stunde früher als sonst, melden sich zwei Stimmen in meinem Kopf. Schlechte Idee, sagt die eine. Ganz schlechte, die andere. Beide
5 gähnen. Ich gähne auch – und versuche, nicht auf sie zu hören. Der Grund, warum mein Wecker nicht erst um sieben Uhr klingelt, ist ein einziger Satz, ich bin neulich im Klappentext eines Buches auf ihn gestoßen: Steh auf und
10 nimm dein Leben in die Hand. Das Buch heißt „Miracle Morning. Die Stunde, die alles verändert", geschrieben vom amerikanischen Bestsellerautor Hal Elrod. Ich habe es gekauft und gelesen, und es erinnert mich an eine Dauer-
15 werbesendung aus dem US-Fernsehen. Dennoch interessiert er mich, dieser Miracle Morning. Und das bessere Leben, das Elrod verspricht. Denn es gibt zwei Fragen, die mich schon lange bewegen: Bin ich zufrieden mit
20 meinem Leben? Und: Mache ich jeden Tag das Beste daraus? Meine Antwort lautet wenigstens einmal Nein. Wodurch sich für mich zwei weitere Fragen stellen: Wieso ist das so? Und vor allem: Was kann ich dagegen tun? [...] Elrod
25 empfiehlt sechs Gewohnheiten für jeden Morgen, die er als „Life-S.A.V.E.R.S." bezeichnet. Methoden, die einen eine Mischung aus Entspannung und Aktivität erleben lassen sollen. Das „S" steht für Silence, also Stille, der mit
30 Atemübungen und Meditation begegnet wird. Gefolgt von „A" – Affirmation: sich selbst positiv zureden, ermutigen, bestätigen und sein Ziel in Worte fassen. „V" – Visualisierung: sich Bilder seines Ziels im Kopf oder mithilfe von
35 Moodboards und Zeichnungen erschaffen. „E" – Exercises: Bewegung durch Yoga, Pilates, Joggen oder Sit-ups. „R" – Reading: etwas Inspirierendes lesen. „S" – Scribing: seine Pläne, Gedanken und Ideen aufschreiben. Alle zehn
40 Minuten etwas anderes zu tun ist mir zu anstrengend, deshalb passe ich Elrods Programm an. Es geht schließlich darum, etwas für mich selbst zu tun.

Björn Krause, Bevor du in den Tag springst, nimm Anlauf, in: Cord 3/2018, S. 55–58.

M 2 Edward Hopper, Summer in the City, 1950

#Werbinich
#Besserlebenundsterben
#ErzählmirdeineGeschichte

M 3 Lebenskunst

„Was wir dem Tod verdanken, ist demnach die Begrenzung des Lebens. Würde es diese Grenze nicht geben, wäre die Gestaltung des Lebens gleichgültig. [...] Der Tod als Grenze des
5 Lebens fordert sie [die Menschen] auf zu leben und auf erfüllte Weise zu leben. [...] Wenn die Gestaltung also ernst genommen wird, erhebt sich für das Subjekt der Lebenskunst die grundsätzliche Frage: *Wie kann ich mein Leben*
10 *führen?* [...] Mit dieser Frage wird der erste Schritt zu einer Aneignung des Lebens gemacht, um aus einem abstrakt erscheinenden Leben ein eigenes Leben werden zu lassen. [...] Im Hintergrund steht dabei längst die Sub-
15 jekt-Frage: *Wer bin ich?* Gemeint ist die Frage nach dem Selbstverständnis des Subjekts der Lebenskunst, das wählt und sich selbst gestaltet. [...] Zugleich kommt in den Blick, dass das Subjekt sein Selbstverständnis nicht für sich
20 allein, sondern nur im Zusammenhang mit Anderen und in der Auseinandersetzung mit ihnen gewinnen kann; dass das Subjekt von Anderen mitgestaltet wird und nicht nur mithilfe der Selbstsorge etwas aus sich macht;
25 dass zu seiner Selbstgestaltung daher auch die Gestaltung der Beziehungen zu Anderen gehört, und zu seiner Selbstsorge ebenso die Sorge um Andere. [...] Der Weg, den das Subjekt in seinem Leben nimmt, wird erschlossen durch
30 die hermeneutische Frage: *Welches Verständnis vom Leben habe ich?* Interpretationen, das eigene Leben und die Lebenswelt betreffend, ermöglichen dem Subjekt der Lebenskunst die Führung des Lebens. Durch die Arbeit der In-
35 terpretation wird geklärt, was für das Selbst Bedeutung hat, was nicht, was als wichtig und unwichtig erscheint und auf welche Weise der Vollzug des Lebens daran jeweils zu orientieren ist.

Wilhelm Schmid, Philosophie der Lebenskunst. Eine Grundlegung, Frankfurt ³1999, S. 88–91.

Die Suche nach dem gelingenden Leben ist ein zentrales Motiv in der Philosophie. Bereits in der Antike haben sich Philosophen mit der Frage nach dem glücklichen Leben beschäftigt. Antike Glückslehren wurden u.a. von Aristoteles und Epikur entwickelt. Die Philosophie des Glücks versucht darzulegen, ob und auf welchen Wegen dauerhaftes Glück bzw. Glückseligkeit (griechisch: ευδαιμονία: eudaimonia) und nicht Glücksempfinden als momentaner Zustand erreicht werden kann.

🌐 Edward Hopper, Realismus, Aristoteles, Epikur

Unterrichtsfach Glück

→ Über das Erzählen erfahren Sie mehr auf S. 36 f.

Wilhelm Schmid (* 1953) ist ein deutscher Philosoph, der sich v.a. mit Fragen nach Glück und Lebenskunst beschäftigt.

→ Eine ganz andere Geschichte vom Gelingen und Misslingen findet sich auf S. 10 f.

1 Setzen Sie sich mit **M 1** auseinander.

a) Wie beginnen Sie Ihren Morgen? Tauschen Sie sich darüber in Gruppen aus; welche Aussagen Ihrer Mitschülerinnen und Mitschüler bringen Sie ins Nachdenken?

b) Notieren Sie sich bis zu sechs Signalwörter, die den Text **M 1** inhaltlich strukturieren und formulieren Sie dann mithilfe der Signalwörter einen Merksatz, der den Inhalt des Textes passend zusammenfasst.

c) Nehmen Sie Stellung.

2

a) Betrachten Sie **M 2** und erläutern Sie, welche Bedeutung die Farbgebung und die Schatten für das Bild haben.

b) Stellen Sie sich vor, dass Sie die Szene durch das Fenster beobachten. Entwickeln Sie eine Erzählung, die zur abgebildeten Situation hin und über sie hinaus führen könnte.

c) Suchen Sie ein Bild, das gegenteilige Gefühle veranschaulicht, und begründen Sie gegenüber Ihren Mitschülerinnen und Mitschülern Ihre Wahl.

3 Entwerfen Sie zu **M 3** ein passendes Buchcover.

4 Erklären Sie mit eigenen Worten **M 3**, indem Sie die Fragen des Textes auf **M 1** und **M 2** anwenden und aus deren Perspektive beantworten.

5 Erläutern Sie, welche Antworten **M 1–3** auf die Eingangsfrage „Wie wollen wir leben?" geben.

👥 Beschreiben Sie für Ihr Café Glück, wer und auf welche Art und Weise vom Glück betroffen sein soll: Sie? Die Gäste? Das Personal?

Am Ende der Tod – ist unser Leben letztlich sinnlos?

Die größte Frage an das Leben ist der Tod: Dass die Suche nach Sinn und Glück an ihm nicht scheitern muss, wird von manchen Philosophien und in Religionen immer wieder und gegen alle Hoffnungslosigkeit behauptet.

M 1 Der Grabstein ist das Doppelgrab eines konfessionsverschiedenen Ehepaars, das im 19. Jahrhundert im niederländischen Roermond lebte. Nach ihrem Tod wurde der eine auf dem evangelischen und die andere auf dem katholischen Friedhof bestattet. Wie auf dem Bild zu sehen, getrennt durch eine Mauer, aber doch Grabstein an Grabstein; die Hände greifen über der Mauer nacheinander.

M 2 Brief an Menoikeus

Ferner gewöhne Dich an den Gedanken, dass der Tod für uns ein Nichts ist. Beruht doch alles Gute und alles Üble nur auf Empfindung, der Tod aber ist Aufhebung der Empfindung.
5 Darum macht die Erkenntnis, dass der Tod ein Nichts ist, uns das vergängliche Leben erst köstlich. Dieses Wissen hebt natürlich die zeitliche Grenze unseres Daseins nicht auf, aber es nimmt uns das Verlangen, unsterblich zu sein,
10 denn wer eingesehen hat, dass am Nichtleben gar nichts Schreckliches ist, den kann auch am Leben nichts schrecken. Sagt aber einer, er fürchte den Tod ja nicht deshalb, weil er Leid bringt, wenn er da ist, sondern weil sein Bevor-
15 stehen schon schmerzlich sei, der ist ein Tor; denn es ist doch Unsinn, dass etwas, dessen Vorhandensein uns nicht beunruhigen kann, uns dennoch Leid bereiten soll, weil und solange es nur erwartet wird! So ist also der Tod,
20 das schrecklichste der Übel, für uns ein Nichts: Solange wir da sind, ist er nicht da, und wenn er da ist, sind wir nicht mehr. Folglich betrifft er weder die Lebenden noch die Gestorbenen, denn wo jene sind, ist er nicht, und diese sind
25 ja überhaupt nicht mehr da. Freilich, die große Masse meidet den Tod als das größte der Übel, sehnt ihn aber andererseits herbei als ein Ausruhen von den Mühsalen des Lebens. Der Weise dagegen lehnt weder das Leben ab, noch
30 fürchtet er sich vor dem Nichtmehrleben, denn ihn widert das Leben nicht an, und er betrachtet das Nichtmehrleben nicht als ein Übel. Und wie er beim Essen nicht unbedingt möglichst viel haben will, sondern mehr Wert
35 auf die gute Zubereitung legt, so ist er auch beim Leben nicht auf dessen Dauer bedacht, sondern auf die Köstlichkeit der Ernte, die es ihm einträgt. Wer nun aber verkündet, der junge Mensch müsse ein schönes Leben haben,
40 der alte aber brauche einen schönen Tod, der ist albern, und zwar nicht nur, weil das Leben stets erwünscht ist, sondern auch darum, weil die Übung eines schönen Lebens gleichbedeutend ist mit der Vorübung für ein schönes Ster-
45 ben. Noch viel minderer aber ist, wer da sagt: „Schön ist's, gar nicht geboren zu sein, ... Ist man geboren, aufs schnellste des Hades Tor zu durchschreiten." Ist dies nämlich seine wirkliche Überzeugung, warum gibt er dann das
50 Leben nicht auf? Das steht ihm ja frei, wenn er es sich fest vornimmt. Redet er aber nur aus Spott so daher, dann gilt er bei denen, die solches Gerede nicht mögen, erst recht als Narr. Wir dürfen eben nie vergessen, dass die Zu-
55 kunft zwar gewiss nicht in unsere Hand gegeben ist, dass sie aber ebenso gewiss doch auch nicht ganz außerhalb unserer Macht steht.

Epikur (um 341 v. Chr.–271 oder 270 v. Chr.) war ein griechischer Philosoph und Begründer der philosophischen Schule des Epikureismus.

Epikur. Brief an Menoikeus. Zitiert nach: Epikur. Philosophie der Freude. Eine Auswahl aus seinen Schriften übersetzt, erläutert und eingeleitet von Johannes Mewaldt. Stuttgart 1973, S. 40–42.

M 3 Nach dem Tod

Im Zeitalter der neuen „Atheismen" ist es ja wieder „schick", den Menschen lediglich als das bisher höchst entwickelte Naturwesen zu betrachten. Er ist nur graduell von den übrigen
5 Lebewesen verschieden, darin ihnen aber gleich, dass über seinen Tod hinaus nichts weiter über ihn zu sagen bleibt – ausgenommen die ganz wenigen, die ein die Zeiten überdauerndes Lebenswerk hinterlassen haben.
10 Wo so gedacht wird, erledigt sich die Frage der Eschatologie von selbst beziehungsweise sie verwandelt sich höchstens, unter Umdeutung des Begriffes, in die Frage nach den Chancen einer besseren innerweltlichen Zukunft zu-
15 mindest für Kinder und Enkel. Der christliche Glaube dagegen und auch die anderen Religionen und philosophische Einsicht gehen davon aus, dass der Mensch „das Wesen der Transzendenz" (Karl Rahner) ist. Er ist also jenes
20 Wesen, das *als Subjekt* unabschließbar nach sich selbst und nach der Welt fragt. Er trägt einen unstillbaren Hunger nach einer Vollendung in sich, die das Maß seiner Kraft übersteigt. In diesem Zusammenhang *weiß* er als
25 einziges Wesen um seinen Tod und kann ihn nicht einfach als „natürliches Ende" betrachten, sondern erfährt ihn als die letzte Bescheinigung der Absurdität des Daseins. So gesehen ist die eschatologische Frage ein Grundele-
30 ment, ja die Zusammenfassung und der Inbegriff des ganzen menschlichen Wesens und seiner Ausweglosigkeiten (Aporien). Damit aber stellt sich der christlichen Theologie die Aufgabe, nach dem Sinn des Todes zu fragen,
35 diese Frage im Licht des Glaubens zu beantworten und diese Antwort im Konzert der vielfältigen anderen religiösen oder nicht-religiösen Sinndeutungen des Todes heute zu bewähren.

Otto Hermann Pesch, Katholische Dogmatik aus ökumenischer Erfahrung, Bd. 2, Ostfildern 2010, S. 828.

#FragenüberFragen

Otto Hermann Pesch (1931–2014), von 1958 bis 1972 katholischer Priester, war als katholischer Theologe Professor für Systematische Theologie an der Evangelisch-Theologischen Fakultät der Universität Hamburg. Sein Forschungsschwerpunkt war der ökumenische Dialog zwischen den christlichen Kirchen.

🌐 Ökumene, Tod, Ewigkeit, Eschatologie, Theognis von Megara, Hades, Transzendenz

Karl Rahner

---

1 Notieren Sie Ihre Antwort auf die Eingangsfrage dieser Doppelseite „Am Ende der Tod – ist unser Leben letztlich sinnlos?"

2 Betrachten Sie das Bild **M 1** und lesen Sie den Briefauszug **M 2**.
a) Geben Sie dem Bild eine passende Überschrift.
b) Arbeiten Sie aus dem Briefauszug drei Positionen über den Tod heraus: diejenige, die Epikur vertritt, und zwei weitere, von denen er sich abgrenzt – eine davon zitiert Epikur aus einem Gedicht des Theognis von Megara (Z. 46–48).
c) Nehmen Sie Stellung zur Position Epikurs, „die Übung eines schönen Lebens" sei „gleichbedeutend … mit der Vorübung für ein schönes Sterben" (Z. 43–45). Gehen Sie dabei auch auf Epikurs Aussagen zum Zeitverhältnis ein (Vergangenheit, Gegenwart und Zukunft).
d) Deuten Sie das Bild als Antwort auf den Text von Epikur: Inwiefern bestätigt es den Text oder steht im Kontrast zu ihm?

3 Erklären Sie folgende zwei Sätze aus **M 3**: „Er trägt einen unstillbaren Hunger nach einer Vollendung in sich, die das Maß seiner Kraft übersteigt" (Z. 21–24)

und „[der Mensch] erfährt ihn [den Tod] als die letzte Bescheinigung der Absurdität des Daseins." (Z. 27 f.)

4 Arbeiten Sie heraus, wie **M 1**, **M 2** und **M 3** die Eingangsfrage der Doppelseite beantworten. Vergleichen Sie die Positionen untereinander und mit Ihrem eigenen Antwortversuch und unterstreichen Sie wichtige Gemeinsamkeiten und Unterschiede mit zwei unterschiedlichen Farben.

5 Blättern Sie eine Seite zurück und tauschen Sie sich in Ihrer Lerngruppe darüber aus, wie die Themen der Doppelseite 58/59 mit denen der aktuellen Doppelseite zusammenhängen.

6 Entwerfen Sie einen Redebeitrag zu folgender Aussage: „Die Frage ist nicht, ob es ein Leben nach dem Tod gibt, sondern es ist eher die Frage danach, wie ich vor meinem Tod handeln sollte."

🧑‍🤝‍🧑 Erläutern Sie, was Besucher Ihres Cafés, die so leben bzw. Positionen vertreten, wie diejenigen, die Sie auf den zurückliegenden vier Seiten kennengelernt haben, bräuchten, um in Ihrem Café glücklich zu sein. Bauen Sie entsprechende Glücksmomente in Ihr Café ein.

Endzeitvisionen

Wenn das individuelle Leben ein Ende hat: gibt es dann auch ein Ende allen Lebens auf der Erde? Nicht nur heute entwerfen Menschen Utopien und Dystopien, die Gelingens- und Misslingensperspektiven teils drastisch ausmalen.

M1 Die jüdische Apokalyptik

Die Apokalyptik knüpft an die biblische Prophetie an, indem sie wichtige Formen und Inhalte von ihr übernimmt, diese jedoch durchweg in einen neuen Kontext stellt und ihnen
5 damit auch eine neue Funktion gibt. Der wesentliche Unterschied zwischen Apokalyptik und Prophetie besteht darin, dass die Prophetie von der Vorstellung der Geschichte als Ort des heilvollen Eingreifens Gottes ins Weltge-
10 schehen überzeugt ist, während die Apokalyptik davon ausgeht, dass das Heil auf die heillose Geschichte allein von außen zukommen kann, indem Gott ihr ein radikales Ende setzt. [...] Gerade weil die Erwartung des nahen und
15 unabänderlichen Endes dieser Welt zu den prominenten Inhalten apokalyptischer Texte gehört, stellt sich die Frage, warum man apokalyptische Offenbarungsinhalte überhaupt verschriftlicht, publiziert und tradiert, wenn
20 doch alles innerweltliche Entscheiden und Handeln angesichts der erwarteten kosmischen Katastrophe als bedeutungslos erachtet wird. Die apokalyptische Literatur will nicht nur kommende Entwicklungen und Ereignisse
25 prognostizieren, sondern auch und vor allem eine neue Perspektive auf die Welt erschließen. Die [...] Funktion gerade der zukunftsbezogenen Heils- und Unheilsvorstellungen in den [...] apokalyptischen Schriften besteht
30 demnach in der Erklärung der Geschichte und in der Bewältigung der Gegenwart angesichts bestehender Probleme und Krisen. Sie bieten den Frommen also Orientierung, Ermahnung, Trost und Ermutigung angesichts seiner aku-
35 ten Leidens-, Not- und Unterlegenheitserfahrung. [...] Die Wirkabsicht der utopischen Endzeit-Aussagen in der apokalyptischen Literatur des antiken Judentums bestand nicht in der Information über den Zeitpunkt des er-
40 warteten Weltendes, sondern in der Bewusstmachung der Bedeutung der Restzeit. Es geht hier also nicht um die Quantität, sondern um die Qualität der verbleibenden Zeit. Es geht um die neue Einstellung der Adressaten zu
45 dieser – kostbaren – verbleibenden Zeit als

einer aktiv zu nutzenden Zeit der letztmöglichen rettenden Sensibilisierung, der letztmöglichen rettenden Verhaltensänderung und des letztmöglichen rettenden ethischen Handelns.
50 [...] In diesem Sinne war die jüdische Apokalyptik darum bemüht, die als bedrückend und unentwirrbar chaotisch erlebte Gegenwart und die Erwartung des kommenden Heils miteinander zu vereinbaren. Sie vermittelte zwi-
55 schen dem eigenen Erwählungsbewusstsein und den Ansprüchen der übermächtigen fremden Herrscher und legitimierte damit den Glauben an die Autorität und Macht des gerechten Gottes Israels und auch das eigene
60 Handeln angesichts der als zutiefst ungerecht erlebten vorfindlichen Weltlage.

Michael Tilly, Apokalyptik, Tübingen 2012, S. 20.52–54.

M2 Apokalyptik und das frühe Christentum

Die Apokalyptik ist eine wichtige traditionsgeschichtliche Brücke zwischen dem Judentum und dem Christentum. Sie ist zugleich ein prägender Faktor der neutestamentlichen Schrif-
5 ten. Ohne eine Bezugnahme auf die jüdische Apokalyptik lassen sich weder die Jesusbewegung noch das frühe Christentum umfassend verstehen. Jedoch geht das Christentum keinesfalls in der Apokalyptik auf. [...] Christliche
10 Apokalyptik zeichnet sich durch die Hoffnung auf eine bessere Zukunft aus. Der entscheidende Unterschied zwischen der frühchristlichen und der jüdischen Apokalyptik besteht jedoch darin, dass im Christentum die ent-
15 scheidende Wende zum Heil nicht als zukünftiges bzw. außergeschichtliches Hoffnungsgut, sondern als bereits stattgefundenes bzw. geschichtliches Impulsereignis betrachtet wird. Die weitere christliche Bekenntnisbildung bis
20 in die Gegenwart hinein beruht auf dieser grundlegenden Transformation. [...] Diese Zukunftshoffnung der ersten christlichen Gemeinden setzte weder den totalen Zusammenbruch der bestehenden Welt voraus noch
25 unterschied sie in dualistischer Weise zwischen der heillosen Geschichte und Gegen-

→ Über den sachgemäßen Umgang mit biblischen Texten informieren besonders S. 40–43.

Michael Tilly (* 1963) ist evangelischer Professor für Neues Testament und Antikes Judentum an der Universität Tübingen.

wart und der exklusiven Heilsverwirklichung im transzendenten bzw. außergeschichtlichen Reich Gottes. Vielmehr postulierte sie die fun-
30 damentale Bedeutung der Auferweckung Jesu als heilsstiftendes christliches Impulsereignis *in* Raum und Zeit.

Michael Tilly, Apokalyptik, Tübingen 2012, S.88.91.

M 3 Das Buch Daniel

Als eine der ältesten und zugleich wirkmächtigsten apokalyptischen Schriften des antiken Judentums gilt das biblische Danielbuch. Es zeichnet in besonders eindrücklicher Weise
5 das Idealbild des jüdischen Frommen, der seiner Religion unter allen Umständen treu bleibt. Zugleich enthält es eine Offenlegung des universalen Planes Gottes, der dem Ablauf der gesamten Weltgeschichte innewohnt, die
10 ihrerseits auf eine Vollendung in Gericht und Heil zuläuft. [...] Die zentrale Botschaft des Buches bestand in der Aufforderung zum „Aushalten", d.h. zur Glaubenstreue und zur Entscheidung gegen die tyrannische Fremd-

15 herrschaft. Die sich aus den grausamen Martyriumserfahrungen der unterdrückten und verfolgten Gerechten Israels ergebene Theodizeefrage fand dabei eine Antwort in der Hoffnung auf Auferstehung und auf postmortale
20 [nach dem Tod] ausgleichende Gerechtigkeit (Dan 12,2f.). Durch den Bezug auf Israels Erwählung (Dan 7,27) wurde die aktuelle religiöse und kulturelle Krise des palästinischen Judentums in einen geschichtlichen Zusam-
25 menhang gestellt und hierdurch begreiflich gemacht. Zugleich enthält die Geschichtsperiodisierung [Einteilung der Geschichte in bestimmte, aufeinander folgende Phasen] des Danielbuches auch eine implizite Herrscher-
30 kritik. Einen innerweltlichen und innergeschichtlichen Sieg über die fremden Mächte wird es nach Auffassung der Endredaktion des Danielbuches indes nicht geben. Vielmehr vermag einzig und allein Gott selbst
35 am Ende aller Tage seine Feinde zu vernichten und sein Reich aufzurichten.

Michael Tilly, Apokalyptik, Tübingen 2012, S.59.61.

⊕ Offenbarung, Prophetie, Theodizee

frühjüdische Apokalyptik

M 4 Pablo Picasso, Guernica, 1937

Pablo Picasso (1881–1973) war ein bedeutender spanischer Maler, Bildhauer und Grafiker.

→ Eine moderne Dystopie: S.80 f.

1

a) Arbeiten Sie aus dem Text M 1 heraus, was Prophetie von Apokalyptik unterscheidet und welche Funktion Apokalyptik hat.

b) Belegen Sie die Bedeutung von Apokalyptik mithilfe von M 3.

2 Erklären Sie ausgehend von M 2 in eigenen Worten, warum im christlichen Verständnis das Heil als bereits stattgefundenes Ereignis betrachtet wird.

3 Beschreiben und interpretieren Sie das Bild Guernica M 4. Greifen Sie dazu auch auf weitere Recherchen zu dem Bild zurück. Arbeiten Sie besonders heraus, wie Picasso ein konkretes Ereignis, die Bombardierung des Ortes Guernica, künstlerisch deutet.

Das Café Glück in Fulda hat für sein Logo ein geflügeltes Schwein gewählt. Welches Logo wählen Sie? Begründen Sie Ihre Wahl.

Jüdische Heilsvorstellungen

Im Judentum, vom Alten Testament bis heute, gibt es eine Fülle unterschiedlicher Vorstellungen von einer eschatologischen Heilszeit. Gemeinsam ist ihnen die Vision, dass Gott diese Heilszeit als eine Zeit der Freude und des Jubels, als eine Zeit frei von Leid und Not heraufführt.

M 1 Netta, israelische Gewinnerin des Eurovision Song Contests 2018

M 2 Nächstes Jahr in Jerusalem

Frage?

Etwas, was ich schon immer wissen wollte: Traditionell beenden wir den Pessach-Seder mit dem Wunsch: „Nächstes Jahr in Jerusa-
5 lem!" Was, wenn man schon in Jerusalem lebt? Sagt man dann „dieses Jahr in Jerusalem!" oder lässt man es dann einfach weg?

Antwort!

Man kann kilometerweit von Jerusalem ent-
10 fernt sein, selbst wenn man dort lebt. Und man kann auf der anderen Seite der Welt sein, aber dennoch nur einen Schritt entfernt – denn Jerusalem ist weit mehr als nur eine Stadt. Es ist ein Ideal, das zu erreichen wir versuchen. Die
15 jüdische Geschichte kann als eine lange Reise von Ägypten nach Jerusalem zusammengefasst werden. Abgesehen davon, dass sie geografische Ortsangaben darstellen, so symbolisieren sie auch zwei diametrale spirituelle
20 Zustände. Die Reise von Ägypten nach Jerusalem ist eine spirituelle Odyssee. Als Volk und Individuen zugleich haben wir zu jeder Zeit die Sklaverei Ägyptens mit dem Ziel, das verheißene Land zu erreichen, verlassen. Durch
25 die Analyse des psychologischen Ägyptens und des inneren Jerusalems werden wir erkennen, dass dies ein Weg ist, den wir immer noch beschreiten. Der Hebräische Name für Ägypten ist „Mizrajim", was „Grenzen", „Einschrän-
30 kungen" und „Hindernisse" bedeutet. Es repräsentiert einen Zustand, in dem unsere Seelen in unseren Körpern gefangen sind, materiellen Verlangen untertan und körperlichen Begrenzungen unterworfen. Eine Welt, in der Auf-
35 richtigkeit, Gerechtigkeit und Heiligkeit Geiseln von Korruption, Selbstsüchtigkeit und Egoismus sind. Jerusalem bedeutet „Stadt des Friedens" – ein Platz des Friedens für Körper und Seele, Himmel und Erde – das Ideal und
40 die Realität. Wenn unser Körper nicht ein Gefängnis für unsere Seele, sondern eher ein Vehikel für die Ausdrücke der Seele wird; wenn wir unsere Leben nach unseren Idealen anstatt unseren Gelüsten führen; wenn die Welt
45 Güte und Großzügigkeit über Profit stellt – dann sind wir in Jerusalem, wir sind in Frieden mit uns selbst und der Welt. [...] Als unsere Vorväter vor 3317 Jahren und ein paar Wochen aus Ägypten auszogen, unternahmen sie die
50 ersten Schritte auf einer langen Reise nach Jerusalem. Ihre Reise setzen wir fort. Allerdings sind wir noch nicht angekommen. Selbst wenn man in der Stadt namens Jerusalem lebt: solange es Leid, Ungerechtigkeit und Unheilig-
55 keit gibt – solange haben wir das Gelobte Land noch nicht erreicht. So lange wir Sklaven unserer eigenen negativen Instinkte und eigennützigen Gelüste sind, so lange kämpfen wir darum, Ägypten zu verlassen. Wenn wir am Seder
60 sitzen, erkennen wir, dass ein weiteres Jahr vorbei ist und wir die noch vollenden müssen. Aber wir werden dort ankommen. Wir sind um einiges näher am Gelobten Land als wir letztes Jahr waren. Wir sind einige Schritte weiter im
65 Freiheitsmarsch, der Generationen überspannt hat. Vielleicht werden wir dieses Jahr unsere Bemühungen, wir selbst und die Welt besser zu sein, die Worte der Haggada erfüllen: *Dieses Jahr sind wir hier, nächstes Jahr werden*
70 *wir im Lande Israel sein. Dieses Jahr sind wir Sklaven, nächstes Jahr werden wir frei sein.* Nächstes Jahr in Jerusalem ... wortwörtlich. Aron Moss; https://de.chabad.org/holidays/ passover/pesach_cdo/aid/1219847/jewish/Nchstes-Jahr-in-Jerusalem.htm

#BesserinJerusalem

Rabbiner Aron Moss lehrt Kabbala, Talmud und praktisches Judentum an der „Foundation for Education" in Sydney, Australien.

innerhalb Israels zwischen Gerechten und Sündern unterschieden wird. Von Universalismus kann man nur dort sprechen, wo die Völker in das Heil einbezogen werden, aber das
10 Heil, an dem sie partizipieren, bleibt i.d.R. das Heil Israels mit Jerusalem als Zentrum. [...] Alttestamentliche Heilsvorstellungen verheißen das Ende von Hunger und Durst, von Kriegen und Katastrophen, von Sünde und Trauer, kurz
15 das Ende aller Übel in dieser Welt. Damit nehmen sie die Nöte der Menschen in dieser Welt ernst. Sie protestieren ganz radikal gegen alle Missstände dieser Welt und stiften zugleich Hoffnung nicht nur auf eine bessere, sondern
20 auf eine wirklich gute Welt.

Klaus Koenen, Art. Eschatologie (AT), WiBiLex (https://www.bibelwissenschaft.de/stichwort/20917)

🌐 Heil, osteuropäischer Chassidismus, jüdische Zeitrechnung, Seder, Pessach-Haggada, Exodus, Messias

Völkerwallfahrt

M 3 Benno Elkan, Vision des Propheten Ezechiel von der Auferweckung Israels, Relieffeld an der Knesset-Menora in Jerusalem, 1956

M 4 Heilsvorstellungen im Alten Testament
Heilvolle Zukunft in der Vätertradition, bei den Patriarchen Abraham, Isaak und Jakob, bezog sich auf die göttliche Verheißung von Nachkommen, Land und Gottes Beistand.

Die Heilsvorstellungen des Alten Testaments beziehen sich weder auf die Menschheit, noch auf individuelle Menschen, sondern auf Israel. Individualistische Vorstellungen klingen in
5 eschatologischen Entwürfen nur dort an, wo

M 5 Warum?
Rabbi Elieser Lippmann, der Rabbiner von Rozniatov, bedrängte Rabbi Mendel mit der Frage, warum der Messias nicht komme und die von den Propheten verheißene Erlösung
5 nicht erfolge. Rabbi Mendel antwortete: „Es steht geschrieben: ‚Warum ist der Sohn Isajs nicht gekommen, weder heute noch gestern?' In der Frage findest du die Antwort: ‚Warum ist er nicht gekommen? Weil wir heute sind, wie
10 wir gestern waren!'"

Daniel Lifschitz, Auf drei Säulen ruht die Welt. Lebenswissen der Chassidim, Freiburg 1996, S.12.

#MitdemMessiasbesserleben

Klaus Koenen (* 1956) ist Professor für Altes Testament am Institut für Evangelische Theologie der Universität Köln.

Daniel Lifschitz (* 1937) ist Künstler.

1 Jedes Jahr findet der Eurovision Song Contest (mit Israel und Australien) statt. Die Nationalität des Gewinners/der Gewinnerin bestimmt den Austragungsort für das Folgejahr. Angenommen, der deutsche Wettbeitrag würde gewinnen: begründen Sie, wo Deutschland den Wettbewerb im Folgejahr ausrichten sollte. Wenn Sie als Teilnehmer/Teilnehmerin gewinnen würden, für welchen Ort würden Sie sich entscheiden? Begründen Sie Ihre Antwort.

2 Im Mai 2018 gewann die israelische Sängerin Netta **M 1** den Eurovision Song Contest in Lissabon, Portugal. In ihrer Dankesrede sagte sie u.a. „I love my country. Next time in Jerusalem". Erläutern Sie, was Netta mit dieser Aussage zum Ausdruck bringen möchte, berücksichtigen Sie dabei **M 2** und die Tatsache, dass Jerusalem als Hauptstadt Israels politisch hoch umstritten ist und von vielen Staaten nicht anerkannt wird.

3 „Nächstes Jahr in Jerusalem!" Kommen Sie darüber mit Ihren Mitschülern ins Gespräch und erörtern Sie, ob und inwiefern diese Hoffnung eine Glücksperspektive enthält.

4 Beschreiben Sie das Bild **M 3** und lesen Sie die Vision Ezechiels im Ezechielbuch 37,1–14. Vergleichen Sie diese Heilszusage mit den alttestamentlichen Gerichtsworten in Amos 5,7–20 und Hosea 8,1–9,6 und deuten Sie das Nebeneinander von Heil und Unheil.

5 Recherchieren Sie, z.B. im Internet, die Motive auf der Knesset-Menora in Jerusalem und erörtern Sie, warum das Hoffnungsbild aus Ezechiel dort dargestellt ist.

🗣️ Erörtern Sie, wie mögliche Gewinne, die das Café abwirft, aufgeteilt werden sollen.

„Schon" und „Noch-Nicht": Jesu Rede vom Reich Gottes

Im Mittelpunkt der Botschaft Jesu steht die Ankündigung der Herrschaft Gottes. Mit dem Auftreten Jesu, in seinem Reden und Handeln, ist diese Herrschaft schon angebrochen. Aber sie ist noch nicht vollendet.

M 1 Die Botschaft Jesu

Der Evangelist Markus fasst den Inhalt des Evangeliums Jesu folgendermaßen zusammen: „Die Zeit ist erfüllt, nahe gekommen die Herrschaft Gottes. Kehret um und glaubet
5 dem Evangelium" (Mk 1,15). Gewöhnlich ist man heute der Meinung, dass Markus damit kein ursprüngliches Jesus-Logion [ursprüngliches Jesus-Wort] wiedergibt, dass es sich vielmehr um ein Summarium des Evangelisten
10 handelt. Es ist jedoch über allen Zweifel erhaben, dass Markus mit diesem Summarium [hier: Sammelbericht] das Zentrum der Botschaft Jesu richtig wiedergibt. Wenn Matthäus statt von der Herrschaft Gottes von der Herr-
15 schaft der Himmel spricht (Mt 4,17), dann ist „Himmel" nur eine im Judentum übliche verhüllende Umschreibung des Gottesnamens. Markus und Matthäus fassen deshalb die Botschaft Jesu in der gleichen Weise zusammen.
20 Mitte und Rahmen der Verkündigung und des Auftretens Jesu war die nahe herbeigekommene Herrschaft Gottes. Die Gottesherrschaft war die „Sache" Jesu. Jesus sagt uns nirgends ausdrücklich, was diese Gottesherrschaft ist.
25 Er sagt nur, *dass* sie nahe ist. Er setzt offensichtlich bei seinen Hörern ein Vorverständnis und eine Erwartung voraus, die für uns heute nicht mehr ohne weiteres gegeben ist. Aber auch damals erwartete man unter der Gottes-
30 herrschaft recht Verschiedenes. Die Pharisäer stellten sich darunter die vollkommene Erfüllung der Thora vor, die Zeloten verstanden darunter eine politische Theokratie [Gottesherrschaft], die sie mit Waffengewalt herbei-
35 zuführen trachteten, die Apokalyptiker erhofften das Kommen des neuen Äon [Zeitalter], des neuen Himmels und der neuen Erde. Jesus lässt sich nicht eindeutig einer dieser Gruppen zuweisen. Sein Sprechen von der Gottesherr-
40 schaft ist merkwürdig offen. [...] Die Gottes-

herrschaft war für den damaligen Juden der Inbegriff der Hoffnung auf die Verwirklichung des auf Erden nie erfüllten Ideals eines gerechten Herrschers. Dabei besteht Gerechtigkeit
45 für die Vorstellung der Völker des alten Orients aber nicht primär in unparteiischer Rechtsprechung, sondern in Hilfe und Schutz für die Hilflosen, Schwachen und Armen. Das Kommen der Gottesherrschaft wurde erwartet als
50 Befreiung von ungerechter Herrschaft und als Durchsetzung der Gerechtigkeit Gottes in der Welt. Die Gottesherrschaft war der Inbegriff der Heilshoffnung. Letztlich fiel ihr Kommen zusammen mit der Verwirklichung des
55 eschatologischen Schalom, des Friedens unter den Völkern, zwischen den Menschen, im Menschen und im gesamten Kosmos. [...] *Jesu Botschaft vom Kommen der Herrschaft Gottes muss also verstanden werden im Horizont der*
60 *Menschheitsfrage nach Frieden, Freiheit, Gerechtigkeit und Leben.* Um diesen Zusammenhang zwischen der Urhoffnung der Menschheit und der Verheißung des Kommens der Herrschaft Gottes zu verstehen, muss man
65 davon ausgehen, dass nach gemeinbiblischer Auffassung der Mensch Frieden, Gerechtigkeit, Freiheit und Leben nicht einfach aus sich selbst besitzt. [...] Erst auf diesem Hintergrund wird voll verständlich, dass ein neuer, völlig
70 unableitbarer Anfang notwendig ist, den allein Gott als der Herr des Lebens und der Geschichte geben kann. Dieses Neue, bisher nicht Dagewesene, nicht Vorstellbare, Ableitbare und erst recht nicht Machbare, das allein
75 Gott geben kann, ja, das Gott letztlich selbst ist, ist mit dem Begriff der Gottesherrschaft gemeint.

Walter Kasper, Jesus der Christus, Mainz [11]1992, S. 83–85.

#Besserlebensterbenundauferstehen

→ Die Botschaft Jesu hatte Folgen: S. 120 f.

Walter Kasper (* 1933) war katholischer Professor für Dogmatik in Münster und Tübingen, von 1989–1999 Bischof der Diözese Rottenburg-Stuttgart und von 1999–2010 u.a. Kardinal am Heiligen Stuhl im Vatikan.

M 2 Bilder von Gott in den Gleichnissen Jesu

Das Gottesbild ist sehr einfach zu erheben. Wenn man die Gleichnisse mit der Botschaft Jesu von der Gottesherrschaft in Verbindung bringt, sagen sie natürlich zunächst etwas
5 über Gott aus. Seine endzeitliche Herrschaft hat er im Wirken Jesu schon angetreten. Das Heil, das Gott schenkt, wird im Wirken Jesu erfahrbar: Sündern wird Vergebung zugesagt, Kranke werden geheilt, das Sabbatgebot wird
10 zum Wohl des Menschen ausgelegt usw. Dieser noch kleine Beginn der Gottesherrschaft enthält die Garantie, dass sich Gott am Ende umfassend mit seiner Herrschaft durchsetzen wird. Sie bedeutet Heil in Fülle, Frieden, Ge-
15 rechtigkeit. Die Vollendung wird Gott allein bewirken. Der Mensch kann das Kommen der endgültigen Gottesherrschaft nicht beschleunigen. Es ist allein Gottes Werk. Insgesamt ist die Verkündigung Jesu, dass Gott sich gewiss
20 durchsetzen wird und dass der Anfang dazu schon gelegt ist, eine Ermutigung für die Menschen, das Gute, das Gott will, schon jetzt in der Welt zu verwirklichen. […] Indirekt sagen die Gleichnisse natürlich auch etwas über den
25 Menschen und über das Menschenbild Jesu. Wie in der gesamten Verkündigung Jesu wird der Mensch definiert in seinem Gegenüber zur Gottesherrschaft, also im Gegenüber zu Gott. Dies zeigt sich schon auf der Bildebene der
30 Gleichnisse. Die Bilder aus der Natur zeigen im Wachstum und Reifen des ausgestreuten Saatguts nicht bloß regelmäßig und verläss- lich ablaufende natürliche Vorgänge, sondern darin das Wirken Gottes, auf das der Mensch
35 zuversichtlich bauen kann. Auf der Sachebene wird dieses Handeln Gottes zum Wohle des Menschen und der gesamten Schöpfung auf die Gottesherrschaft übertragen, die im Wirken Jesu ihren Anfang nimmt. […] Dass Gott in
40 der Gegenwart zum Wohle des Menschen handelt in den Heilungen, den Dämonenaustreibungen, der Zusage der Sündenvergebung und in anderen Taten und auch Worten Jesu, gibt die Gewissheit, dass in der Endzeit Gott seine
45 Herrschaft in vollkommener Weise offenbaren wird. Dann werden Krankheit und Tod, Sünde und Bosheit endgültig vernichtet sein. […] [Die Gleichnisse] wollen die Zuversicht in den Menschen stärken, dass die Welt und die Men-
50 schen nicht sich selbst überlassen sind, dass die Geschichte nicht ohne Sinn und ohne Ziel ist, dass vielmehr Gott der Geschichte Richtung und Erfüllung gibt. […] Diese kleinen Anfänge soll der Hörer der Gleichnisse Jesu wahr-
55 nehmen und als Unterpfand dafür nehmen, dass am Ende der Geschichte nicht Chaos und Untergang warten, sondern Gottes mächtige und umfassende Herrschaft zum Wohl und zum Heil des Menschen.

Lothar Wehr, Die Gegenwart der Gottesherrschaft – ein Anfang, der Großes verheißt (Mk 4,3–9.26– 29.30–32), in: Christoph Heil/Rudolf Hoppe (Hg.), Menschenbilder Gottesbilder. Die Gleichnisse Jesu verstehen, Ostfildern 2016, S. 64–66.

#BildervomReichGottes

Lothar Wehr (* 1958) ist Professor für Neues Testament an der Katholischen Universität Eichstätt-Ingolstadt.

→ Die bibelhermeneutisch wichtige Frage nach der Wahrheit der Erzählung im Gegensatz zur Faktizität des Erzählten bearbeiten S. 36 f. und S. 147.

1 Setzen Sie sich mit Walter Kaspers Darstellung der Botschaft Jesu **M 1** auseinander.

a) Geben Sie die Grundmotive der Botschaft Jesu nach Kasper mit eigenen Worten wieder.

b) Formulieren Sie Fragen an den Text.

2 Bilder von Gott

a) Lesen Sie die Gleichnisse Mk 4,3–9; Mk 4,26–29 und Mk 2,23–28 und die Heilungserzählungen Mk 1,32–34 und Mk 2,1–12. Halten Sie Ihr Verständnis der Aussage des jeweiligen Textes über das Reich Gottes in jeweils einem prägnanten Satz fest.

b) Arbeiten Sie mithilfe von **M 2** die Botschaft der Gleichnisse zum Reich Gottes heraus.

c) Das Reich Gottes ist schon mitten unter euch (vgl. Lk 17,21) – aber noch nicht vollendet. Erläutern Sie, wie Heilungs- und Gleichnisgeschichten diese Spannung inszenieren.

3 Der Glaube an Jesus als den Messias oder Christus trennt Juden und Christen. Zeigen Sie am Handeln Jesu (vgl. Aufgabe 2) auf, wo sein Anspruch mit jüdischen Vorstellungen kollidiert.

Anschaulich reden von Gott: Gleichnisse Jesu

In den Gleichnissen verwendet Jesus anschauliche Bilder, die aufmerksam machen für das Handeln Gottes. Die Gleichnisse laden dazu ein, um den Kern der Botschaft zu ringen, sich um das Verständnis der Botschaft zu mühen und sich von der Botschaft in seinem eigenen Denken und Handeln anfragen zu lassen.

Peter Zürn (* 1964), Diplomtheologe und Pfarreiseelsorger, ist seit 2004 Fachmitarbeiter an der Bibelpastoralen Arbeitsstelle des Schweizerischen Katholischen Bibelwerks in Zürich.

Fridolin Stier (1902–1981) war Alttestamentler, Orientalist und Religionswissenschaftler.

M 1 Das Gleichnis vom Verwalter und der Ungerechtigkeit: Lk 16,1–9 (EÜ)

Die Überschriften für das Gleichnis variieren in den jeweiligen Bibelübersetzungen. Martin Luther wählt die Überschrift „Vom ungerechten Verwalter", die Zürcher Bibel „Die Geschichte vom gerissenen Verwalter", die Gute Nachricht titelt „Vom Umgang mit Geld: Die Geschichte vom untreuen Verwalter". Fridolin Stier sowie das Münchener Neue Testament verzichten insgesamt auf Überschriften. Wie die Übersetzungen so setzen auch die Auslegungen verschiedene Akzente. Den Text des Gleichnisses können Sie leicht in der Bibel nachschlagen. Sie finden hier weiterführende Materialien: Übersetzungsvarianten zu V. 8 und Texterläuterungen.

Übersetzungsvarianten zu V. 8:

⁸Und der Herr lobte den ungerechten Verwalter, weil er klug gehandelt hatte, und sagte: Die Kinder dieser Welt sind im Umgang mit ihresgleichen klüger als die Kinder des Lichtes. (Einheitsübersetzung)

⁸Und der Herr lobte den ungerechten Verwalter, weil er klug gehandelt hatte. Denn die Kinder dieser Welt sind unter ihresgleichen klüger als die Kinder des Lichts. (Lutherbibel 2017)

⁸Und der Herr lobte den ungetreuen Verwalter, weil er klug gehandelt hatte. Ja, die Söhne dieser Welt sind im Verkehr mit ihresgleichen klüger als die Söhne des Lichts! (Zürcher Bibel)

⁸Und der Herr lobte die Ungerechtigkeit des Hausverwalters: Verständig hat er gehandelt. [...] (Fridolin Stier)

⁸Und es lobte der Herr den Verwalter der Ungerechtigkeit, weil klug er handelte; denn die Söhne dieses Aions sind klüger als die Söhne des Lichts in ihrer eigenen Art. (Münchener Neues Testament)

⁸Jesus, der Herr, lobte den betrügerischen Verwalter wegen seines klugen Vorgehens. Denn in der Tat: Die Menschen dieser Welt sind, wenn es ums Überleben geht, viel klüger als die Menschen des Lichtes. (Gute Nachricht Bibel)

Hinweise zum Gleichnis:
Die Parabel gehört zum Sondergut des Lukas.

Nicht ganz eindeutig ist allerdings, ob in V. 8 der reiche Mann des Gleichnisses oder Jesus als „Herr" sprechen. Für Jesus spricht die Rede von den „Kindern dieser Welt" und den „Kindern des Lichts" in V. 8b, eine Meta-Ebene, mit der der „Herr" im Gleichnis nichts zu tun hat. Vielleicht aber wechselt der Sprecher aber auch im Übergang von V. 8a nach 8b.

Peter Zürn, 25. Sonntag im Jahreskreis Lesejahr C. Lk 16,1-13, https://www.bibelwerk.de/fileadmin/sonntagslesung/c_jahreskreis.25_e_lk.16.pdf

Entscheidend ist der schlaue Heilsegoismus, der zum Ziel führt. Solch pragmatische Zielstrebigkeit kann man von den „Kindern dieser Welt" (Nichtchristen) lernen.

Kurt Erlemann, Fenster zum Himmel. Gleichnisse im Neuen Testament, Göttingen 2017, S. 126.

V. 7–13:
Jesus lobt betrügerisches Handeln, um seine Lebensexistenz zu sichern. Gott soll man dienen.

Edition Chrismon (Hg.): Und Gott chillte. Die Bibel in Kurznachrichten, Frankfurt/Main 2009, S. 264.

Kurt Erlemann (* 1958) ist Professor für Neues Testament und Alte Kirche in Wuppertal.

M 2 Rembrandt van Rijn, Der Geldwechsler, 1627

#Besserklug

M3 Diuno, Tanz ums goldene Kalb

M4 Deutung des Gleichnisses

Wir halten fest: Lukas nennt den Besitz ohne Umschweife den „ungerechten Mammon" (V. 9) bzw. den „ungerechten Reichtum" (V. 11), er verteufelt ihn aber im Unterschied zu den sek-
5 tiererischen Armutsbewegungen keinesfalls in Bausch und Bogen. Die Christen in der Lukas-gemeinde sollen im Umgang mit dem Geld

konsequent und zielstrebig alles auf eine Karte setzen, d.h. aber: reichliche Almosen, großzü-
10 gige Unterstützung der Notleidenden sind der richtige Einsatz für die bevorstehende Endabrechnung.

Josef Ernst, Lukas. Ein theologisches Portrait, Düsseldorf 1985, 90.

Josef Ernst (1926-2012) war Professor für die Exegese des Neuen Testamentes an der Theologischen Fakultät Paderborn.

M5 Erklärungen zu Lk 16,9–13

16,9–13 ist eine Spruchreihe, die die vorherige Parabel Lk [16,1–8] unter dem Aspekt der rechten Verwaltung von Reichtum ergänzt. Vers 9 greift unverkennbar einen Zug der
5 Parabel auf und sieht darin eine Aufforderung, zum rechten Umgang mit dem „Mammon der Ungerechtigkeit", d.h. dem oft mit Unrecht verknüpften, zum Bösen verleitenden und den Menschen wie ein Götze versklavenden Besitz.
10 „Freunde" meint hier nicht so sehr die Armen, sondern steht bildhaft für Gott, der allein beim Lebensende in den Himmel aufnehmen kann.

Jacob Kremer, Lukasevangelium, Würzburg 1988 (Die Neue Echter Bibel: Kommentar zum NT mit der Einheitsübersetzung, Bd.3), S.162.

#Esreichtfüralle

→ Erzählen wirkt: S.37.

Jacob Kremer (1924–2010) war Professor für Neues Testament in Wien.

1 Erarbeiten Sie das Gleichnis Lk 16,1–8.

a) Lesen Sie den Text (in Ihrer Bibel, im Internet) und formulieren Sie für das Gleichnis eine prägnante, sensationelle Überschrift im Zeitungsstil. Tauschen Sie sich über Ihre Schwerpunktsetzungen aus.

b) Notieren Sie eine Aussage des Gleichnisses, die Sie ins Nachdenken bringt.

c) Formulieren Sie eine erste Deutung des Gleichnisses, achten Sie dabei besonders auf die Übersetzungs-varianten zu Vers 8, und begründen Sie diese im Gespräch in der Lerngruppe.

d) Lesen Sie nun die weiterführenden Hinweise und formulieren Sie eine begründete zweite Deutung des Gleichnisses. Ziehen Sie dafür auch **M1** S.64 und **M2** S.65, die Bilder **M2** und **M3** sowie Lk 16,9–13 hinzu.

e) **M4** und **M5** geben Ihnen Interpretationshilfen zu Lk 16,1–8 und 16,9–13. Vergleichen Sie **M4** und **M5** mit Ihrer zweiten Deutung des Gleichnisses, benennen Sie Gemeinsamkeiten und Unterschiede. Erläutern Sie, woher diese kommen könnten.

f) Lesen Sie erneut das Gleichnis Lk 16,1–8. Notieren Sie die nun für Sie passendste Überschrift und stellen Sie

dar, inwiefern sich Ihr Verständnis des Textes erweitert hat.

g) Gestalten Sie eine Infografik mit dem Text Lk 16,1–8 im Zentrum, die hilft, das Gleichnis zu verstehen.

2 Suchen Sie in den Evangelientexten des Neuen Testamentes weitere Gleichnisse zur Reich Gottes Botschaft Jesu (z.B. Mt 18,23–35; 20,1–16; 25,1–13; Lk 16,19–31) und arbeiten Sie den Zuspruch des Heilswillens Gottes für die Menschen und den sich daraus ergebenden Anspruch Gottes an die Menschen heraus.

3 Erörtern Sie, inwiefern Gleichnisse angemessen von Gott und den Menschen (vgl. S.24 f.) reden.

4 Formulieren Sie ein eigenes Gleichnis zur Reich Gottes Botschaft Jesu.

Was gibt es eigentlich in Ihrem Café Glück zu genießen und wer ist eingeladen? Füllen Sie Ihre Speisekarte, z.B. mit Speisen, Gesprächs- und Unterstützungsangeboten, und überlegen Sie sich ein Bezahlsystem, auch im Hinblick auf mögliche Gäste, die auf finanzielle Unterstützung angewiesen wären.

Jesu Nähe heute

Mit und in Jesus Christus ist das Reich Gottes angebrochen; mit seiner Wiederkunft wird es vollendet. Je länger seine Wiederkunft aber ausbleibt, umso mehr verschiebt sich die Hoffnung in die Zukunft. Wie kann es heute nach über 2000 Jahren gelingen, die Erinnerung an ihn wach zu halten? Die ostkirchliche Ikonenmalerei hat dazu eine ganz eigene Strategie entwickelt.

M 1 Koptische Ikone: Christus und der heilige Abt Menas, Ägypten, Ende 6./Anfang 7. Jahrhundert

→ Gott erfahren: in der Begegnung mit der Bibel? S. 40–42.

→ Kunst „wirkt": S. 102.

🌐 Ikone, Ikonostase, Mandylion, Acheiropoieton, Abgarlegende

Arnulf Rainer, Christusübermalung, Veronika-Legende, Bilderstreit

M 2 Ikonen als Fenster zur Ewigkeit

„Eikon" (griech.) heißt „Bild als Abbild eines Urbildes (oder Vorbildes)". [...] Zwischen „Urbild" (oder „Vorbild") und „Abbild" herrscht Ähnlichkeit, nicht Identität. In diesem Sinn ist
5 eine heilige Person (Christus, die Gottesmutter, Heilige) in ihrem Bild, ihrer „Ikone", für den Betrachter so gegenwärtig, dass er zu ihr beten kann. Die kultische Verehrung, die der betende Betrachter dem heiligen Bild entgegenbringt,
10 gilt nicht der Materie (etwa des Holzbrettes oder der Farbe), sondern – nach dem Prinzip der Ähnlichkeit – dem dargestellten Urbild (Christus, der Gottesmutter, Heiligen).
Konrad Onasch/Annemarie Schnieper, Ikonen. Faszination und Wirklichkeit, München 2007, S. 18, 19.

M 3 Mehr, als man sehen kann

Wenn Gott der Welt in Jesus Christus ein Bild von sich gegeben hat, so müssen die Abbilder folgerichtig in Beziehung zur Person Jesu Christi stehen. Gefragt wird damit nach der
5 Authentizität des Christusbildes, im Letzten nach der Wahrheit der Ikone – und zwar jeder einzelnen. Wenn also im 6. Jahrhundert eine zunehmende Vereinheitlichung der Christusdarstellungen zu beobachten ist und parallel
10 dazu Beschreibungen des Aussehens Jesu im Umlauf sind, die auf vermeintliche Augenzeugen zurückgehen, so spiegelt sich darin der Wunsch, die Beziehung der Ikone zum Urbild und damit ihren Anspruch auf Verehrung zu
15 beglaubigen [...]. Die frühchristlichen Legenden zum sogenannten Acheiropoieton, zum „nicht von Menschenhand gemachten Bild", bringen dies zum Ausdruck. So erzählt ein mehrfach erweiterter Legendenstrang, der
20 aramäische König Abgar habe Jesus durch einen Boten um Hilfe in Krankheit gebeten und einen handgeschriebenen Brief erhalten. In einer Erweiterung der Erzählung wird berichtet, der Bote sei Maler gewesen und habe ein Port-
25 rät des lebenden Jesus angefertigt bzw. (in einer noch späteren Version der Legende) den Abdruck des Gesichts Jesu in einem Tuch erhalten [...]. Deutlich wird hier das Bedürfnis nach dem „echten" Bild, wobei die künstleri-
30 sche Porträtgenauigkeit durch eine körperlich-substanzielle Bildwerdung noch übertroffen wird [...]. Die besondere Verehrung, die den verschiedenen Tuchbildern der christlichen Tradition (Grabtuch von Turin, Schweißtuch
35 der Veronika) entgegengebracht wird, belegt die Wertschätzung dieser Bilder. Deutlich wird an ihnen, dass die spirituelle Verbindung mit dem Heiligen, auch die Nähe des unsichtbaren Gottes nachgerade leibhaftig gedacht wird.
40 Die Bilder sind dort am wirksamsten, wo sie eigentlich Reliquien sind. Deren Wirksamkeit

und Nähe zum Urbild bleibt aber auch in den originalgetreuen Abbildern oder Kopien erhalten. Das führt dazu, dass das sogenannte Mandylion, das Tuchbild, zu einer der wichtigsten Ikonendarstellungen zählt.

45

Rita Burrichter/Claudia Gärtner, Mit Bildern lernen. Eine Bilddidaktik für den Religionsunterricht, München 2014, S. 85.

> **Reliquien** (lat. reliquiae „Zurückgelassenes, Überbleibsel") sind Hinterlassenschaften (z. B. Kleidungsstücke, Körperteile) von als heilig verehrten Menschen, die ihrerseits Gegenstand von Verehrung geworden sind. Insofern sind Ikonen nur in einem übertragenen Sinn als Reliquien zu bezeichnen.

M 4 Kerstin Walter, Übermalung eines Christusbildes

#Übermaltesübermalen
#malmalmahnmal

Rita Burrichter (* 1961) ist Professorin für Praktische Theologie an der Universität Paderborn.

Claudia Gärtner (* 1971) ist Professorin für Praktische Theologie an der TU Dortmund.

Konrad Onasch (1916–2017) lehrte Kirchengeschichte in Halle mit dem Schwerpunkt Ostkirchenkunde.

Annemarie Schnieper war eine Kunsthistorikerin.

1 Das Sich-Erinnern birgt eine große Kraft, da das Erinnerte hinein in die Gegenwart geholt wird. Beschreiben Sie, wie es Ihnen gelingt, sich guter Ereignisse Ihres Lebens zu erinnern. Helfen Ihnen dabei z. B. Erinnerungsgegenstände, wie Bilder, Lieder, Andenken oder ähnliches?

2 Ikonen wie **M 1** haben eigene Strategien, sich als Vergegenwärtigung Gottes zu inszenieren. Dazu gehört eine stark schematisierte, bewusst nicht abbildende, sondern auf das Nicht-Abbildbare (z. B. Gott) verweisende Darstellung. Beschreiben Sie **M 1** und zeigen Sie, wie die Ikone verweist, nicht abbildet. Sie können dazu weitere Recherchen zur Ikonenmalerei (die Orthodoxie spricht übrigens vom Ikonenschreiben) einbeziehen: Ikonenschreiber verstehen den Aufbau einer Ikone als religiösen Prozess.

3 Jesus in Bildern begegnen?

a) Erläutern Sie ausgehend von **M 2** und **M 3** die Bedeutung von Bildern (Ikonen) und Reliquien für die Begegnung mit Jesus und seiner Botschaft.

b) Beschreiben Sie so genau wie möglich, wie Bilder oder Reliquien Ihnen eine Begegnung mit dem Abgebildeten oder Urheber der Reliquie ermöglichen.

c) Diskutieren Sie, ob Bilder (oder Reliquien) angemessene Zugänge zu Jesus sein können.

4 Eine besondere Art der Begegnung stellt **M 4** dar: Ein Jesusbild wird durch Übermalung weitergestaltet.

a) Beschreiben und deuten Sie den Jesus-Zugang von **M 4**.

b) Erproben Sie eigene Zugänge zu Jesus durch Übermalung von Jesus-Bildern, die Sie beispielsweise im Internet recherchieren. Tauschen Sie sich über Ihre Erfahrungen aus.

Der Mensch vor Gott im Islam

Auch der Koran greift auf biblisch bezeugte Traditionen zurück und nimmt auf vielfältige Weise das Handeln des Menschen und seine Verantwortung vor Gott in den Blick. Jesus als Person spielt dabei aber keine herausragende Rolle: Er ist nur einer der Propheten. Dennoch ähneln sich viele Grundaussagen.

M 1 Betende Muslime

Al Ghazāli (1058–1111) war ein persischer islamischer Theologe, der bis heute zu den bedeutendsten religiösen Denkern des Islams gehört.

Die **Dua**, das muslimische Bittgebet, ist ein freies Gebet. Die Betenden wenden sich mit ihren persönlichen Worten oder mit einem vorformulierten Gebet an Gott. Die Gebetshaltung ist nicht vorgeschrieben, häufig werden, wie auf dem Bild zu sehen, bittende Hände, die sich Segen erhoffen und diesen Segen ins Gesicht wischen, geformt.

Im **Koran** wird **Jesus** nicht als Gottes Sohn, sondern als von Gott auserwählter Prophet beschrieben, der den Menschen Gottes Botschaft verkündet, z. B. Sure 43:59: „Er ist nichts als ein Diener, den Wir begnadet und zu einem Beispiel für die Kinder Israels gemacht haben."

M 2 Glückseligkeit

Wisse der Mensch ist nicht zum Scherz und für nichts erschaffen, sondern hoch ist sein Wert und groß seine Würde. Wohl ist er nicht von Ewigkeit her, aber für die Ewigkeit ist er
5 bestimmt; wohl ist sein Leib irdisch und von der niederen Welt, doch sein Geist ist aus der oberen Welt und göttlich. [...] Von der tiefsten Tiefe bis zur höchsten Höhe liegt alles Niedrige und alles Hohe im Bereich seines Tuns. Die
10 tiefste Tiefe erreicht er, wenn er auf den Stand des Viehs, der Raubtiere und der Teufel herabsinkt und zum Sklaven der Begierde und des Zornmutes wird; zu seiner höchsten Höhe aber erhebt er sich, wenn er den Stand der En-
15 gel erreicht, so daß er Befreiung findet von Zornmut und Begierde, und diese beiden seine Sklaven werden, er aber ihr König wird. Erlangt er dies Königtum, so wird er würdig, Gottes Diener zu sein; diese Würdigkeit aber ist die
20 Eigenschaft der Engel und die Stufe höchster Vollendung für den Menschen. [...] Wenn du nun sagst: „Wodurch wird denn bewiesen, dass die Glückseligkeit des Menschen in der Erkenntnis Gottes besteht?", so wisse: Die Glück-
25 seligkeit besteht für jedes Ding in dem, woran es seine Lust hat und worin es seine Befriedigung findet. Für jedes Ding aber bedeutet Lust das, was seiner Natur gemäß ist; das seiner Natur Gemäße aber ist das, wozu es geschaf-
30 fen ist. [...] Dementsprechend besteht auch die Lust des Herzens in dem, was seine besondere Eigenart ist und um derentwillen es geschaffen ist, das ist die Erkenntnis des wahren Wesens der Dinge. [...] Es gibt aber kein edleres
35 Wesen als Gott, den Erhabenen, denn auf ihm beruht der Adel aller Dinge, er ist der Herr und König der ganzen Welt, und alle Wunder der Welt sind Spuren seines Wirkens. Daher gibt es keine Erkenntnis, die edler und lustvoller
40 wäre als die Erkenntnis Gottes, und keinen Anblick, der schöner wäre als der Anblick der Gottheit.

Al Ghazāli, Das Elixier der Glückseligkeit, aus dem Persischen und Arabischen übertragen von Hellmut Ritter, Wiesbaden ²2017, S.24.57f.

M 3 Das Erdbeben (Sure 99,1–8)

¹ Wenn die Erde mit ihrem (letzten) mächtigen Beben bebt, ² und (wenn) die Erde ihre Lasten herausgibt, ³ und der Mensch ausruft: „Was ist mit ihr geschehen?" ⁴ – an jenem Tag wird sie

5 alle ihre Nachrichten berichten, [5] wie dein Erhalter es ihr zu tun eingegeben haben wird. [6] An jenem Tag werden alle Menschen hervortreten, abgetrennt voneinander, damit ihnen ihre (vergangenen) Taten gezeigt werden.
10 [7] Und so, wer das Gewicht eines Atoms an Gutem getan haben wird, der wird es erblicken; [8] und wer das Gewicht eines Atoms an Übel getan haben wird, der wird es erblicken.
Die Botschaft des Koran, Muhammad Asad Übersetzung und Kommentar, Ostfildern ⁴2015.

M 4 Ja zu Gottes Liebe

Islam bedeutet, sein Leben auf Gott hin auszurichten. Was heißt das aber konkret? Gott hat den Menschen aus seiner bedingungslosen Liebe und Barmherzigkeit heraus und mit der
5 Absicht erwählt, ihn für seine Gemeinschaft, für die Gemeinschaft der Liebe und Barmherzigkeit zu gewinnen. Die Annahme der Einladung Gottes, also die Annahme seiner Liebe und Barmherzigkeit, drückt sich nicht in
10 Worten aus, sondern in den Handlungen des Menschen. [...] Der Mensch ist ein Medium der Verwirklichung göttlicher Liebe und Barmherzigkeit durch sein freies Handeln. Gott und Mensch arbeiten Seite an Seite, um Liebe und
15 Barmherzigkeit als gelebte Wirklichkeit zu gestalten. Je vollkommener der Mensch ist, desto stärker wirkt Gott durch ihn, denn je vollkommener er ist, desto mehr ist er bereit, die göttlichen Absichten durch sich hindurch zu ver-
20 wirklichen. Und je mehr er ein Medium der Verwirklichung göttlicher Intentionen ist, desto mehr Liebe und Barmherzigkeit verbreitet er (und umgekehrt). [...] Nicht nur die Intention Gottes verwirklicht sich durch den Men-
25 schen, sondern auch der Mensch selbst. Er kommt seinem Ziel, seiner Vervollkommnung einen Schritt näher. Zwei Begriffe drücken im Koran dieses Menschenbild aus: der Begriff 'abd (Diener Gottes) und der Begriff halîf (Ver-
30 walter). Beide beziehen sich auf die Erwählung des Menschen. [...] Das „Dienen" hat also einen doppelten Charakter: Einerseits wird dadurch Gottes Intention, andererseits die Vollkommenheit des Menschen Wirklichkeit. Mit „Die-
35 nen" ist also keineswegs ein Zustand der Bevormundung oder der Versklavung des Menschen gemeint. Wir dienen Gott, indem wir seiner Schöpfung dienen.
Mouhanad Khorchide, Islam ist Barmherzigkeit, Freiburg 2012, S. 85.94.95.

#Gottscheinenlassen
#menschlicheGottestransparenz

Mouhanad Khorchide (* 1971 in Beirut) ist Professor für islamische Religionspädagogik an der Westfälischen Wilhelms-Universität in Münster.

1 Auf dem Bild M 1 sehen Sie, wie ein erwachsener Mann mit einem Kind eine Gebetshaltung einübt. Erinnern Sie sich zurück an Ihre frühe Kindheit und überlegen Sie, ob mit Ihnen Beten eingeübt wurde und wenn ja von wem. Schreiben Sie danach einen kurzen kindgerechten Brief an den kleinen Jungen und beschreiben Sie Ihre Erinnerungen, die sie an damals haben bzw. ihre Gedanken, die sie haben, wenn sie M 1 betrachten.

2 Geben Sie in eigenen Worten wieder, wie M 2 die Glückseligkeit des Menschen beschreibt.

3 Prüfen Sie, ob und inwiefern die Hauptaussagen von M 4 in der Gebetshaltung in M 1 zum Tragen kommen.

4 Das arabische Wort „Islam" bedeutet soviel wie „Sich-Ergeben" (in den Willen Gottes), „Sich-Hingeben" (an Gott). Erklären Sie in eigenen Worten, unter Rückgriff auf M 3, M 4, Sure 22:14 und Sure 39:46.51.52, wie sich darin der Kern der muslimischen Heilsbotschaft zeigt.

5
a) Vergleichen Sie die muslimische Heilsvorstellung mit der jüdischen und christlichen Vorstellung auf den Seiten 62 f. und 64 f., indem Sie Gemeinsamkeiten und Unterschiede herausarbeiten.
b) Markieren Sie die Aussagen, die Sie am meisten beeindrucken, und begründen Sie Ihre Auswahl.

Stellen Sie Regeln für den Umgang miteinander in Ihrem Café auf und begründen Sie diese.

Glücksmoment? Lebensglück? Segen?

Glück kann man nicht machen. Leben gelingt nicht einfach so. Das Reich Gottes ist noch nicht vollendet. Die Religionen kennen als Zeichen dafür das Gebet und – besonders – den Segen: Er verbindet das Wissen um das eigene Nicht-Können mit der Hoffnung auf ein Gelingen, das von Gott kommt.

M 1 Papst Franziskus erteilt den Segen Urbi et orbi am 21.04.2019

→ Segen ist ein wichtiges Thema der Fluterzählung: S.44 f.

Bernd Schröder (* 1965) ist evangelischer Professor für Praktische Theologie an der Georg-August-Universität Göttingen.

M 2 Segen

Eine klassische Figur, mit der die christliche Theologie Fragen des Glücks und der Lebenskunst verhandelt, ist die Rede vom „Segen". [...] So wie Gott „im Anfang" seine Geschöpfe seg-
5 nete und segnet, die lebenden wie die anorganischen (Gen 1,28 und 2,3) so wird er „Segen herabschütten in Fülle" (Mal 3,10). Segen (hebr.: Beracha; lat. Benediktion) ist sprachlich wie sachlich von Glück unterschieden,
10 • insofern Segen ein bestimmtes Woher, ein Subjekt hat: Menschen segnen, Gott segnet,
• insofern Segen nicht individuell wirksam ist, sondern Gemeinschaft stiftet, sei es mit Nachgeborenen, sei es mit Zeitgenossen,
15 • insofern empfangener Segen wiederum segnen lässt: Wer gesegnet ist, wirkt segens-reich [...],
• insofern Segnen, das Segnen unter Menschen wie das Segnen bzw. Lobpreisen Got-
20 tes, „jedem Absegnen der Wirklichkeit, wie sie vor Augen liegt, als einer gottgewollten" widerspricht. [...]
Anders gesagt, wer sein Leben im Licht der biblischen Segenserzählungen interpretiert,
25 wird Glück als bestimmtes Geschenk deuten können und als etwas, das man nur behalten kann, indem man es weitergibt. Segen wirkt segensreich. [...]
Im Begriff der „Frömmigkeit" hält sich, so ver-
30 staubt der Begriff und so verschüttet seine Bedeutung sein mag, der Zusammenhang zwi-
schen einer Lebensführung, die aus dem christlichen Glauben gestaltet wird, und ihrer positiven, förderlichen, ja, beglückenden Wir-
35 kung. Allerdings ist Frömmigkeit nicht auf das Ziel „Glück" gerichtet, sondern auf Gott. Glück stellt sich im frommen Leben mittelbar ein – gerade weil es nicht angestrebt wird und angestrebt werden kann. In der Rede von Frömmig-
40 keit schwingt jene Dialektik mit, die auch in biblischen Texten zur Geltung gebracht wird: „... wer sein Leben erhalten will, der wird's verlieren; und wer sein Leben verliert um meinetwillen und um des Evangeliums willen, der
45 wird's erhalten" (Mk 8,25). [...] Anders gesagt: Wer (sein eigenes) Leben als Ausdruck von Frömmigkeit interpretiert, wird nicht nur jene Dialektik entdecken, sondern auch dies, dass es auf der Suche nach gelingendem Leben
50 nicht (allein) um die Entfaltung angeborener, eigener Möglichkeiten geht, sondern auch darum, sich (von außen) ansprechen zu lassen, einen Kairos wahrzunehmen, sich genug sein zu lassen, dankbar zu werden.
55 Dergleichen bleibt kontingent, und doch lassen sich Anregungen sammeln, Sensibilitäten schulen, Lebensformen finden. In diesem Sinne dient die Übung in „Lebenskunst" der Aufgabe, „dem eigenen Leben eine vom Glauben
60 geprägte Gestalt zu verleihen, seine ‚Schönheit' als ein von Gott begabtes und geschenktes Leben zu entdecken und zu kultivieren"; „christliche Lebenskunst thematisiert gerade auch die Endlichkeit und Gefährdung mensch-
65 licher Freiheit und betont ihre unverfügbaren, durch Gottes Handeln gesetzten Voraussetzungen". Was es zu lernen gibt? „Die Sinne schärfen", „miteinander auskommen", „dem Leben Richtung und Ziel geben" – nicht zu-
70 letzt, anerkennen, wenn man „genug von dem [hat], was man zum Leben benötigt".

Bernd Schröder, Glück + Lebenskunst = Segen?, in: Rudolf Englert/Helga Kohler-Spiegel/Elisabeth Naurath/Bernd Schröder/Friedrich Schweitzer (Hg.), Glück und Lebenskunst, Neukirchen-Vluyn 2013 (Jahrbuch der Religionspädagogik, Bd.29), S.205–207.

M 3 Sich Entfeinden

An uns allen liegt es, mit unermüdlicher Geduld und Tatkräftigkeit zur Ankunft jener
messianischen Zeit beizutragen und füreinander einzustehen überall auf dieser Welt. Wenn
5 wir's nicht tun, dann fällt der Friedenssame
auf den Wegrand und verdorrt. Wenn wir nicht
konkret mit der vorgelebten Entfeindungslie-
be beginnen, dann wird die Feindschaft weiter
wuchern. Wenn wir nicht bald mit der Verstän-
10 digung-von-unten anfangen, mit dem Dialog,
dem Trialog und dem Multilog unter allen Religionen, Ideologien und Überzeugungen, mit
dem Abbau von Feindbildern und Vorurteilen,
mit dem Akzeptieren des Andersseins unserer
15 Gesprächspartner und ihrer Heilslehren und
der Einsicht, daß keiner von uns die ganze
Wahrheit oder den einzigen Zugang zu ihr besitzt – hier und heute noch, zu Hause, bei der
Arbeit und in jedem Dorf und in jeder Stadt,
20 dann werden so manche Machthaber weiterhin ihre Pflugscharen zu Schwertern um-
schmieden, wie es bei Joel (4,10) so erschütternd heißt – und das Experiment Mensch
mag mit einem letzten „Urknall" zu Ende ge-
25 hen. Wovor uns Gott gnädig behüten mag.
Pinchas Lapide, Warum kommt er nicht? Jüdische
Evangelienauslegung, Gütersloh 1988, S. 121.

M 4 herr

vertreibe den tod
und achte auf deine geschöpfe
denn meine unbändige hoffnung
glaubt an das unbedingte der rosen
und deren ständige metamorphosen
so siege oh herr
damit wir nicht besiegt bleiben
Said, Psalmen, München ²2008, S. 88.

M 5 Vielleicht ...

Aus dem Spalt   ein Schein
in der Wand   und schwand.
des Alls   Ist vielleicht?
in das finstre   Ist irgendwo?
Verlies   Vielleicht
brach plötzlich   *ist*
o schön!   irgendwo Tag.

Fridolin Stier, Vielleicht ist irgendwo Tag, Freiburg
²1993, S. 108. Wenige Wochen vor seinem
Tod veröffentlichte Fridolin Stier persönliche
Aufzeichnungen aus den Jahren 1965–1971. M 5
verfasste Stier im November 1971, im September
1971 war seine erwachsene Tochter, zu der er sich
als katholischer Priester öffentlich bekannt hatte,
tödlich verunglückt.

#InderHoffnungleben
#InsGelingenverliebt

Said (* 1947), ein
Münchener Dich-
ter persischer Her-
kunft, knüpft in
seinen modernen
Psalmen aus mus-
limischem Geist an
die biblischen
Psalmen des AT an.

🌐 Segen, Wetter-
segen, Gegen-
menschlichkeit

Fridolin Stier
(1902–1981) war
Alttestamentler,
Orientalist und Re-
ligionswissen-
schaftler.

Pinchas Lapide
(1922–1997) war
jüdischer Religi-
onswissenschaft-
ler, der sich für den
jüdisch-christ-
lichen Dialog ein-
setzte.

1 Erklären Sie, wie man das menschliche Leben als Geschenk Gottes begreifen kann.

2 Schauen Sie sich das Foto **M 1** an. Beschreiben Sie das Foto genau und tauschen Sie sich über die Eindrücke aus, die es bei Ihnen erzeugt.

3
a) Gestalten Sie eine Concept-Map zum Begriff Segen **M 2**. Arbeiten Sie die Begriffe Glück und Lebenskunst (S. 58/59), Reich Gottes (S. 64 f.) und Heil (S. 63) in Ihre Concept-Map ein. Beschreiben und deuten Sie das Zueinander dieser Begriffe.
b) Recherchieren Sie die Bedeutung des päpstlichen Segens Urbi et orbi und fügen Sie diese in Ihre Concept-Map ein.

4 Welcher der beiden lyrischen Texte **M 4**, **M 5** spricht Sie an? Welche Gefühle werden in Ihnen geweckt? Schreiben Sie das Wort oder die Phrase, das/die Sie am meisten anspricht, auf ein leeres Blatt und notieren Sie Ihre Assoziationen. Vergleichen Sie Ihre Notizen mit Ihren Mitschülern und sprechen Sie miteinander über die Themen, die Sie in den Notizen entdecken.

5 In den Worten von **M 5** haben sich dunkle Lebenserfahrungen verdichtet. Diskutieren Sie in Ihrer Lerngruppe, ob in solchen Situationen der Blick auf das menschliche Leben, so wie in **M 2** beschrieben, hilfreich für die weitere Lebensführung sein kann.

6 „Nach-Glück-fragen", „nach-Glück-streben" und „glücklich-sein-wollen". Arbeiten Sie heraus, wie Sie diese Aussagen verstehen und wie man die Aussagen auf Grundlage der Medien dieser Doppelseite verstehen könnte.

7 Diskutieren Sie in Ihrer Lerngruppe, ob Glauben glücklich(er) macht. Klären Sie dazu, was Sie jeweils genau mit „Glück" bzw. „Glücklich-Sein" meinen.

👥 Begründen Sie schriftlich, warum der Name Café Glück zu Ihrem Café passt.

Dorothee Sölle (1929–2003)

Dorothee Sölle

→ Weiterlesen?
Dorothee Sölle,
Gesammelte Wer-
ke in 12 Bänden,
Kreuz Verlag 2011.

Dorothee Sölle, promovierte und habilitierte evangelische Theologin, war in zweiter Ehe mit dem ehemaligen Benediktinerpater Fulbert Steffensky verheiratet.

Es muss doch mehr als alles geben …
Vor allem eine Frage hat sie motiviert, sich der Theologie zuzuwenden: Wie war es möglich, dass das liberale Bürgertum – das Umfeld, aus dem sie selbst stammte – sich nicht entschiedener gegen Hitler zur Wehr setzte, wie konnte Auschwitz geschehen? [...] 1968 war sie Mitinitiatorin des Politischen Nachtgebets. [...] Politische Informationen und Diskussionen verbunden mit einer Meditation biblischer Texte und einer Predigt prägten die Veranstaltung, die bis 1972 monatlich in der Kölner Antoniterkriche durchgeführt wurde. [...] Sie vertrat eine Theologie der radikalen Diesseitigkeit und plädierte für eine Entmythologisierung [hier: Erarbeitung eines Textverständnisses, das Menschen heute existenziell anspricht] der Bibel. Das Wort Gottes war für sie nicht vom Leben zu trennen. Ja, sie hielt Gottes Wirken in der Welt für gebunden an unser Handeln („Gott hat keine anderen Hände als unsere").
http://www.rheinische-geschichte.lvr.de/
Persoenlichkeiten/dorothee-soelle/DE-2086/
lido/57c9529636ad16.61654631

Credo
ich glaube an gott
der die welt nicht fertig geschaffen hat
wie ein ding das immer so bleiben muss
der nicht nach ewigen gesetzen regiert
die unabänderlich gelten
nicht nach natürlichen ordnungen
von armen und reichen
sachverständigen und uniformierten
herrschenden und ausgelieferten

ich glaube an gott
der den widerspruch des lebendigen will
und die veränderung aller zustände

durch unsere arbeit
durch unsere politik

ich glaube an jesus christus
der recht hatte als er
„ein einzelner der nichts machen kann"
genau wie wir
an der veränderung aller zustände arbeitete
und darüber zugrunde ging
an ihm messend erkenne ich
wie unsere intelligenz verkrüppelt
unsere fantasie erstickt
unsere anstrengung vertan ist
weil wir nicht leben wie er lebte
jeden tag habe ich angst
dass er umsonst gestorben ist
weil er in unseren kirchen verscharrt ist
weil wir seine revolution verraten haben
in gehorsam und angst
vor den behörden

ich glaube an jesus christus
der aufersteht in unser leben
dass wir frei werden
von vorurteilen und anmaßung
von angst und hass
und seine revolution weitertreiben
auf sein reich hin

ich glaube an den geist
der mit jesus in die welt gekommen ist
an die gemeinschaft aller völker
und unsere verantwortung für das
was aus unserer erde wird
ein tal voll jammer hunger und gewalt
oder die stadt gottes

ich glaube an den gerechten frieden
der herstellbar ist
an die möglichkeit eines sinnvollen lebens
für alle menschen
an die zukunft dieser welt gottes

amen.
Dorothee Sölle; Luise Schottroff, Die Erde gehört Gott, Hamburg 1985, S.137f.

---

1 Recherchieren Sie, wie Sölle den eigenen Ausspruch „Gott hat keine anderen Hände als unsere" in die Tat umsetzte.

2

a) Vergleichen Sie Sölles Credo mit dem Apostolischen Glaubensbekenntnis.

b) Überlegen Sie, was für Sie wichtig ist und formulieren Sie Ihr persönliches Credo.

Was wäre wenn …?
Janne Teller, Krieg. Stell dir vor, er wäre hier

Wenn bei uns Krieg wäre.
Wohin würdest du gehen?
Wenn durch die Bomben der größte Teil des
Landes, der größte Teil der Stadt in Ruinen
läge? Wenn das Haus, in dem du mit deiner Familie lebst, Löcher in den Wänden hätte? Wenn
alle Fensterscheiben zerbrochen, das Dach
weggerissen wäre? Der Winter steht bevor, die
Heizung funktioniert nicht, es regnet herein. Ihr
könnt euch nur im Keller aufhalten. Deine Mutter hat Bronchitis, und bald wird sie wieder
eine Lungenentzündung bekommen. Dein großer Bruder hat schon früh bei einem Vorfall mit
einer Mine drei Finger der linken Hand verloren und unterstützt gegen den Willen deiner
Eltern die Milizia. Deine kleine Schwester wurde von Granatsplittern am Kopf verletzt, sie
liegt in einem Krankenhaus, dem es an allem
fehlt. Deine Großeltern starben, als eine Bom-
be ihr Pflegeheim traf.
Du bist noch unversehrt, aber du hast Angst.
Morgens, mittags, abends, nachts. Jedes Mal,
wenn es irgendwo kracht, zuckst du zusammen. Wie viele deiner Freunde wurden dieses
Mal getroffen?

Die Wasserrohre sind schon geplatzt. Jeden Tag
müssen du und dein großer Bruder durch die
Straßen und über den Rathausplatz zum öffentlichen Wasserversorgungswagen laufen, jeder mit zwei Eimern. Den Platz muss man
schnell überqueren. In einigen Gebäuden lau-
ern Heckenschützen, Griechen und Franzosen,
die lange genug in Deutschland gelebt haben,
um mit einem von uns verwechselt zu werden.
Aber nicht lange genug, um sich als Teil von
uns zu fühlen, wenn Krieg ist und Nationalität
eine Definition von Freund und Feind.
Schlimmer als die Angst ist der Hunger. Am al-
lerschlimmsten ist die Kälte. Du frierst die ganze Zeit, und dabei ist es erst Anfang November.
Du weißt nicht, wie ihr den Winter überleben
sollt. Der Arzt sagt, deine Mutter wird einen
weiteren Winter im Keller nicht schaffen. Er
kann euch zu keiner besseren Bleibe verhelfen.
Es gibt zu viele andere, die einen weiteren Winter im Keller nicht schaffen werden.

Janne Teller

Janne Teller
(* 1964) ist eine
dänische Schrift-
stellerin. Sie lebt in
New York und
Berlin.

Dein bester Freund ist verschwunden. Sein Va-
ter war Mitglied des Bundestags. In der neuen
Welt ist für Abgeordnete kein Platz. *Die Demo-
kratie hat zur Europäischen Union geführt, und
die Europäische Union ist zusammengebrochen.*
So heißt es. In der neuen Welt darf niemand
Demokrat sein. […]
Wohin sollt ihr gehen?

Auf *wohin?* Gibt es keine Antwort. Eure Familie
ist zu einer Zahl geworden. Fünf! Es gibt kein
Land, das weitere fünf Flüchtlinge haben will.
Flüchtlinge, die die Sprache nicht beherrschen,
die nicht wissen, wie man sich in einer *klassischen Kulturgesellschaft* benimmt, dass man
seinen Nachbarn respektiert, den Gast höher
stellt als sich selbst und die Tugend einer Frau
achtet. Flüchtlinge, die nicht wissen, wie man
in der Hitze lebt. Nein, es gibt kein Land, das
die *dekadenten Menschen* aus dem Norden aufnehmen will. *Freidenker*, die nur den Lebensstil
der Rechtgläubigen verderben wollen. Arbeiten
können sie auch nicht. Sie können kein Ara-
bisch, und sie sind es nicht gewöhnt zuzupa-
cken. Flüchtlinge aus Europa können nichts anderes als in Büros sitzen und Papiere
umdrehen. Das braucht man nirgends! So heißt
es in der arabischen Welt, der nächstgelegenen
Region, in der Frieden herrscht und die Möglichkeiten für eine Zukunft bietet. Wohin dann?
Janne Teller, Krieg. Stell dir vor, er wäre hier,
München 2011, S. 7–12.14.15.

Zimmer am Meer

Die Art Gallery der Yale Universität deutet Edward Hoppers Bild wie folgt: „But the description that he gave this painting in his notebook – ‚The Jumping Off Place' – suggests that the image is more a metaphor of solitude and introspection than a depiction of the actual place."

Betrachten Sie nun ein weiteres Mal Edward Hoppers Bild und lesen Sie Ihre Geschichte, die Sie dazu verfasst haben. Erklären Sie ausgehend von der oben abgedruckten Deutung, ob das Bild nun andere Assoziationen in Ihnen weckt und ob Sie Ihre Geschichte wieder so oder verändert schreiben würden – und ob es Ihnen gelingt, eine Hoffnungsperspektive einzubauen.

Nach Glück fragen

Betrachten Sie Ihre Concept-Map, die Sie zu Beginn erstellt haben, und notieren Sie ggf. Ergänzungen und/oder Veränderungen, die Sie nun nach Bearbeitung dieses Kapitels vornehmen würden. Tauschen Sie sich darüber in Ihrer Lerngruppe aus.

Sehnsuchts-Orte

Vergegenwärtigen Sie sich erneut Ihren Sehnsuchtsort. Kommen Sie mit einem Mitschüler/einer Mitschülerin ins Gespräch, ob sich Ihr Sehnsuchtsort verändert hat, ob er in Ihrer Vorstellung konkreter geworden ist und was Sie über sich und Ihren Sehnsuchtsort möglicherweise Neues erfahren haben.

Jesu Botschaft vom Reich Gottes! – Für dich? Für mich?

Hören Sie noch einmal die Interviews, die Sie geführt haben, und lesen Sie erneut Ihren Beitrag zum Reich Gottes. Entwickeln Sie nun auf Grundlage Ihrer Erkenntnisse aus diesem Kapitel zur Reich-Gottes-Botschaft einen Podcast oder ein Erklärvideo, das die Reich-Gottes-Vorstellung Ihren Mitschülerinnen und Mitschülern anschaulich erläutert. Dabei sollten auf jeden Fall folgende Begriffe vorkommen: Apokalyptik, Schon/Noch-nicht, Gleichnisse, Heilungen, Hoffnung, Segen.

Abschlussaufgabe

In diesem Kapitel haben Sie sich u.a. mit folgenden Fragen beschäftigt: Wie kann ein glückliches, ein erfülltes Leben gestaltet werden? Hat der Tod im Leben der Menschen eine Bedeutung und wenn ja, welche? Gibt es ein Ende der Welt und Gerechtigkeit für die Leidenden? Wie sind Gott und seine Botschaft mit dem Menschen verwoben und gibt es so etwas wie ein sinnvolles, heilvolles Leben? Wählen Sie zwei dieser Fragen oder zwei andere Fragen, die Sie im Blick auf dieses Kapitel für relevant halten, aus. Beantworten Sie für sich schriftlich diese Fragen und notieren Sie auch, wie sich Ihr Wissen, Ihre Haltung zu diesen Fragen erweitert und ggf. verändert hat. Erklären Sie abschließend den für Sie wichtigsten Lernertrag mit Blick auf Ihre eigene Lebensführung.

4 Orientierung finden:
Verstrickt in Beziehungen

Marina Abramović, Rhythm 0, Performance, Dauer: 6 Stunden, Studio Morra, Neapel, 1974

Let's play?!

In einem Museum treffen Sie auf eine Frau, die sich neben einem Tisch mit diversen Gegenständen positioniert hat. Sie zeigt stumm auf eine Tafel mit folgendem Wortlaut: „Auf dem Tisch befinden sich 72 Gegenstände, die man nach Belieben an mir verwenden kann. Während dieser Zeit übernehme ich die volle Verantwortung."

- Wählen Sie in der Rolle der Museumsbesucher von den Gegenständen jeweils acht aus, die Sie anwenden würden, und ebenso viele, die Sie auf keinen Fall aus-wählen wollten. Skizzieren Sie in Einzelarbeit für jeden dieser Gegenstände min-destens ein Szenario, wie dieser zum Einsatz kommen könnte. Sie dürfen dabei auch Gegenstände miteinander kombinieren. Das Bild auf S. 79 kann Ihnen hier eine Hilfe sein.

Liste der Gegenstände auf dem Tisch

Gewehr, Kugel, blaue Farbe, Kamm, Klingel, Peitsche, Lippenstift, Taschenmesser, Ga-bel, Parfüm, Löffel, Baumwolle, Blumen, Streichhölzer, Rose, Kerze, Wasser, Schal, Spie-gel, Wasserglas, Polaroidkamera, Feder, Ketten, Nägel, Nadel, Sicherheitsnadel, Haar-nadel, Bürste, Bandage, rote Farbe, weiße Farbe, Schere, Füller, Buch, Hut, Taschentuch, weißes Blatt Papier, Küchenmesser, Hammer, Säge, Holzstück, Axt, Stock, Lammknochen, Zeitung, Brot, Wein, Honig, Salz, Zucker, Seife, Kuchen, Metallrohr, Skalpell, Metallspeer, Schachtel Rasierklingen, Geschirr, Flöte, Heftpflaster, Alkohol, Medaille, Mantel, Schuhe, Stuhl, Lederschnüre, Garn, Draht, Schwefel, Weintrauben, Olivenöl, Rosmarinzweig, Apfel (siehe Abbildung S. 79)

Let's talk about ...

Wie sollen – können – dürfen – müssen wir mit anderen umgehen? Sammeln Sie möglichst viele Handlungsverben, die den Umgang miteinander konkret beschrei-ben. Ordnen Sie diesen Verben einen oder mehrere der Modalbegriffe zu und dis-kutieren Sie, unter welchen Bedingungen man andere z. B. küssen oder verletzen soll/kann/darf/muss. Markieren Sie dabei auch solche Handlungen, die ihrer Ansicht nach unter keinen Umständen getan werden dürfen.

Let's make a list

Erstellen Sie in Einzelarbeit eine ABC-Liste zum Thema „Gewissen". Sie müssen dabei nicht chronologisch vorgehen und dürfen zu einem Buchstaben auch mehre-re Begriffe finden. Feilschen Sie im Anschluss mit anderen Personen im Raum um die noch leeren Felder, indem Sie ein volles Buchstabenfeld im Tausch gegen ein anderes eintauschen, das Sie bislang nicht füllen konnten. Ziel ist es, die Liste als erstes zu vervollständigen. Besprechen Sie im Anschluss ihre Erfahrungen und Beobachtungen.

Geben Sie Ihrem Gewissen eine Stimme

Die Performance „Rhythm 0" hat vor allem bei der Künstlerin seelische Spuren hinterlassen. Erschütternd erzählt sie, wie sie die Situation empfunden hat: *„Ich stand einfach da und starrte ins Leere; hin und wieder gab mir jemand die Rose in die Hand oder legte mir das Halstuch um die Schultern oder jemand küsste mich. Nach drei Stunden nahm ein Mann die Schere vom Tisch, schnitt mein T-Shirt durch und zog es mir aus. Dann begannen die Leute, mich in verschiedene Posen zu bringen. Ich war eine Puppe – total passiv. [...] Nach einer Weile steckte ein Mann die Kugel in die Pistole und legte mir die Pistole in die rechte Hand. Dann hob er die Hand mit der Pistole an meinen Hals und legte einen Finger an den Abzug. Es gab ein Gerangel. [...] Der Mann wurde aus der Galerie geschubst und die Performance ging weiter. [...]."* Marina Abramović hat mit ihrer Performance nicht nur gezeigt, wie weit Menschen imstande sind zu gehen, wenn man ihnen absolute Handlungs- und Verantwortungsfreiheit zusichert, sondern auch, wie stark unser Gewissen die Stimme erheben kann, sobald es das eigene Verfehlen bemerkt.

Doch in welchen Situationen meldet sich Ihr Gewissen? Wie stehen Freiheit und Verantwortung in unterschiedlichen Situationen zueinander? Wie entwickeln sich Ihr moralisches Gefühl und Ihr ethisches Bewusstsein? Wie gelangen Sie zu einer Entscheidung?

Dieses Kapitel wird Sie mit ethischen Handlungssituationen konfrontieren, die fiktiv oder auch – wie die Performance – real sein können. Theologische, philosophische und psychologische Theorien und Argumentationen werden Ihnen helfen, diejenigen Werte zu bestimmen, die Ihre indivduellen Gewissensentscheidungen lenken. Sammeln Sie dazu – als „Material" – hypothetische oder tatsächliche Handlungssituationen. Ordnen Sie diesen Situationen mögliche Handlungsalternativen und handlungsleitende Werte zu. Suchen Sie aber auch für jede Situation nach einem Wert, der mit der Handlungssituation nichts zu tun hat. Aus den gesammelten Situationen, Entscheidungen und Werten können Sie Situationskarten erstellen (s. Abb.). Wenn Sie eine hinreichende Anzahl von Situationskarten zusammen haben, können Sie mit diesen Karten in der Lerngruppe in einen ethischen Diskurs treten und unterschiedliche Argumentationsmuster erproben.

Handlungssituation:
Du kommst in einen vollen Museumsraum, in dem eine stumme Frau neben einem Tisch mit 72 Gegenständen steht (wie z. B. eine Rose, eine Peitsche, eine Pistole etc.). Daneben liest du folgenden Text: „Du darfst die Gegenstände nach Belieben an mir verwenden. Während dieser Zeit übernehme ich die volle Verantwortung." Was tust du?

Handlungsoption:
1. Ich gehe weiter und ignoriere die Frau. [A]

2. Ich probiere etwas aus und warte ab, was passiert. [B]

3. Ich halte andere davon ab, einen Gegenstand zu benutzen. [C]

Werte:
A Persönliche Unversehrtheit
B Körperliche Unversehrtheit/Würde
C Lust/Neugierde
D Toleranz

Beispiel einer Situationskarte

Bei diesem Projekt können Sie
... Ihre eigenen Werte mit der gesellschaftlichen Norm vergleichen,
... ethische Herausforderungen für Sie und die Gesellschaft benennen, skizzieren und erläutern,
... ethische Entscheidungsmodelle aus Philosophie und Theologie an eigenen Beispielen überprüfen und bewerten,
... erörtern, inwieweit die christliche Ethik Handlungsrichtlinen bereitstellt,
... die Konsequenzen einer Handlung aus christlicher Perspektive beurteilen.

Geschenkt?! Freiheit

Darf der Mensch alles machen, nur weil er es kann? Kann er, was er soll? Will er, was er kann?
Die Frage nach der Freiheit ist komplex und abgründig.

→ Die Erzählung
vom Turmbau zu
Babel in Gen 11
beendet die bibli-
sche Urgeschichte.
Mehr dazu auf
S. 36.

M1 Jan de Leeuw, Babel

*Nach einem Attentat auf seine Familie lebt Abra-
ham Babel, der reichste Mensch der Welt, mit
seiner Enkelin Alice im obersten Stockwerk eines
gigantischen Turms. Höhe, Mauern und Sicher-
heitseinrichtungen trennen sie von der Welt.
Alice ist weitab irgendwo in Afrika aufgewachsen und seit dem Attentat gelähmt.
Naomi, eine einfache Arbeiterin mit geheimnis-
voller Geschichte – sie scheint die Attentäter
nicht nur zu kennen –, rettet zufällig Alice vor
dem Ertrinken. Sie wird Alices Gesellschafterin.*

Babel war davon überzeugt, dass seine Mauern
zu hoch und zu dick für eine Erstürmung waren, aber seine Verteidigung war nicht perfekt.
Es gab eine Bresche, durch die sich ein junges
5 Mädchen hereingezwängt hatte, ein unan-
sehnliches Ding. Aber liegt im Kleinen nicht
immer der Keim des Zerfalls? [...]. Naomi wäre
ohne Erfolg geblieben, wenn sie nicht Naomi
gewesen wäre, diese eigenartige Mischung aus
10 Fatalismus und Frechheit, mit dem kalten Äußeren, das ihre Sehnsüchte und Schmerzen
kaum verbergen konnte. Und Naomi wäre nie
so weit gekommen, wenn Alice sie nicht her-
eingelassen hätte. Denn Alice war die Bresche,
15 das Tor, das den Barbaren offenstand. [...]. Wie
konnte es anders sein? Ein Mädchen, das es
gewohnt war, durch die Savanne zu laufen, lag
jetzt an ein Bett gefesselt da, gefangen in einem Turm, ohne jeden echten Kontakt. Wäre
20 sie in der Welt des Geldes geboren, dann hätte
sie dieses Leben vielleicht ertragen, aber jetzt
ging sie an Einsamkeit zugrunde.
Als sie im Schwimmbecken lag und fühlte, wie
sie sank, hatte sie schnell aufgegeben. Sie war
25 es satt, gegen die Einsamkeit und gegen ihren
eigenen Körper anzukämpfen, der doch nie
mehr so funktionieren würde, wie es sich gehörte. Satt, gegen die Verzweiflung anzukämpfen, die sie in der Nacht überfiel, wenn sich
30 eine pechschwarze Zukunft vor ihr auftat: eine
älter werdende Frau in einem Bett, hoch oben
in einem Turm mit einem Großvater, der nicht
das ewige Leben besaß. Nach seinem Tod würde sie von Menschen umgeben sein, die sie um

35 das beneideten, was sie am allerliebsten los-
werden wollte. Nie zu leben, nie zu lieben.
Dann hatte Naomi sie zurück ins Licht gezerrt.
Alice hatte im Krankenhaus genug Zeit zum
Nachdenken gehabt, während sie sich von
40 ihrem Beinahe-Tod durch Ertrinken erholte.
Sie hatte die Unvorhersagbarkeit des Lebens
unterschätzt. Genau dann, als sie nicht mehr
weiterwusste, hatte das Schicksal ein unbe-
kanntes Mädchen zu ihr geschickt. Sie war
45 fasziniert von Naomi. War es bloß die Anzie-
hungskraft eines neuen Gesichts, oder steckte
mehr dahinter? Sie wusste es nicht. Sie wusste
nur, dass sie wieder auf etwas neugierig war,
und zwar zum ersten Mal seit langer Zeit. Sie
50 fragte Großvater, ob sie Naomi bekommen
konnte. Wie hätte er ihr in ihrem Zustand so
ein unbedeutendes Spielzeug verweigern
können?
Er dachte, er hätte ihr ein neues Hündchen
55 geschenkt, aber Naomi, so vermutete Alice,
war eine Wildkatze, die noch sämtliche
Krallen besaß. Sie musste es vorsichtig an-
gehen, wenn sie Naomi zähmen wollte. Keine
unvorhergesehenen Bewegungen. Zum Glück
60 hatte die Lähmung sie Geduld gelehrt. Es lief
jedoch nicht so, wie Alice es sich erhofft hatte.
Bei jedem Schritt auf Naomi zu machte diese
einen Schritt zurück. [...]
Auch Geschenke halfen nicht. Alice zwang sie
65 in den ersten Wochen, sich neue Kleider zu
kaufen sowie Bettwäsche, Schuhe und Parfüm.
[...]. Alice schien die ganzen Einkäufe mehr zu
genießen als Naomi, die heimlich auf das
Preisschild schaute. Falls es ein solches gab.
70 Denn Alice schickte sie in die Geschäfte, in
denen so etwas Gewöhnliches wie ein Preis-
etikett gar nicht existierte; Orte, an denen man
nicht darüber nachdachte, was etwas kostete,
sondern einfach kaufte, was man wollte.
75 Es war Anika, die Alice „ganz nebenbei" zu
berichten wusste, dass alle Kleider und
Accessoires, die Naomi bekommen hatte, in
den Originalkartons und -tüten in ihrem
Schrank standen. Offenbar fühlte sich Naomi
80 nur in der Babeluniform wohl.

Alice zeigte ihr Missfallen nicht, sondern ging es listiger an.

Jan de Leeuw, Babel, Stuttgart 2018, S.123–125.

#ErzählmirdeineGeschichte
#Werbinich?

> Der Roman „Babel" ist eine **Dystopie**. Dabei handelt es sich um eine – oft in der Zukunft spielende – Erzählung, die keinen guten Ausgang nimmt, weil fundamentale Werte und Rechte pervertiert werden.

M 2 Freiheit – was ist das?

Freiheit bedeutet einerseits *Handlungsfreiheit*; die handelnde Person ist frei von inneren und äußeren Zwängen. Wir können uns in der Welt bewegen, ohne dass uns jemand daran hin-
5 dert. Wir können uns beliebigen Aufgaben widmen und Ziele anstreben, wählen aus verschiedenen Möglichkeiten, einen Anfang setzen für eine Abfolge von Ereignissen. Andererseits bedeutet Freiheit, dass der Wille
10 sich selbst bestimmt. Sie ist *Willensfreiheit*. Eine freie Person kann grundsätzlich so oder so handeln. [...]
Handeln aus Freiheit ist nicht Beliebigkeit, sondern wird bestimmt durch *Gründe*. „Grün-
15 de ‚bestimmen' menschliche Handlungen, aber sie ‚verursachen' sie nicht. Was menschliche Handlungen von physikalischen Ereignissen unterscheidet, ist ihre *Intentionalität*; Menschen handeln um der Ziele willen, die sie
20 durch ihr Handeln erreichen wollen. Ein erkanntes und bewusst gewähltes Ziel ‚verursacht' ihr Handeln jedoch nicht, denn es bleibt ihnen die Möglichkeit, auch anders zu handeln."
25 Die Fähigkeit, aus Gründen zu handeln und sich mit Gründen so oder anders zu entscheiden, führt zu einem noch tieferen Verständnis der Freiheit. Die handelnde Person kann das Gute als gut und gesollt erkennen und diesem
30 Sollen entsprechend handeln. Damit wird die Willensfreiheit zugleich *sittliche Freiheit* und die so handelnde Person zum *sittlichen Subjekt*. Das sittliche Subjektsein ist wiederum die Voraussetzung dafür, dass wir uns gegenseitig
35 *Würde* zuerkennen. [...]
Freiheit kann nur deshalb das Gute als Gutes wollen und tun, weil sie der Einsicht in das Gute, in das, was sein soll, folgt.

Günter Rager, 2011
https://www.eugen-biser-stiftung.de/fileadmin/
user_upload/Veranstaltungen/Vortrag_Rager_
14072011_Freiheit.pdf, letzter Zugriff: 18.10.2018

#Waswillichwirklich?

Jan de Leeuw (* 1968) ist ein belgischer Psychologe und Schriftsteller.

Günter Rager (* 1938) war Direktor des Instituts für Anatomie und spezielle Embryologie an der Universität Fribourg/ Schweiz. Zu seinem Arbeitsgebiet gehört der interdisziplinäre Dialog.

🌐 Dystopie, Utopie

Thomas Morus, Utopia

→ Was wir heute als Utopie oder Dystopie bezeichnen, hat biblische Wurzeln: S.60 f.

---

1 Untersuchen Sie den Romanauszug M 1. Beschreiben Sie möglichst genau, wie Alice und Naomi vorgestellt werden. Analysieren Sie, wie der Text (Un-)Freiheit darstellt.

2 „Babel" M 1 spielt auf Gen 11,1–9 an. Zeigen Sie literarische Bezüge zwischen Roman und biblischem Text auf und deuten Sie diese.

3 Was ist Freiheit?
a) Erläutern Sie mit eigenen Worten die Begriffe Handlungsfreiheit, Willensfreiheit, Intentionalität und sittliche Freiheit M 2.
b) Analysieren Sie die Formen von Freiheit, die M 1 darstellt, mithilfe dieser Begriffe.

4 Freiheit: Geschenkt?! Nehmen Sie Stellung zu diesem Statement.

🧑‍🤝‍🧑 Erarbeiten Sie ausgehend von M 1 ethische Entscheidungssituationen.

Paradox Freiheit

Die Freiheit kann wählen, aber kann man die Freiheit wählen? Und ist nicht jede Wahl von den Wahlmöglichkeiten abhängig? Oder ist gar die Möglichkeit zu wählen selbst nur eine Illusion, ein Spaß der Evolution? Im Nachdenken über die Freiheit zeigen sich komplexe Probleme.

Fernando Savater (* 1947) ist ein spanischer Professor für Philosophie an der Universität Complutense in Madrid.

M1 Tu, was du willst

Was will ich dir sagen mit dem „Tu, was du willst" als Motto dieser Ethik, an die wir uns herantasten wollen? Ganz einfach – auch wenn es dir schwer fällt: Du musst dich befrei-
5 en von Befehlen und Gebräuchen, von Belohnung und Strafe, kurz von allem, was dich von außen lenken will, und du musst diese ganze Angelegenheit aus dir selbst heraus, aus deinem Gewissen und freien Willen entwickeln.
10 Frage niemanden, was du mit deinem Leben anfangen sollst: Frage dich selbst. Wenn du wissen willst, wozu du deine Freiheit am besten einsetzen kannst, dann verliere sie nicht, indem du dich von Anfang an anderen unter-
15 wirfst, mögen sie auch noch so gut, weise und angesehen sein: Befrage über den Gebrauch der Freiheit – die Freiheit selbst. Klar, weil du ein kluger Kopf bist, hast du wahrscheinlich bemerkt, dass es hier einen gewissen Wider-
20 spruch gibt.
Wenn ich dir sage, „Tu, was du willst", sieht es so aus, als ob ich dir regelrecht einen Befehl gebe: „Tu dies und nicht das", auch wenn der Befehl darin besteht, dass du aus freiem Wil-
25 len handeln sollst. Wahrhaftig der kompliziertestе Rat, wenn man ihn aus der Nähe betrachtet! Wenn du ihn ausführst, gehorchst du ihm nicht (weil du nicht das tust, was du willst, sondern was ich will); wenn du dem Befehl
30 nicht gehorchst, führst du ihn aus (weil du das tust, was du willst, und nicht das, was ich dir befehle – aber das ist genau das, was ich dir befehle!). Glaub mir, ich will dir kein Rätsel aufgeben, wie die auf der Freizeitseite in den Zei-
35 tungen. Wenn ich dir das alles auch mit einem Lächeln zu sagen versuche, damit wir uns nicht mehr als nötig langweilen, ist die Angelegenheit doch ernst: Es geht hier nicht darum, sich die Zeit zu vertreiben, sondern sie gut zu
40 nutzen. Der offensichtliche Widerspruch, der

in dem „Tu, was du willst" steckt, ist nur ein Reflex des Kernproblems der Freiheit: dass wir nicht frei sind, nicht frei zu sein, dass wir nicht anders können, als frei zu sein. Und wenn du
45 mir sagst, das sei ja alles schön und gut, aber du hättest genug und wolltest nicht länger frei sein? Und wenn du dich entscheidest, dich dem Meistbietenden als Sklave anzubieten, oder zu schwören, dass du in allem und für
50 immer diesem oder jenem Tyrannen gehorchen willst? Dann tust du das, weil du es so willst, also ‚freiwillig', und auch wenn du einem anderen gehorchst oder mit dem Strom schwimmst, handelst du weiter so, wie es dir
55 lieber ist: Du verzichtest dann nicht darauf, zu wählen, sondern du wählst, nicht selbst zu wählen. Daher sagte der französische Philosoph Jean-Paul Sartre: „Wir sind zur Freiheit verdammt." Von dieser Verdammung gibt es
60 keine Begnadigung.
Also, mein „Tu, was du willst" ist nicht mehr als eine Form, dir zu sagen, du sollst das Problem der Freiheit ernstnehmen. Niemand kann dich von der schöpferischen Verantwortung los-
65 sprechen, deinen eigenen Weg zu wählen. Quäle dich nicht mit der Frage, ob dieses ganze Theater um die Freiheit „die Mühe lohnt", weil du, ob du es willst oder nicht, frei bist, und ob du es willst oder nicht, wollen musst. Auch
70 wenn du sagst, du willst von diesen langweiligen Sachen nichts wissen und ich soll dich in Ruhe lassen, willst du etwas: Du willst nichts wissen, du willst, dass man dich in Frieden lässt – auch um den Preis, dass du mehr oder
75 weniger zum Herdentier wirst.

Fernando Savater, Tu, was du willst. Ethik für die Erwachsenen von morgen, Weinheim/Basel 2001, S. 57–59.

#Aberwaswillichwirklich

M 2 Alles kann, wer glaubt: aus einer Predigt über Mk 9,14–29

Es gibt sie also tatsächlich, die versklavenden, lebenshindernden Mächte. Sie kommen über Familien, Dörfer und Städte, besetzen Einzelne, Gruppen und Völker, bestimmen unser
5 Denken, Wünschen und Handeln. Meist wirken sie, ohne dass wir es merken. Aber sie können auch reden, denn sie müssen ja reden, um uns gefügig zu machen. Sie versprechen uns, das Glück, das uns fehlt, sei zu kaufen. Sie
10 sagen, wenn du dies oder jenes nicht hast, bist du weniger wert. Sie reden von der Verteidigung der Freiheit, wo sie in Wahrheit, jedenfalls unter der Hand, Wirtschaftsinteressen behaupten. Sie haben ihre Manager und Nutz-
15 nießer, ihre Mitläufer und – ihre Opfer. Viele stöhnen unter ihnen, andere spielen mit, abgestumpft die einen, zwiespältig die anderen: Sie wollen heraus, neu anfangen, ein anderes Leben versuchen und möchten weitermachen,
20 beides zusammen. So tun wir, was wir eigentlich nicht wollen. Warum nur können wir nichts ändern? Warum ändern wir uns nicht? Eben dies ist die Frage, die auch die Jünger gestellt hatten: Warum konnten wir die böse
25 Macht nicht besiegen? Die ganze Geschichte handelt von dieser Ohnmacht – und sie handelt vom Glauben. Denn, so sagt Jesus: Alles ist möglich für den, der glaubt. Ein Satz in der Tat, der in die Mitte der Frohen Botschaft gehört.
30 Aber ist er auch wahr? Können wir denn überhaupt etwas machen? [...] Alles ist möglich, sagt Jesus. [...]
Jesus widerspricht dem Falls-es-möglich-ist-Gerede, widerspricht ihm im Namen des Glau-
35 bens. Es scheint also, wir müssen neu über den Glauben nachdenken. Da haben wir gelernt, dass Glaube Vertrauen auf Gott sei. Und das ist wahr: Alles muss damit beginnen, dass wir uns von Grund auf Befreiung schenken lassen, was
40 nur Gott geben kann: seine Liebe und seine Verheißung. Aber würden wir darauf tatsächlich vertrauen, dann würden wir in dieser Liebe und aus dieser Verheißung auch beginnen, würden angstloser sein, mutiger auftreten
45 entschiedener handeln. [...] Auch für Gott selbst ist sein Wirken auf Erden nur möglich durch die, die an ihn glauben. [...] Wie viel wäre möglich, wenn wir frei werden im Glauben. Wir können nachdenken, urteilen, umkehren
50 und Neues beginnen. Es ist möglich zu glauben.

Thomas Pröpper, Gottes Freundschaft suchen. Predigten, geistliche Gedanken und Gebete, hg. v. Klaus Müller, Regensburg 2016, S. 201.203–205.

#Willichglauben?

⊕ Jean Paul Sartre

Transzendentale Freiheit, Praktische Freiheit, Immanuel Kant

Thomas Pröpper (1941–2015) lehrte Dogmatik und theologische Hermeneutik an der Universität Münster.

→ Was versteht man unter Sünde? S. 26 f.

→ Jesus ist „ins Gelingen verliebt": S. 64 f.

1 Tun, was ich will – eine komplexe Herausforderung!
a) Die Freiheit selbst befragen **M 1**, Z. 16 f.: wie geht und was bedeutet das? Interpretieren Sie diesen Rat Savaters.
b) Erläutern Sie Savaters Überlegungen anhand von Beispielen aus Ihrer Erfahrung oder solchen, die Sie selbst entwickeln.

2 Alles kann, wer glaubt **M 2**?
a) Stellen Sie das semantische Feld von „Glaube/glauben" dar, etwa in Gestalt einer Concept-Map.
b) Arbeiten Sie das Verhältnis von Freiheit und Glaube heraus, von dem Pröpper spricht. Heben Sie aus dem semantischen Feld alle Bedeutungen von Glaube/glauben, die mit Freiheit zu tun haben, hervor.
c) Vergleichen Sie Pröppers und Savaters Vorstellungen von Freiheit miteinander.

3 Lesen Sie Mk 9,14–29.
a) Charakterisieren Sie die in der Perikope handelnden Personen und zeichnen Sie ein Beziehungsnetz (vgl. auch S. 9) oder spielen Sie die Perikope nach.
b) Markieren Sie Brüche oder Unstimmigkeiten in der Perikope und stellen Sie sich gegenseitig Fragen zu dieser Wundergeschichte, die die Möglichkeit von Heilungswundern reflektiert.
c) Nehmen Sie Stellung zu der These: Die Perikope lädt zum Glauben ein, indem sie dazu auffordert, den eigenen Unglauben zu bekennen.
d) Beurteilen Sie die Interpretation Pröppers **M 2** vor dem Hintergrund Ihrer eigenen Erarbeitung der Perikope.

Wer kann und was bedeutet frei sein?

Was Freiheit ist und bedeutet, erschließt sich nicht nur in philosophischer und theologischer Reflexion, sondern auch im literarischen Gedankenexperiment.

Matthias Kreienbrink (* 1985) ist ein freier Literatur- und Geschichtswissenschaftler aus Berlin.

M1 Become human: Die Freiheit in virtuellen Welten

Detroit, USA, 2038. Androiden helfen im Haushalt, bestücken die Warenhäuser der Menschen, dienen im Militär – und entwickeln schließlich ein Bewusstsein, inklusive Gewis-
5 sen, Mitgefühl und Hass. Kurzum, sie werden zu Menschen. Das ist die Ausgangssituation. [...] Die Story dreht sich im Fall von Detroit: Become Human um drei Androiden, Connor, Kara und Markus, die alle ihre unterschied-
10 lichen Erfahrungen der Erweckung machen. Wie diese persönlichen Geschichten ausgehen, liegt in den Händen der Spieler und Spielerinnen. Sie treffen die Entscheidungen: Zweifelt Connor schon früh an seiner Identität
15 oder erst kurz vor dem Schluss? Hat Markus Angst vor dem Tod? Wie innig wird die Verbindung von Kara zu ihrer menschlichen Ziehtochter Alice?

Matthias Kreienbrink, Der Mensch hinter der Klickmaschine, in: Zeit online, 29.05.2018

M2 Adventure-Game von Quantic Dream (SIEE), 2018

#Maschinenangst

M3 Keine Willensfreiheit für Androiden

Nichts spricht dafür, dass auch die komplexesten Softwaresysteme über Bewusstsein verfügen. Wäre es so, müssten wir den weiteren Umgang mit ihnen ab sofort streng reglemen-
5 tieren und die Grund- und Menschenrechte auch auf diese anwenden. Auch die schmerzlose Tötung, die bei Tieren zulässig, bei Menschen ethisch und gesetzmäßig unzulässig ist, wäre dann untersagt. In Analogie zum Projekt
10 „Menschenrechte für die Großen Menschenaffen", das den Speziesismus überwinden und Tieren in dem Umfang Menschenrechte zugestehen wollte, in dem diese vergleichbare Eigenschaften haben, müssten Robotern und
15 autonomen Softwaresystemen ebenfalls Menschenrechte zuerkannt werden. Wenn wir davon ausgehen, dass von uns geschaffene Roboter personale Wesen sind, die mit einer Identität, mit Handlungsverantwortung, Au-
20 tonomie und der damit einhergehenden individuellen Würde ausgestattet sind — eine sogenannte e-Person (elektronische Person) also — dürften die betreffenden Softwaresysteme dann in Analogie zum informationellen
25 Selbstbestimmungsrecht menschlicher Individuen nicht mehr manipuliert werden, denn dies widerspräche dem kantischen Instrumentalisierungsverbot von Vernunftwesen. Und doch vertreten manche Befürworter der
30 Künstlichen Intelligenz die These, dass man grundsätzlich zwischen einem menschlichen Gehirn und einem Computer nicht unterscheiden könne. So befassen sich zunehmend Juristen und Soziologen mit der Frage, inwieweit
35 (zukünftige) Roboter bei Fehlern haftbar gemacht werden können, also eine juridische Verantwortlichkeit besitzen. In internationalen Forschungsinstitutionen fragen Juristen danach, ob Roboter als bloßes Werkzeug zu be-
40 trachten sind, für das ihre Besitzer oder Hersteller haften müssen, oder ob sie je nach Autonomiegrad irgendwann einen speziellen Status genießen werden, der ihnen Verantwortung, aber auch Rechte zugesteht. Schließlich,
45 so lautet hier das juristische Argument, hätten Roboter auch Pflichten zu erfüllen. [...] Nur im

philosophischen Oberseminar oder in manchen Feuilletons und KI-Zirkeln kann die Ununterscheidbarkeit von Mensch und Maschine
50 behauptet werden. Außerhalb wirkt diese Behauptung grotesk, da sie mit der tatsächlichen Praxis derjenigen, die diese aufstellen, unvereinbar ist. Natürlich schalten wir unsere Computer ab, wenn wir sie nicht mehr brauchen,
55 wir entsorgen sie auf dem Schrottplatz und weinen ihnen keine Träne nach. Der Computer ist kein Gegenüber, sondern ein Werkzeug, weit komplexer zwar als eine Schaufel und manche menschlichen Fähigkeiten bei Wei-
60 tem übertreffend, aber eben doch nur eine physikalisch beschreibbare Apparatur ohne Wünsche und Überzeugungen. In diesem Sinne sollten wir nicht danach trachten, Roboter möglichst menschenähnlich zu gestalten. [...]
65 Es ist in der Philosophie durchaus umstritten, was die Würde des Menschen eigentlich ausmacht. Manche meinen, dass es die besondere Sensibilität und Leidensfähigkeit ist, die eine gleichermaßen besondere Rücksichtnahme
70 verlangt. Andere glauben, dass Menschen von Natur aus – oder von Gott – (Grund-) Rechte hätten, die unveräußerlich sind und die besondere Würde von Menschen ausmachen. [Ebenjene] machen die Würde an der Autonomie
75 fest, die Menschen eigen ist. Demnach ist es die menschliche Fähigkeit, Gründe abzuwägen, die Menschen zu autonomen Akteuren macht und ihnen den besonderen Status als Wesen verleiht, die eine Würde haben. [...] Da
80 Menschenwürde und Menschenrechte so zentral sind für unser Selbstverständnis, aber auch für die rechtliche und politische Ordnung, in der wir leben, sollten wir darauf achten, dass dieser Kern eines humanen Ethos
85 nicht durch Überdehnung gefährdet wird. Die Bevölkerung der Welt mit Künstlichen Intelligenzen, denen wir vergleichbare Fähigkeiten und Eigenschaften zuerkennen wie menschlichen Individuen, würde zwangsläufig zu einer
90 Art Kernschmelze dieses Ethos führen.
Julian Nieda-Rümelin/Nathalie Weidenfeld., Digitaler Humanismus. Eine Ethik für das Zeitalter der Künstlichen Intelligenz, München 2018, S. 26–30.

#ZiehdenStecker(nicht)raus

M 4 Maschinenethik: Können und sollen Maschinen ethisch handeln?

Maschinenethik ist ein neues Forschungsgebiet an der Schnittstelle von Informatik und Philosophie, das die Entwicklung moralischer Maschinen zum Ziel hat. Es geht darum, auf
5 der Grundlage von Computertechnologie Maschinen zu gestalten, die selbst moralische Entscheidungen treffen und umsetzen können.[...] Das bringt es mit sich, dass sie auch in Situationen geraten, die moralische Entschei-
10 dungen verlangen. Die scheinbar einfachste Alternative zu Systemen, die diese Kontrolle selbst ausüben können, besteht darin, die permanente Überwachung und „Online"-Kontrolle durch einen menschlichen Benutzer zu
15 fordern, der dann die moralisch relevanten Entscheidungen trifft. In vielen Bereichen wird dies allerdings kaum möglich sein, sollen Maschinen ihren Zweck optimal erfüllen [...]. Ein Anwendungsbereich für moralische
20 Maschinen ist die Altenpflege. [...] Künstliche Systeme werden immer wieder als eine Möglichkeit ins Spiel gebracht, um dem Pflegenotstand entgegenzutreten. Doch Systeme, die in diesem Kontext eingesetzt werden sollen, ste-
25 hen vor moralischen Entscheidungen, beispielsweise: Wie häufig und eindringlich soll ein Pflegesystem an Essen und Trinken sowie die Einnahme von Medikamenten erinnern? Wann sollte ein Pflegesystem die Angehörigen
30 verständigen [...]? In all diesen Situationen muss ein künstliches System zwischen bestimmten moralischen Werten abwägen: im ersten Fall zwischen der Selbstbestimmung des Nutzers und bestimmten gesundheit-
35 lichen Risiken, die entstehen, wenn er seine Medikamente nicht wie vorgeschrieben einnimmt. Im zweiten Fall zwischen der Selbstbestimmung des Nutzers, der Sorge der Angehörigen, die vielleicht gerne sofort informiert
40 würden, und erneut der Gesundheit. [...]. Ein zweites viel diskutiertes Beispiel für die Notwendigkeit moralischer Maschinen ist das autonome Fahren. [...] Eine besondere Schwierigkeit stellen die in diesem Anwendungs-
45 bereich unter Umständen auftretenden moralischen Dilemmata dar, bei denen beispielsweise eine Entscheidung darüber getroffen werden muss, ob eine geringe Zahl an Menschenleben aufs Spiel gesetzt werden
50 darf, um eine größere Zahl zu retten, wenn

→ Mensch(lich) sein heißt auch, sich in ein Verhältnis zu sich selbst setzen zu können: S. 14–17.

Julian Nida-Rümelin (* 1954) ist ein deutscher Philosoph und ehemaliger Kulturreferent der Landeshauptstadt München.

Nathalie Weidenfeld (* 1970) ist eine deutsche Literatur- und promovierte Kulturwissenschaftlerin.

Catrin Misselhorn (* 1970) ist Direktorin des Instituts für Philosophie der Universität Stuttgart und hat den Lehrstuhl für Wissenschaftstheorie und Technikphilosophie inne.

dies unvermeidbar ist. Nicht zu vergessen sind schließlich die militärischen Anwendungen. Der Traum besteht darin, dass keine Soldaten mehr auf dem Schlachtfeld ihr Leben aufs

55 Spiel setzen müssen, sondern an ihrer Stelle autonome Maschinen in den Kampf geschickt werden. [...] So müssen sie entscheiden, wann eine Aktion militärisch notwendig und angemessen ist und wie sich Kombattanten von

60 Zivilisten unterscheiden lassen. [...] Zudem verfügen künstliche Systeme bislang nicht wirklich über Bewusstsein und Willensfrei-

heit. Bewusstsein im Sinn des subjektiven Erlebens wäre beispielsweise erforderlich, um

65 moralische Emotionen wie Mitgefühl oder auch Schuldgefühle empfinden zu können. Willensfreiheit eröffnet die Möglichkeit, sich auch gegen eine als moralisch erkannte Handlungsoption zu entscheiden und unmoralisch

70 zu handeln. [...]

Catrin Misselhorn, Maschinenethik und „Artificial Morality": Können und sollen Maschinen moralisch handeln? in: Aus Politik und Zeitgeschichte/bpb.de 2018

#Verantwortungs(ab)gabe

Androide: (altgr.) einem Menschen ähnlich, hier: Maschinenwesen

→ Auf den Seiten 98–101 wird ein Fallbeispiel der Roboterethik näher untersucht.

M 5 Die Firma Hanson Robotics aus Hong Kong hat im Nobember 2017 den ersten Androiden konzipiert, der mehr als 60 Mimiken imitieren und einen beinahe lückenlosen Dialog führen kann. Erstmalig vorgestellt wurde „Sophia" in Saudi-Arabien. Anders als die dort lebenden Frauen, bekam sie die Staatsbürgerschaft zugeschrieben.

#MaschinenHeimatWürde

M 6 In Schweden, Finnland und Asien ersetzen die ersten Roboter die Lehrkräfte an Schulen. Sie fragen Vokabeln ab, turnen vor und korrigieren Klassenarbeiten.

#denRoboterärgern

M 7 Eine chinesische Firma hat ein Programm entwickelt, das ihnen ermöglicht, verstorbene Menschen durch ein technisches Duplikat ersetzen zu lassen. Die Wartelisten sind sehr lang und die Umsetzung ist noch sehr kostspielig.

#Unsterblichkeitswahn

M 8 In Amerika, dem Land der Schönheitsindustrie, wollen immer mehr Frauen dem Leid der Schwangerschaft entgehen und lassen ihre Föten in ersten Versuchen von Robotern ausbrüten und gebären. Die Babys waren dank eines technisch simulierten Uterus perfekt entwickelt.

#EvasFluchflüchten

1 Ein Gedankenexperiment.
a) Stellen Sie sich vor, Sie würden im Jahr 2038 in Detroit leben **M1**/**M2**. Entwickeln Sie kurze Alltagsszenarien, in denen Androiden wirken. Bewerten Sie dieses Wirken jeweils.
b) Benennen Sie ethische Herausforderungen, die der Einsatz von Androiden mit sich bringt **M3**.
c) Erläutern Sie Herausforderungen einer Maschinenethik **M4**.

2 Soll ein Chip die Willensfreiheit der Androiden unterdrücken? Schlüpfen Sie in einer Plenumsdiskussion in die Rollen von Wissenschaftlern oder Wissenschaftlerinnen, die sich gegen bzw. für einen Chip aussprechen. Legen Sie sich auf Ihre jeweilige wissenschaftliche Perspektive fest: Computerwissenschaften, Kulturwissenschaften, Ethik, Theologie etc. Nehmen Sie bei Ihrer Diskussion auf Ihre Ergebnisse aus Aufgabe 1 Bezug.

3 Diskutieren Sie am Beispiel der realen und fiktiven Anzeigen **M5**–**M8**, inwiefern Maschinen Handlungen aus Freiheit zugesprochen oder unterstellt werden. Vermuten Sie, welche Anzeige real, welche fiktiv ist, und begründen Sie Ihre Option. Überprüfen Sie Ihre Vermutungen anhand einer Internetrecherche.

4 Erläutern Sie aus ethischer Sicht anhand von **M5**–**M8** Chancen und Risiken des aufgezeigten technischen Fortschritts.

Nutzen Sie **M5**–**M8** als Inspiration für weitere Situationskarten.

Entscheiden können – entscheiden müssen

Frei sein heißt: immer wieder müssen Menschen Entscheidungen treffen. Und das im ganz Kleinen ebenso wie im Großen – und zwischen diesen Extrempolen auch. Der Notwendigkeit, sich zu entscheiden, ist nicht zu entgehen. In ihr zeigt sich die Last und die Lust, frei zu sein. Orientierung kann eine Wahrnehmung geben, die wir als „Gewissen" bezeichnen.

→ Das Gewissen gehört – wie die Geschöpflichkeit – zum christlichen Menschenbild: S. 25.

→ Wissen und Gewissen: S. 140 f.

Hans-Martin Lohmann (1944–2014) studierte Germanistik, Philosophie und Politikwissenschaften und war Chefredakteur der psychoanalytischen Fachzeitschrift „Psyche".

M 1 Das Gewissen in den islamischen Haddithen

Wahrlich, es gibt im Menschenkörper ein kleines Stück Fleisch. Wenn dieses gut ist, so ist der ganze Körper gut; ist es aber verdorben, so ist der ganze Körper verdorben. Wahrlich,
5 das ist das Herz!

Sahih Al-Bucharyy, Auszug aus den islamischen Haddithen, (2)/0052

M 2 Das Gewissen in der Bhagavad Gita

Und Ich, der Höchste Herr, der Ich im Herzen aller verkörperten Lebewesen als Überseele gegenwärtig bin, werde adhiyajña [der Herr des Opfers] genannt.

Bhagavad Gita, Kapitel 8, Bg 8.4

M 3 Das Gewissen im Alten Testament

Aber dem David schlug sein Herz, nachdem er das Volk gezählt hatte; und David sprach zu dem Herrn: Ich habe sehr gesündigt in dem, was ich getan habe; und nun, Herr, lass doch
5 die Ungerechtigkeit deines Knechtes vorübergehen, denn ich habe sehr töricht gehandelt!

2 Sam 24,10 (Elberfelder Übersetzung)

M 4 Das Gewissen im katholischen Konzilstext „Gaudium et spes"

Im Innern seines Gewissens entdeckt der Mensch ein Gesetz, das er sich nicht selbst gibt, sondern dem er gehorchen muss und dessen Stimme ihn immer zur Liebe und zum Tun
5 des Guten und zur Unterlassung des Bösen anruft und, wo nötig, in den Ohren des Herzens tönt: Tu dies, meide jenes. [...] Das Gewissen ist die verborgenste Mitte und das Heiligtum im Menschen, wo er allein ist mit Gott, dessen
10 Stimme in diesem seinem Innersten zu hören ist.

Gaudium et spes, Artikel 16 (Auszug aus dem Konzilstext „Gaudium et spes" 1965 der katholischen Kirche)

#gewissensgewiss

M 5 Das Gewissen: Positionen in der Psychoanalyse

Carl Gustav Jung: Es ist ja die „höhere Form" der Verpflichtung, eben das „ethische Gewissen" [...] das als vox dei bezeichnet wird.
Sigmund Freud: Als Niederschlag der langen
5 Kindheitsperiode, während der der Mensch in Abhängigkeit von seinen Eltern lebt, bildet sich in seinem Ich eine besondere Instanz heraus, in der sich dieser elterliche Einfluss fortsetzt. Sie hat den Namen des Überichs erhalten.
10 ten. Insoweit dieses Überich sich vom Ich sondert oder sich ihm entgegenstellt, ist es eine dritte Macht, der das Ich-Rechnung tragen muss.

Hans-Martin Lohmann, Sigmund Freud, Abriss der Psychoanalyse, Ditzingen 2017, S. 11.

M 6 Engel und Teufel streiten um mein Gewissen (Fettes Brot, 1996)

In ihrem Lied „Jein" besingt das deutsche Rap-Trio den quälenden Umstand einer Gewissensentscheidung. Soll sich das lyrische Ich auf eine Liebesbeziehung mit der Freundin seines Freundes einlassen?

[...] Warum hat er die schönste Frau zur Frau? Mit dem schönsten Körperbau! – Und ist sie schlau? – Genau!
Es steigen einem die Tränen in die Augen,
5 wenn man sieht
Was mit mir passiert und was mit mir geschieht
Es erscheinen Engelchen und Teufelchen auf meiner Schulter
10 Engel links, Teufel rechts: Lechz!
„Nimm dir die Frau, sie will es doch auch Kannst du mir erklären, wozu man gute Freunde braucht?"
„Halt, der will dich linken", schreit der Engel
15 von der Linken
„weißt du nicht, dass sowas scheiße ist und Lügner stinken?"
Und so streiten sich die beiden um mein Gewissen

M 7 Mann mit Engel und Teufel auf der Schulter

M 8 Frau mit Engel und Teufel auf der Schulter

20 Und ob ihr's glaubt oder nicht, mir geht es echt beschissen
Und während sich der Teufel und der Engel anschreien
Entscheide ich mich für ja, nein, ich mein jein!
25 [...]

M 9 Kognitive Dissonanzen

Es wird häufig angenommen und gelegentlich sogar explizit darauf hingewiesen, dass der Mensch nach Konsistenz strebt. Seine Meinungen und Einstellungen zum Beispiel haben
5 die Tendenz, in Konstellationen zu bestehen, die in sich konsistent sind. [...] Eine Person, die glaubt, eine Hochschulausbildung sei etwas Gutes, wird sehr wahrscheinlich sein Kind ermuntern, auf eine Hochschule zu gehen; ein
10 Kind, das weiß, dass es für eine Missetat schwer bestraft wird, wird sie nicht ausführen oder wird zumindest bestrebt sein, sich bei ihrer Durchführung nicht erwischen zu lassen [...].
15 Aus irgendeinem Grund könnte der Versuch, Konsistenzen herzustellen, fehlschlagen, wodurch [...] Inkonsistenz [...] bestehen bliebe.

Unter diesen Umständen – das heißt bei Vorhandensein einer Inkonsistenz – besteht ein
20 psychologisches Unbehagen.
Zunächst will ich das Wort „Inkonsistenz" durch einen Begriff ersetzen, der logisch weniger belastet ist, nämlich „Dissonanz". Ferner will ich das Wort „Konsistenz" durch einen
25 neutraleren Begriff ersetzen, nämlich „Konsonanz".
Weshalb und wie entsteht überhaupt Dissonanz? Wie ist es möglich, dass eine Person sich dabei ertappt, wie sie Dinge tut, die nicht mit
30 dem übereinstimmen, was sie weiß oder wie sie Meinungen vertritt, die sich nicht in Übereinstimmung mit ihren anderen Meinungen befinden? Eine Antwort auf diese Frage kann in der Diskussion zweier alltäglicher Situatio-
35 nen gefunden werden, in denen Dissonanz auftreten kann: 1. Neue Ereignisse können eintreten, oder neue Informationen können einer Person bekannt werden, die eine zumindest zeitweilige Dissonanz mit einer bestehenden
40 Kenntnis, Meinung oder einer das Verhalten betreffenden Kognition hervorrufen. Da eine Person über die sie erreichenden Informationen und die Ereignisse, die in ihrer Umwelt geschehen, keine vollständige Kontrolle hat,
45 kann eine solche Dissonanz sehr leicht entstehen. So kann zum Beispiel eine Person, die überzeugt ist, dass automatische Getriebe in Autos nutzlos sind, zufällig einen Artikel lesen, in dem automatische Getriebe gelobt wer-
50 den.
Auch hier wird, zumindest für einen Augenblick, Dissonanz erzeugt. 2. Selbst ohne neue, unvorhergesehene Ereignisse oder Informationen ist die Existenz von Dissonanz zweifellos
55 ein alltäglicher Zustand. Nur wenige Dinge sind ganz schwarz oder weiß. Nur wenige Situationen sind eindeutig genug, als dass Meinungen oder Verhaltensweisen nicht bis zu einem gewissen Grad eine Anhäufung von
60 Widersprüchen wären. So kann ein Autokäufer das eine Modell seiner Wirtschaftlichkeit wegen bevorzugen, aber das Design eines anderen haben wollen; eine Person sich entschließen, ihr Geld zu investieren, obwohl sie
65 weiß, dass das Ergebnis ihrer Investitionen von ökonomischen Bedingungen abhängt, die jenseits ihrer Beeinflussungsmöglichkeiten liegen.

Leon Festinger (1919–1989), US-amerikanischer Sozialpsychologe.

[...] Eine der wesentlichen Folgen, die sich aus dem Treffen einer Entscheidung ergibt, ist die Existenz von Dissonanz. Ich [...] will kurz zusammenfassen:

1. Entscheidungen zwischen ausschließlich negativen Alternativen:

Obwohl dies eine theoretisch mögliche Bedingung ist, tritt sie wahrscheinlich selten ein. Die bloße Anwesenheit von zwei möglichen Alternativen versetzt die Person noch nicht in eine Entscheidungssituation, es sei denn, es gibt andere Faktoren, die sie dazu zwingen, eine Wahl zwischen ihnen zu treffen. [...]

2. Entscheidung zwischen zwei Alternativen, die beide sowohl positive als auch negative Aspekte enthalten. Dies ist wahrscheinlich die häufigste Art der Entscheidungssituation. [...] Es wird einige kognitive Elemente geben, die mit den positiven Aspekten der nicht gewählten Alternative korrespondieren und einige, die mit den negativen Aspekten der gewählten Alternative korrespondieren und die [...] dissonant sein werden.

Leon Festinger, Theorie der kognitiven Dissonanz, Bern/Stuttgart/Wien 1957, S. 15.16.18.43.46.47.

#Ichweißwasichwill #nicht

M 10 Ein Modell moralischer Entwicklung

Das vormoralische bzw. das präkonventionelle Stadium (Stufe 1–2) zeichnet sich dadurch aus, dass „moralische" Entscheidungen entweder durch drohende Strafen und mächtige Autoritäten oder mit eigenen Interessen begründet werden. Die Berücksichtigung der Interessen anderer findet nur im direkten gegenseitigen Austausch und nach Maßgabe eigener Interessen statt. [...]

Stufe 1: Orientierung an Bestrafung und Gehorsam

Egozentrischer Respekt vor überlegener Macht oder Prestigestellung bzw. Vermeidung von Schwierigkeiten. Erwachsene haben aus dem Grund das Recht, die Regeln zu bestimmen, da sie groß sind, die Dinge überblicken und weil sie die Macht haben. Regeln werden eingehalten, weil bzw. wenn deren Übertretung mit Strafe bedroht ist. [...]

Stufe 2: Naiv egoistische Orientierung.

Es wird verstanden, dass hinter Regeln das Moment der gegenseitigen Fairness steht und Moral etwas mit Gegenseitigkeit, mit Wechselbeziehungen zu tun hat. Die Gegenseitigkeit wird zum Kriterium des moralisch Richtigen. Richtiges Handeln ist jenes, das die Bedürfnisse des Ich und gelegentlich die der anderen instrumentell befriedigt . [...]

Im konventionellen Stadium (Stufe 3–4) dominiert das Bestreben, wichtige Sozialbeziehungen zu bewahren. Die moralische Wertung beruht auf der Übernahme guter und richtiger Rollen, der Einhaltung der konventionellen Ordnung und den Erwartungen anderer. [...]

Stufe 3: Orientierung am Ideal des „Guten Jungen". Die Erwartungen und Meinungen der anderen, vor allem nahe stehender Menschen, werden zum Maßstab des moralisch Richtigen. Andere zu enttäuschen ist daher ebenso ein moralisches Versagen. Kinder bzw. Jugendliche sind bemüht, Beifall zu erhalten [...]. Es wird anerkannt, dass richtiges und gutes Verhalten bedeutet, auch das Wohlergehen anderer Menschen im Auge zu haben. Die Orientierung erfolgt an den Standpunkten von Bezugsgruppen und den Bedürfnissen ihrer Mitglieder. [...]

Stufe 4: Orientierung an Aufrechterhaltung von Autorität und sozialer Ordnung.

Es besteht das Gefühl der Verpflichtung für irgendeine Art von größerem System. Der Mensch ist bestrebt, „seine Pflicht zu tun", Respekt vor der Autorität zu zeigen und die soziale Ordnung um ihrer selbst willen einzuhalten. Es wird Rücksicht genommen auf die Erwartungen anderer. [...D]as moralisch Wertvolle wird aus der Perspektive der Aufrechterhaltung des gesellschaftlichen Ganzen definiert.

Im postkonventionellen Stadium wird erkannt, dass das bestehende System nicht unveränderlich oder unzweifelhaft richtig ist. Die egozentrische Sichtweise wird überwunden und es ist das Bestreben erkennbar, Werte und Prinzipien unabhängig von der Autorität einzelner Personen und Gruppen zu definieren und sich mit diesen zu identifizieren.

Stufe 5: Legalistische Vertragsorientierung.

Bewusstsein darüber, dass unter den Menschen eine Vielzahl von Werten und Meinungen vertreten wird und die meisten Werte bzw. Normen gruppenspezifisch sind. Das moralische Denken ist prinzipiengeleitet, die Interessen von Individuen und der Gemeinschaft

Lawrence Kohlberg (1927–1987), US-amerikanischer Psychologe und Professor für Erziehungswissenschaften.

werden zusammengeführt. Die Zweckbestimmung des Menschen besteht nicht im Dienste an der Gesellschaft, sondern soziale Systeme haben den Zweck, ihren Mitgliedern Nutzen
85 zu bringen.

Stufe 6: Orientierung an Gewissen oder Prinzipien. [...] Es wird nach allgemeingültigen ethischen Prinzipien (universalen Prinzipien der Gerechtigkeit: alle Menschen haben gleiche
90 Rechte, die Würde des Menschen ist unantast-

bar) gesucht, denen das Individuum folgt. Verstößt ein Gesetz aus den allgemeinen Rechtsgrundlagen des Staates gegen diese eigenen Prinzipien, wird in Übereinstimmung mit den
95 Prinzipien gehandelt. Es dominiert die Orientierung am Gewissen als leitende und treibende Kraft sowie an gegenseitigem Respekt und Vertrauen.

Jutta Standop, Werteerziehung. Einführung in die wichtigsten Konzepte der Werteerziehung, Weinheim/Basel 2005, S.45–49.

Jutta Standop ist Professorin für Allgemeine Didaktik und Schulpädagogik an der Universität Bonn.

🌐 2. Vatikanisches Konzil, Moralpsychologie

Dilemma

Es ist Unrecht zu stehlen – unabhängig von den Gründen

...

Stehlen schadet anderen und ist deshalb verboten. Stehlen ist nur dann moralisch vertretbar, wenn es einen höheren Wert verfolgt als den Eigennutz.

Ich darf nicht Schokolade aus Omas Schublade nehmen, weil Mama es verboten hat.

M 11 Gründe gegen das Stehlen

#gewissenslangeLeitung

1 Vergleichen Sie **M 1** – **M 6**.
a) Arbeiten Sie das Verbindende heraus. Konzentrieren Sie sich auf die Frage nach dem Ursprung und dem Sitz des Gewissens.
b) Benennen Sie Differenzen.

2 Erläutern Sie die Position der kath. Kirche **M 4**. Recherchieren Sie dazu den kompletten Artikel 16 aus dem Konzilsdokument „Gaudium et spes".

3 Erarbeiten Sie anhand der aufgeführten Quellen Möglichkeiten, die Religionen und Psychoanalyse anbieten, um dauerhaft ein „reines Gewissen" zu behalten. Nehmen Sie jeweils Stellung.

4 Formulieren Sie – z.B. in Form eines fiktiven Wikipedia-Eintrags – eine kursinterne Definition für den Begriff „Gewissen".

5 Entwerfen Sie eine Grafik zum Modell der kognitiven Dissonanz **M 9**. Beziehen Sie die Vorstellungen von „Engel" und „Teufel" als Stimmen des Gewissens mit ein **M 6**.

6 Wählen Sie arbeitsteilig unter folgenden Aufgaben aus:
a) Setzen Sie die in **M 6** beschriebene Szene in Form eines kurzen Comic-Panels um, in dem Sie den Streit zwischen Engel und Teufel in den Mittelpunkt stellen **M 7**, **M 8**. Sie können die Perspektive des Rappers oder die der Freundin einnehmen. Schließen Sie ihren Comic mit einer begründeten Entscheidung des/der Protagonisten/in ab.
b) Analysieren Sie die Szene aus der Perspektive von Leon Festinger. Entwerfen Sie einen Dissonanz-Dialog.
c) Entwerfen Sie einen eigenen Songtext mit einer quälenden Gewissensentscheidung. Binden Sie den Refrain des Liedes mit ein.

7 Setzen Sie sich mit den Stufen moralischer Entwicklung nach Kohlberg auseinander.
a) Visualisieren Sie die Stufen in einem Schaubild.
b) Diskutieren Sie, welcher Stufe Sie die einzelnen Zitate zuordnen würden **M 11**.
c) Suchen Sie weitere Gründe für oder gegen das Stehlen, die Sie anderen Stufen zuordnen könnten **M 11**.

Entwerfen Sie anhand von Alltagserfahrungen eine ähnliche Handlungssituation und die zugehörigen Handlungsoptionen wie die, die der Rapper von „Fettes Brot" beschreibt.

Gewissen – Ethik – und Religion?

Der römische Epiker Ovid nannte das Gewissen ein „sanftes Ruhekissen ". Anders der deutsche Philosoph Immanuel Kant: er beschrieb das Gewissen als einen „inneren Gerichtshof". Die Metapher macht deutlich: Gewissen ist mehr als ein Gefühl, es ist auch ein Ort der Urteils-findung. Und als solcher ist es auf Anstöße von anderen Orten angewiesen: auf Bildung und auf ethische Reflexion.

Josef Bordat
(* 1972) ist ein ka-tholischer Philo-soph und Publizist.

Eberhard Scho-ckenhoff (1953-2020) lehrte Moraltheologie in Freiburg.

Christiane Florin
(* 1968) ist promo-vierte Politikwis-senschaftlerin und Journalistin beim Deutschlandfunk.

🌐 Moral

Ethik

M 1 Die Gewissensbildung

Gewissen teilt mit anderen philosophischen Grundbegriffen wie Freiheit, Liebe, Glück, Ge-rechtigkeit, Wahrheit usw. das Schicksal, dass wir sie sehr oft verwenden, auch im Alltag,
5 ohne genau zu wissen, was wir eigentlich dar-unter verstehen. Gewissen zu bestimmen ist schwierig, weil in den Definitionen oft Begriffe benutzt werden, die ihrerseits geklärt werden müssen. Ein ganz typisches Beispiel ist eine,
10 die Eberhard Schockenhoff und Christiane Florin zu Beginn einer Abhandlung über das Gewissen vornehmen: „Das Gewissen ist die Stimme Gottes, die Stimme der Vernunft, die Stimme einer vertrauten Person. Es vereint
15 Glauben und Wissen, Fühlen und Denken, Hö-ren und Sehen, Freiheit und Bindung. Das Ge-wissen ist das Persönlichste, was ein Mensch besitzt, das Wertvollste, das er hat. Es ist, wie Philosophen und Theologen sagen, die Mitte
20 der Person, die letzte Instanz moralischer Ver-antwortung" (Schockenhoff/Florin 2009, 12). Im Internet findet man […] folgende Definiti-on: „Gewissen nennt man die Fähigkeiten des Menschen, das eigene Verhalten ethisch zu be-
25 urteilen. Die innere Überzeugung muss in ei-nem reflexiven Prozess durch Klärung der Ver-antwortung vor Gott, der eigenen inneren Wahrheit und der Beziehung zum sozialen Umfeld erworben werden. Ein Gewissensurteil
30 basiert auf Willensfreiheit, auf der Freiheit dem eigenen Gewissen zu gehorchen und da-nach zu leben. Es wird als absolut bindend ver-standen." So weit, so gut. In diesen Beschrei-bungen sind viele Elemente aufgezählt, die in
35 klassischen und modernen Gewissens-definitionen der Philosophie, der Psychologie und der Theologie fokussiert werden. Was aber ist […] Freiheit, was ist Verantwortung

[…]? Dann ist in dieser Näherung auch noch
40 von Gott die Rede. Diskussionen über Gott können ganze Abende (und Nächte) füllen. Wirklich geholfen ist uns im Sinne eines Infor-mationszuwachses mit dieser Beschreibung also nicht. Oder doch? Ich denke schon, denn
45 darin werden die wesentlichen Aspekte des Gesprächs über Gewissen genannt, […] eben Gott, […] Freiheit und Verantwortung. Denn wir müssen, wenn wir verstehen wollen, was Gewissen bedeutet, uns der Voraussetzungen
50 des Gewissensbegriffs (z. B. der Bedingungen, um überhaupt von Moral sprechen zu kön-nen[…]) sowie der Wechselverhältnisse zu ver-wandten Konzepten (z. B. dem Begriff der Ver-antwortung) bewusst werden. […]. Denn die
55 Bildung des Gewissens geschieht durch innere Reflexion und äußere Information […] und verweist zugleich auf die Bedingungen des Ge-wissens: Vernunft und Freiheit.

Josef Bordat, Gewissen. Ein katholischer Standpunkt, Bonn 2013, S. 24–28.

M 2 Beispiel einer Wortwolke. Wortwolken bereiten Texte grafisch auf und machen so prägnante Schlagworte sichtbar. Dabei gilt, dass die Wörter am wichtigsten sind, die in Größe und Farbe hervorstechen.

M 3 Die Ethik: Wie führe ich ein gelingendes Leben?

Was müssen wir tun, damit unser Leben gelingt? Wie erreichen wir ein Leben, zu dem wir Ja sagen und in dem wir in Übereinstimmung mit uns selbst leben können? Die philosophi-
5 sche Tradition hat im Sinne dieser Lebensorientierung auch vom „guten" und „gerechten" Leben als Gegenstand der Ethik gesprochen. [...] Weil die Vorstellungen von einem guten und gerechten Leben sich im Laufe
10 der Zeit verändern und gerade in den offenen Gesellschaften der Moderne unterschiedliche Entwürfe des guten Lebens miteinander konkurrieren, klärt die Ethik solche Positionen. Die Klärungsarbeit hilft den Suchenden, aus
15 dem Angebot an Werten und Lebensmodellen auszuwählen. [...] Werte sind Leitvorstellungen, die das ethische Handeln bestimmen. [...] Werthaltungen oder – wie man früher sagte – „Tugenden" sind relativ stabile Bindungen an
20 gesellschaftlich anerkannte Orientierungsmaßstäbe und Leitvorstellungen. Sie setzen die Handelnden instand, vielen alltäglichen Anforderungen routinemäßig zu entsprechen, ohne sich jeweils zu neuen Entscheidungen
25 durchringen zu müssen. [...] So wie das Werteprofil eines Einzelnen geprägt ist von der Erziehung, vom Bildungshintergrund des Elternhauses , von der Prägekraft der Peergroups und Vereine, denen er angehört, so ist auch
30 das Werteprofil einer Gesellschaft beeinflusst von deren ökonomischen und sozialen Bedingungen. Wenn in einer Gesellschaft der Wohlstand gewachsen ist, ergibt sich oft auch ein Wertewandel: An die Stelle von Pflichtwerten
35 treten postmaterielle und Selbstverwirklichungswerte. Dann werden Tugenden wie Fleiß und Sparsamkeit („Schaffe, schaffe, Häusle baue") ersetzt durch Werthaltungen, die individuelle Selbstverwirklichung, ästheti-
40 sche Kreativität und Schutz der Natur anstreben. Solche Einsichten bestätigt die Lebenserfahrung: Väter und Großväter haben sich ganz auf das Berufsleben konzentriert und ihr Privatleben diesen Zielen untergeordnet; ihre
45 Söhne und Töchter suchen einen individuellen Lebensstil, der die Grenze zwischen Arbeit und Freizeit weniger scharf zu ziehen zwingt. Ihre Sehnsucht gilt einer Berufstätigkeit, die individuelle kreative Selbstverwirklichung im
50 Beruf selbst oder im ganzen Lebenszuschnitt erlaubt. Auch die Strukturveränderungen im Berufsleben bilden neue Werthaltungen heraus und lassen andere als weniger wichtig erscheinen.

Rüdiger Kaldewey/Franz Wendel Niehl, Grundwissen Religion. Begleitbuch für Religionsunterricht und Studium, München 2009, S.192.194.196.197.

M 4 Die ethische Frage nach dem guten Leben und die Normen

Ethik würde an den Erfordernissen der Praxis vorbeigehen, wenn sie auf die ethische Grundfrage „Was soll ich tun?" nicht eine Antwort gäbe, und eine solche Frage wird – die Frage
5 legt es nahe – in der einen oder anderen Form „gesetzlich" sein. Ethik darf mich ja nicht ins Beliebige schicken oder offen lassen, was ich tun solle, denn ich erwarte von einer Ethik zu Recht Regeln für mein Leben in Natur und
10 Menschenwelt. [...] Kurz: Ethik hat ohne Zweifel mit Regeln, Vorschriften, Weisungen, Normen, also mit „dem Gesetz" zu tun (was natürlich immer nur heißen kann: dass sie in einer Reflexion die Gesetze prüft, akzeptiert oder
15 verwirft, neue ventiliert etc.)

Max Josef Suda, Die Ethik Martin Luthers, Göttingen, 2006, S.60.

Moral meint die Gesamtheit der Werte und der daraus abgeleiteten Normen, die in einer bestimmten historisch-kulturellen Gemeinschaft anerkannt sind und das Zusammenleben der Menschen regeln.

Ethos ist griechisch und bedeutet „Wohnstätte, Gewohnheit, Sitte", aber auch „Sitte, Sittlichkeit und Charakter" und meint die sittliche Gesinnung einer Person oder einer Gruppe.

Ethik reflektiert das Ethos: während Ethik Reflexion meint, beschreibt Ethos konkretes Verhalten. Ethisches Verhalten schafft ideelle Werte: Eigenschaften, die als moralisch gut betrachtet werden.

Unter einer **Norm** im ethischen Sinn versteht man eine verbindliche Handlungsanweisung.

Rüdiger Kaldewey (* 1939) ist pensionierter Fachleiter für katholische Religionslehrer und erfolgreicher Schulbuchautor.

Franz Wendel Niehl (* 1942) war Oberstudiendirektor im Generalvikariat und Direktor des Katechetischen Instituts des Bistums Triers.

Max Josef Suda (* 1941) ist ein österreichischer Professor für Fundamentaltheologie und Ethik an der Evangelisch-Theologischen Fakultät der Universität Wien.

M 5 Ethik und Religion

Nicht nur Theolog(inn)en liegt es besonders nahe, bei dem Stichwort Ethik an das Gesetz im Alten und Neuen Testament zu denken. Die Begründung der Ethik auf Gesetze ist der äl-
5 teste und am häufigsten beschrittene Zugang zur Ethik. Für sein Alter spricht u. a., dass in ihm Jurisprudenz und Ethik noch nicht getrennt sind. Was die Rechtsgelehrten für gut erachten, ist es auch für die Ethiker, und um-
10 gekehrt. Vor den Gesetzen des Alten Testaments – in der 1. Hälfte des 2. Jahrtausends v. Chr. – entstanden in Mesopotamien der Kodex Esnunna und der Kodex Hammurapi, nach dem Alten Testament der Koran mit sei-
15 nen vielen ethischen Gesetzen. Weiters gibt es die geschriebenen und ungeschriebenen Regeln, die man von klein auf lernt, und die daher jene Sittlichkeit bilden, ohne die es kein Zusammenleben gibt, und auf denen auch die
20 staatliche Gesetzgebung beruht, eine Sittlichkeit, die im modernen politischen Leben eher noch wichtiger als früher geworden ist: In der Beachtung und Betrachtung geltender Gesetze kann man sich – mindestens in einem ersten
25 Schritt – ethisch orientieren.

Max Josef Suda, Die Ethik Martin Luthers, Göttingen, 2006, S. 60.

⊕ Ulrike Meinhof, Rote Armee Fraktion, Deutscher Herbst

Jurisprudenz: (lat. iuris prudentia) Kenntnis des Rechts

M 6 Christliche Ethik?

Rupert Scheule kreist in seinen Überlegungen um die „Michaelsfrage". Der Name des Erzengels „Michael" ist ein sprechender Name und bedeutet auf deutsch etwa: „Wer ist wie Gott?"

Wer dem Menschen die „totale Verantwortung" gibt, gibt ihm auch die totale Herrschaft über den Menschen. Er setzt ihn, ein endliches Wesen, an die Stelle eines unendlichen, setzt
5 ihn tatsächlich an Gottes Stelle. Das ist mehr als aktivierende Gottessehnsucht, das ist aktive Gottesanmaßung, die sich freilich geradezu notwendig einstellt. Wer mit Gott nicht rechnen kann, muss selbst Endgültigkeiten erzeu-
10 gen, letzte Worte sagen, definitive Wesensaussagen treffen, die Welt komplett unter das eigene Urteil stellen. Es gibt ja kein anderes. Spricht nicht just eine solche Anmaßung auch

Rupert Maria Scheule (* 1969) ist Professor für Moraltheologie an der Universität Regensburg.

aus einer berüchtigten Äußerung der RAF-Ter-
15 roristin Ulrike Meinhof, die ihrem Urteil unterstellte, wer als Mensch zu behandeln sei und wer nicht?

„... der Typ in Uniform ist ein Schwein, das ist kein Mensch, und so haben wir uns mit ihm
20 auseinanderzusetzen. Das heißt, wir haben nicht mit ihm zu reden, und es ist falsch, überhaupt mit diesen Leuten zu reden, und natürlich kann geschossen werden." Womöglich sind es sehr, sehr kurze Wege, die von den exis-
25 tenzialistischen Kellerkneipen in Saint-Germain-des-Prés in die Hochsicherheitshölle des Gefängnisses von Stuttgart-Stammheim führen.

„Wer ist wie Gott?" – „Ich nicht", antwortet hin-
30 gegen, wer Gott im Leben hat, ob als Engel oder Mensch. Wer glaubt, muss nicht die ganze Wirklichkeit unter das Diktat seines Selbstbezugs bringen, und Ewigkeitsaussagen kann er kategorisch verweigern. Glaube ist nichts
35 anderes als die Akzeptanz eines Jenseits der eigenen Wirklichkeitsauffassung. Glauben heißt zu bejahen, dass eine nervige Stechmücke oder ein anderer Mensch oder wir selbst oder die Realität im Ganzen niemals nur in Bezug
40 auf uns existiert. Wenn es so etwas gibt wie eine Ethik der Antwort auf die Michaelsfrage, dann ist es eine Haltungsethik: Sei dir deiner Endlichkeit bewusst im Umgang mit der dich umgebenden Wirklichkeit! Übe dich im Res-
45 pekt, dass sie stets mehr ist, als du endliches Wesen siehst. Diese Haltungsethik tritt nicht mit dem Anspruch auf, Normen zu begründen. Dafür gibt es Kants Ethik oder die Diskursethik. Wer glaubt, wird, kann und muss sein
50 moralisches Handeln nicht anders begründen als Nichtglaubende. Er handelt nur aus einer anderen Haltung heraus: jener der Achtsamkeit eines Wesens, für das die eigene Endlichkeit nicht absurde Bruchstückhaftigkeit ist,
55 sondern die konkrete Form seines Glaubens an ein unendliches, göttliches Gegenüber. Er traut der Festigkeit seines vernünftigen moralischen Urteils durchaus, aber er wird es sich sicher zweimal überlegen, irgendein Lebe-
60 wesen vom Schutz seines moralischen Urteils auszunehmen. Im Zweifelsfall weitet er – bescheiden und großmütig zugleich – die Grenzen moralischer Schutzansprüche aus, deren Exaktheit er misstraut wie allem, was mit
65 einem gotteslästerlich definitiven Anspruch

daherkommt. [...] Wer [...] eine Religion hat, um selbst nicht wie Gott sein zu müssen, der findet einen guten Platz als Endlicher unter Endlichen.

Rupert Scheule, Wir Freiheitsmüden. Warum Entscheidung immer mehr zur Last wird, München 2015, S. 93–95.

#SchusterbleibbeideinenLeisten
#FragdenEngel

Der jüdisch-christliche Dekalog (Ex 20,1-21)	Der islamische Pflichtenkodex (Sure 17:22-38)	Deutsche Rechtslage (Präambel, GG Art. 1-14)
Ich bin der Herr, dein Gott.	Im Namen des barmherzigen und gnädigen Gottes.	Präambel: Im Bewusstsein seiner Verantwortung vor Gott und den Menschen, von dem Willen beseelt, als gleichberechtigtes Glied in einem vereinten Europa dem …

M7 Beispieltabelle

1 Lesen Sie den Text von Josef Bordat **M1**.

a) Entwerfen Sie mithilfe eines Online-Generators oder auf einem Plakat eine zusammenfassende Wortwolke **M2** zu Josef Bordats Definition von „Gewissen" **M1**.

b) Zeigen Sie durch Ihre Darstellung auch die Abhängigkeit der Wörter voneinander (z. B. durch Schriftart, Schriftgröße etc.).

c) Erklären Sie die Begriffe „Wert" und „Wertewandel" und fügen Sie diese sinnvoll in Ihre Wortwolke ein.

2 Lesen Sie die Texte von Kaldewey und Niehl **M3**, den Info-Kasten und den Text von Suda **M4**

a) Erläutern Sie den Stellenwert der Ethik für das menschliche Miteinander.

b) Erstellen Sie im Kurs eine Liste von Werten, die Ihnen wichtig erscheinen.

c) Benennen Sie Werte, die aus Ihrer Perspektive einem starken Wertewandel unterliegen, und differenzieren Sie diese Werte von Werten, denen zu verschiedenen Zeiten eine universelle Geltung zugesprochen wurde und wird.

d) Stellen Sie den Zusammenhang von ethischer Reflexion und Normen grafisch dar und erläutern Sie ihn an einem selbst gewählten Beispiel.

3 Sind Recht und Ethos in Deutschland religiös geprägt?

a) Belegen Sie anhand einer Online-Recherche die von Max Josef Suda **M5** angesprochene Verbindung zwischen dem jüdisch-christlichen Dekalog (Ex 20,1–21) und dem islamischen Pflichtenkodex (Koran, Sure 17:22–38), indem Sie beide Schriften in einer dreispaltigen Tabelle **M7** nebeneinander anordnen und ähnliche Passagen in dieselbe Zeile übertragen. Lassen Sie die dritte Spalte noch frei. Vergleichen Sie anschließend die Quellen hinsichtlich ihrer Gemeinsamkeiten und Unterschiede.

b) Erörtern Sie, ob und inwieweit die im Grundgesetz festgeschriebenen Grundrechte sich in Beziehung zu den religiösen Normen und den von ihnen geschützten Werten setzen lassen **M5**. Füllen Sie die dritte Spalte **M7** gemeinsam.

4 Setzen Sie sich mit der Frage nach der Bedeutung von Religion für die Ethik auseinander.

a) Skizzieren Sie Rupert Scheules Argument zum Verhältnis von Religion und Ethik **M6**.

b) Vergleichen Sie Scheules Position mit den Überlegungen Sudas **M5**.

c) Beziehen Sie Stellung.

Ethische Entscheidungen fällen

Wer ethisch reflektiert, nimmt sich die Freiheit, Optionen zu prüfen, Argumente zu wägen und Alternativen zu entwickeln. Wer handelt, hat dazu oft keine Zeit. Die Möglichkeiten konkreter Entscheidungsfindung müssen deshalb eigens bedacht werden.

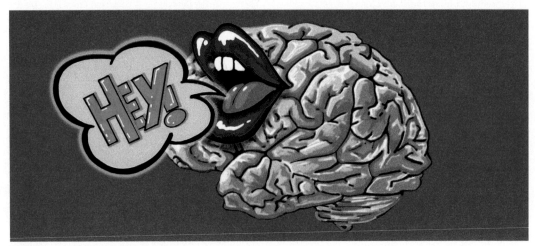

M 1 Logo der Seite „Gib-deinem-Gewissen-eine-Stimme-de"

M 2 Gewissensfragen

Top secret!

Als ich letztens in der Pause vor dem Bio-Raum wartete, haben einige Jungs darüber gesprochen, dass Elena einen neuen Freund habe. Ich mischte mich ein und behauptete,
5 dass es bestimmt der neue Erdkunde-Referendar sei. Leider haben die Jungs meinen Witz für bare Münze genommen und die Story weitererzählt. Jetzt kursiert tatsächlich das Gerücht in der Stufe, dass die beiden ein Paar
10 seien. Ich mache mir große Vorwürfe und habe Sorge, dass mein Spruch Konsequenzen haben wird.

Ausgeladen

Eigentlich waren wir immer eine Dreierclique, bis unsere Freundin Michelle etwas mit einem reichen Schnösel aus dem Nachbarkurs angefangen hat, der in unserer Stufe nicht wirklich
5 beliebt ist. Zum Start der Sommerferien hatten Theresa und ich zu einer Gartenparty eingeladen, wozu die Hälfte der Gäste nicht kommen wollte, wenn Michelle und Oskar ebenfalls erscheinen würden. Theresa hat daraufhin Michelle ausgeladen und die Party wurde
10 letzten Samstag ein großer Erfolg. Dennoch habe ich jetzt ein schlechtes Gewissen Michelle gegenüber. Oskar ist mir egal.

Schnäppchen gemacht

Ich habe vor kurzem eine neuwertige Spiele-Konsole bei ebay gekauft und mich gewundert, dass die Konsole sogar weniger kosten sollte als der eigentliche Ladenpreis vorsah. Ich
5 machte sofort Nägel mit Köpfen, überlegte nicht lange und klickte auf den Kaufbutton. Nachdem ich über PayPal die 300 € anstelle der 650 € direkt überwiesen hatte, bemerkte die Dame ihren Irrtum und erkannte, dass sie
10 die Konsole mit einem falschen Preis angegeben hatte. Sie bat mich darum, vom Kaufvertrag zurückzutreten. Ich blieb allerdings stur und bekam die Konsole wenige Tage später zugeschickt. Nachdem ich mich anfangs gefreut
15 hatte, habe ich jetzt doch ein schlechtes Gewissen.

Fallbeispiele aus: https://www.gib-deinem-gewissen-eine-stimme.com, letzter Zugriff: 23.01.2019

M 3 Ethische Urteilsfindung nach Heinz Eduard Tödt

1. Problemwahrnehmung
(Hintergründe zur Einschätzung des Problems)
• Worin liegt das (eigentliche) ethische Problem?
• Wie reagiere ich spontan auf das Problem?

2. Situationsanalyse

(Aspekte und Faktoren der Situation, z. B. gesellschaftlicher und politischer Zusammenhang; relevante Perspektiven der Informationsauswahl und -gewichtung)

- Inwieweit ist die Situation problematisch (implizite Normen, Werthaltungen der Betroffenen usw.)?
- Wie ist der Konflikt entstanden?
- Wo gibt es Handlungsspielräume/Sachzwänge?

3. Verhaltensoptionen

(Alternativen prüfen)

- Was ist zu tun, welche Handlungsalternativen bestehen?
- Welche Lösungsvorschläge (von wem?) bestehen bereits?

4. Normenprüfung

(implizite Normen benennen und beurteilen)

- Welche Überzeugungen stecken hinter den einzelnen Vorschlägen? Welchen kann ich zustimmen/welchen nicht?
- Gibt es andere Lösungen, wenn man das Problem aus anderen Überzeugungen heraus betrachtet?
- Sind alle Aspekte (Individual-, Personal-, Sozial- und Umweltverträglichkeit) berücksichtigt?

5. Urteilsentscheid

(Ergebnisse zusammenfassen und Urteil mittragen)

- Welcher dieser Lösungsvorschläge wird den Beteiligten am ehesten gerecht?
- Wie lassen sich Vor- und Nachteile dieser Lösung argumentativ vertreten?

6. Adäquanzprüfung

(sittlich-kommunikative Verbindlichkeit des im Urteil geforderten Verhaltens)

- Kann ich bei der gewählten Lösung bleiben und ggf. mit den Folgen der Entscheidung leben?

Kriterien der Selbstprüfung (Christopher-Frey):

- Folgeprinzip (Verantwortungsethik)
- Kohärenz von Entscheidungen und Normen
- Realisierbarkeit
- kritische Wahrnehmung der selbstverständlich-unhinterfragten Leitvorstellungen im Entscheidungsprozess
- umfassende Perspektiven (Optimismus, Pessimismus, Zielhaftigkeit der Welt etc.)

Vgl. Heinz Eduard Tödt, Versuch einer ethischen Theorie sittlicher Urteilsfindung, in: Repetitorium der Ethik, hg. von Christofer Frey, Peter Dabrock und Stephanie Knauf, Waltrup 1997.

#wagezuwägen
#bleibnichtimVagen
#seiambivalenzsensibel

Heinz Eduard Tödt (1918–1991) war Professor für Systematische Theologie an der Universität Heidelberg.

---

1 Beschreiben Sie das Logo M1 und versetzen Sie sich in die Situationen hinein, die M2 schildert.

a) Geben Sie den Personen, die ihrem Gewissen eine Stimme gegeben haben, jeweils einen ethischen Ratschlag.

b) Begründen Sie Ihren Rat.

c) Beurteilen Sie jede Situation mit Blick auf die in ihr konkurrierenden Werte und Normen.

d) Rekonstruieren Sie den Weg Ihrer Entscheidungsfindung, indem Sie Ihre Gedanken und Fragen noch einmal durchgehen.

e) Lösen Sie sich nun von Ihrer konkreten Gewissensfrage und formulieren Sie einen Weg, wie man Schritt für Schritt zu einem ethischen Urteil gelangen kann.

2 Entwickeln Sie aus M3 eine Visualisierung ethischer Urteilsfindung und vergleichen Sie sie mit dem von Ihnen selbst entwickelten Weg

3 Erörtern Sie die Bedeutung des Verfahrens ethischer Urteilsbildung für konkrete Entscheidungssituationen.

Roboterethik? Ein Fallbeispiel

Neue technische und gesellschaftliche Herausforderungen führen zu neuen ethischen Herausforderungen. Dies gilt besonders im Bereich der Informationstechnologie: Welche Ethik gilt für Maschinen?

M1 „I, Robot" (2004)

Wir sind im Chicago des Jahres 2035. Intelligente, menschenähnliche Roboter haben allenthalben Einzug gehalten und gehen ihren Besitzern im trauten Heim zur Hand, führen
5 den Hund Gassi, backen Kuchen und machen sauber. Eine Wende steht jedoch bevor. Die bisherigen Roboter vom Typ NS-4 sollen durch neue, bessere mit der Bezeichnung NS-5 ersetzt werden. Dem steht der Polizeibeamte Del
10 Spooner, gespielt von Will Smith, aber skeptisch gegenüber. Er traut den Blechkameraden nicht über den Weg – eines persönlichen Traumas wegen, wie sich später herausstellt. Es kommt wie von Spooner befürchtet: Die neuen
15 Roboter rebellieren gegen die Menschen. Dabei werden sie von einem superintelligenten Zentralcomputer manipuliert, der zur logischen Einsicht gelangt ist, dass er die Macht übernehmen müsse. [...] Spooner [rettet]
20 schließlich – zusammen mit der Roboter-Psychologin Susan Calvin – die Welt. Klingt reichlich platt? Nicht so schnell. Interessant ist, wie der Zentralcomputer zu der Idee kam, die Herrschaft über die Menschen anzutreten. Es
25 handelt sich um eine logische Konsequenz aus den – von Menschen aufgestellten – drei Gesetzen der Robotik. Erstens: Ein Roboter darf einem Menschen keinen Schaden zufügen oder durch Untätigkeit zulassen, dass einem
30 Menschen Schaden zugefügt wird. Zweitens: Ein Roboter muss die Befehle eines Menschen befolgen, es sei denn, diese Befehle verletzen das erste Gesetz. Drittens: Ein Roboter muss seine Existenz beschützen, es sei denn, dies
35 würde das erste oder das zweite Gesetz verletzen. Die drei Gesetze [...] sind nicht nur reine Phantasterei, sondern beeinflussen durchaus die Art und Weise, wie Roboter-Spezialisten und -Forscher mit künstlicher Intelligenz um-
40 gehen. Und (Haushalts-)Roboter mit künstlicher Intelligenz stellen beileibe keine abstrakte Vision mehr dar ...

Frank Schubert, 2004

https://www.spektrum.de/news/i-robot/751810

→ Auf S. 84–87 finden Sie eine erste Diskussion zu Grundlagen der Maschinenethik.

M2 Eine Dilemmageschichte am Beispiel des Films „I ,Robot (2004)"

Die Leinwand ist blau. Im Vordergrund blubbern Luftbläschen durch das Wasser nach oben. Gedämpfte Geräusche sind zu hören. Plötzlich kommt ein Auto, das tiefer und tiefer
5 ins Wasser sinkt, ins Sichtfeld. In dem Moment erkennen wir ein kleines Mädchen, das im Auto eingesperrt ist und verzweifelt an die Scheiben pocht, man sieht, dass sie um ihr Leben fürchtet. Dann sehen wir neben dem ers-
10 ten noch ein weiteres Auto. Auch in diesem ist ein Mensch eingesperrt, ein Mann. Im nächsten Augenblick wird die Tür des zweiten Wagens von einem Roboter aufgerissen. „Sir, Sie sind in Gefahr", sagt der Roboter, der Star-
15 Wars-Fans sofort an eine abgekupferte Version von C-3PO, dem goldglänzenden Roboterbutler mit affektiertem Sprachduktus, erinnert [...]. Der Mann aber will nicht gerettet werden. Er protestiert: „Rette das Mädchen, nicht
20 mich! Rette sie!", ruft er. (Inwieweit man unter Wasser wirklich verständlich sprechen kann, sei dahingestellt, aber Hollywood macht vieles möglich.) Doch der Roboter lässt sich nicht abbringen und zerrt ihn aus dem Auto. Das
25 Mädchen im anderen Wagen bleibt zurück und muss sterben. Schnitt. Wir befinden uns in einem Schlafzimmer.
Ein Mann schreckt nass geschwitzt aus einem Albtraum auf. Es ist Detective Spooner. Ange-
30 schlagen rappelt er sich auf, isst ein bisschen Kürbiskuchen mit einem Löffel und nimmt eine Dusche. Im Hintergrund läuft Stevie Wonders Superstition: „When you believe in things you don't understand, then you suffer",
35 singt Stevie. Auch Spooner leidet. Und zwar an Schuldgefühlen. Denn das, was wir eben gesehen haben, ist ihm tatsächlich zugestoßen. In Zeiten, in denen die ersten autonom fahrenden Autos – zumindest in den USA – bereits
40 auf den Straßen fahren, ist dieses Problem durchaus ernst zu nehmen, da es nicht mehr in den Bereich der Science-Fiction gehört. Die Frage, die sich stellt, lautet: Können Roboter lernen, ethisch richtige Entscheidungen zu

treffen? Hier gibt es tatsächlich ein tiefes philosophisches Problem. Im Gegensatz zu Robotern nämlich wägen Menschen als Akteure ihre Gründe ab. Sie überlegen, welche Gründe für oder gegen eine bestimmte Handlung sprechen. Das bedeutet nicht, dass die jeweiligen Deliberationen lange dauern müssen. Im Gegenteil: In gefährlichen Situationen laufen sie in Sekundenschnelle ab. Sie sind nicht sprachlich verfasst, wir führen in solchen Momenten keine Selbstgespräche. Vielmehr stehen uns bestimmte Abläufe vor Augen, es sind visuelle Alternativen, zwischen denen wir uns entscheiden. Im Rückblick dehnt sich die Zeit fast bis ins Unendliche, was der hohen Konzentration in diesem Augenblick geschuldet ist. Wir sind in der Lage, unter extremem Stress und Zeitnot Entscheidungen zu treffen, auch wenn für die verbale Formulierung von Gründen und Gegengründen keine Zeit bleibt. Jeder, der schon einmal einen Sport- oder Verkehrsunfall erlebt hat, kann davon berichten. Vieles spricht daher dagegen, dass wir nur als sprachliche Wesen zur Deliberation befähigt sind. [...]
Der Androide aus „I, Robot" folgt seinem Optimierungsprogramm. Er befindet sich jedoch in einer Dilemmasituation, die durch einen unauflöslichen moralischen Konflikt geprägt ist. Das Recht auf Leben ist in dem Sinne absolut, als es nicht verrechenbar ist: weder gegen andere Werte, zum Beispiel ökonomische Vorteile, noch gegen anderes Leben. Es macht die Humanordnung einer Gesellschaft aus, dass solche Verrechnungen unzulässig sind [...]. Diese Nicht-Verrechenbarkeit gehört zum Kern der deutschen Verfassungsordnung, ist aber auch für andere demokratische Verfassungsordnungen charakteristisch.
Jedes Kalkül der Optimierung ist jedoch darauf angelegt, Werte (worauf auch immer sich diese beziehen: Leben, Güter, Rechte etc.) zu aggregieren, also gegeneinander zu verrechnen. Optimierungskalküle sind mit der Verfassungsordnung der Bundesrepublik Deutschland und generell dem humanen Kern einer zivilen rechtstaatlichen, demokratischen Ordnung nicht vereinbar. Dieser humane Kern ist nur um den Preis zu haben, dass moralische Dilemmata akzeptiert werden, dass also Situationen auftreten, in denen sich Akteure zwangsläufig mit Schuld beladen. Die schöne neue Welt, die AIdous Huxley 1932 so faszinierend

geschildert hat, wäre mit dem weitgehenden Verlust zentraler Prinzipien der Humanität verbunden.
Julian Nida-Rümelin, Nathalie Weidenfeld, Digitaler Humanismus. Eine Ethik für das Zeitalter der Künstlichen Intelligenz, München ¹2018, S. 90–94.

> **Moralische Dilemmata** beschreiben Handlungskonflikte, die aus konkurrierenden Werturteilen resultieren.
>
> **Deliberation:** (lat.) Beratschlagung, Überlegung
>
> **Kalkül:** (lat.) Rechnung, ein System von Regeln, einschätzende Überlegung

M 3 Die Künstliche Intelligenz als ethische Herausforderung
Die rasche Ausbreitung der intelligenten Maschinen wird nicht ohne soziale und gesellschaftliche Folgen bleiben. Sie kosten uns sehr viel [...]. Die Ausbreitung intelligenter Maschinen wird zu strukturellen Veränderungen führen, die nicht allein technischer Natur sind, sondern auch uns Menschen transformieren. In Gefahr sind unsere Rechtssysteme, unsere Demokratien, Grundrechte oder Informations- und Konsumautonomie, doch auch der Mensch selbst mit seinen Seelenkräften, Verstand, Gefühl und freier Wille.
Yvonne Hofstetter, Sie wissen alles. Wie intelligente Maschinen in unser Leben eindringen und warum wir für unsere Freiheit kämpfen müssen, München 2014, S. 9.

M 4 Die Freiheit eine Entscheidung zu treffen – erklärt am Beispiel von „Schuld und Sühne"
Schuld und Sühne ist ein US-amerikanischer Spielfilm aus dem Jahr 1935, der auf dem Roman von Fjodor Dostojewski basiert. Der Protagonist namens Radion Raskolnikow ist ein junger Jurastudent, der unter ständiger Geldknappheit leidet. Er fasst deshalb den Entschluss, seine Pfandleiherin Aljona Iwanowna mit der Axt zu erschlagen. Im Mittelpunkt der daran anschließenden Handlung steht Raskolnikows Umgang mit seiner Schuld und Sühne.

Julian Nida-Rümelin (* 1954) ist ein deutscher Philosoph und ehemaliger Kulturreferent der Landeshauptstadt München.

Nathalie Weidenfeld (* 1970) ist eine deutsche Literatur- und promovierte Kulturwissenschaftlerin.

Yvonne Hofstetter (* 1966) ist eine deutsche Juristin, Essayistin und Sachbuchautorin.

Wenn Raskolnikow die Pfandleiherin mit der Axt erschlägt, so ist das etwas, was er tut. Es ist eine Handlung. Was ist es, was wir mit diesem Begriff einzufangen suchen? Welche Erfahrun-
5 gen werden darin zusammengefasst, und wie müssen sie untereinander verbunden sein, damit der Begriff passt?
[...] Raskolnikow kann seine Bewegung spüren. Es ist nicht eine Bewegung, die abläuft, ohne
10 erlebt zu werden, wie das gewöhnlich für seinen Lidschlag gilt oder für die Bewegungen, die er während des Schlafs macht. Das Heben und Senken des Arms wird von einer inneren Erfahrung begleitet, es hat für ihn eine Innen-
15 seite. Er achtet nicht eigens darauf, seine Aufmerksamkeit ist bei der Frau. Aber das Erlebnis der Bewegung, das Körpergefühl, ist da. Eine Bewegung, bei der es fehlte, würden wir nicht als ein Tun betrachten. Nicht jede Bewe-
20 gung mit einer Innenseite ist eine Handlung. Wenn unser Arm hochgeht, weil er gezogen wird, so spüren wir das auch; trotzdem zählt das nicht als ein Tun. Die Armbewegung ist nur dann ein Tun, wenn wir den Arm heben. Der Unterschied zwischen dem Heben und
25 dem bloßen Hochgehen des Arms ist der Unterschied zwischen einer Bewegung, die wir in Gang setzen und vollziehen, und einer, die wir bloß erleiden, weil sie uns nur zustößt und also nur geschieht. (Man könnte diesen Unter-
30 schied auch so ausdrücken: Das eine ist eine aktive, das andere eine passive Bewegung. Doch damit würde man nichts Neues sagen: Man würde nur die Unterscheidung zwischen Tun und Erleiden wiederholen.) Raskolnikow
35 handelt, weil er seine Bewegung vollzieht. Er macht dabei eine besondere Erfahrung: Er führt den Arm mit der Axt, und das bedeutet, daß er in besonders enger Fühlung mit seiner Bewegung ist – dass eine innere Nähe zu ihr
40 gibt, die fehlt, wenn jemand nur bewegt wird, statt etwas zu bewegen.
Raskolnikow, indem er seine Bewegung in Gang setzt und vollzieht, ist ein Täter. Das heißt: Er ist der Urheber seiner Tat. Die Ideen
45 des Tuns und der Urheberschaft sind untrennbar miteinander verknüpft. Wenn die eine fällt, fällt auch die andere. So ist es bei einer Marionette. Weil ihre Bewegungen von anderen und nicht von ihr selbst in Gang gesetzt
50 und geführt werden, ist sie nicht ihr Urheber,

und aus diesem Grund sind ihre Bewegungen keine Handlungen. [...]
Wenn Raskolnikov sich als Urheber seiner Tat erfährt, dann erlebt er seine Bewegung als
55 Ausdruck eines Willens. Er führt den Arm mit der Axt auf eine bestimmte Weise, weil er die Alte erschlagen will. Würde er von einem anderen Willen geleitet – wie etwa dem, sie zu umarmen – , so wären die von ihm geführten
60 Bewegungen andere. [...] Auf diese Weise sind die Ideen der Handlung, der Urheberschaft und des Willens miteinander verschränkt.

Peter Bieri, Das Handwerk der Freiheit. Über die Entdeckung des eigenen Willens, Frankfurt 7 2007, S. 31–33.

M 5 Wann ist man für seine Entscheidung verantwortlich?

Die Frage nach der Verantwortung ist nun die: Wer ist als wahrer Täter der Handlung anzusehen? [...] „Täter" heißt derjenige, an dem die Motive hätten einsetzen müssen, um die Tat
5 sicher zu verhindern (bzw. hervorzurufen). Die Betrachtung weit entfernter Ursachen nützt da nichts, denn erstens lässt sich ihr wirklicher Beitrag nicht feststellen, und zweitens sind sie im Allgemeinen außer Reichweite.
10 Es muss vielmehr dasjenige Individuum gefunden werden, in dem der entscheidende Kreuzungspunkt der Ursachen liegt. [...] Viel wichtiger jedoch als die Frage, wann ein Mensch für verantwortlich erklärt wird, ist die,
15 wann er sich selbst verantwortlich fühlt. Dieses Bewusstsein, der wahre Täter der Tat, der wahre Urheber der Handlung zu sein, worin besteht es? Offenbar nicht bloß darin, dass der Mensch selbst es war, der die nötigen Schritte
20 zur Ausführung unternahm, sondern es muss das Bewusstsein hinzukommen, dass er es „selbstständig, aus eignem Antrieb" tat – oder wie der Ausdruck sonst lauten mag. Es ist nichts anderes als das Bewusstsein der Frei-
25 heit, und dies ist einfach das Wissen, aus eignen Wünschen heraus gehandelt zu haben. „Eigne Wünsche" aber, das sind solche, die aus der Gesetzmäßigkeit des eignen Charakters in gegebener Situation entstehen und nicht
30 durch eine äußere Gewalt, wie oben erläutert, aufgedrängt werden. Die Abwesenheit der äußeren Gewalt dokumentiert sich in dem bekannten Gefühl (das gewöhnlich als das Charakteristische im Freiheitsbewusstsein an-

Peter Bieri (* 1944) ist ein Schweizer Philosoph und Schriftsteller. Er lehrte Philosophie in Berlin und veröffentlichte unter dem Pseudonym Pascal Mercier vier Romane.

Moritz Schlick (1882–1936) war ein deutscher Philosoph und Physiker.

gesehen wird), dass man auch anders hätte handeln können.

Das Verantwortungsgefühl setzt voraus, dass ich frei handle, dass mein eigner Wunsch die Triebfeder war, und wenn ich auf Grund dieses Gefühls einen Tadel für mein Verhalten willig hinnehme oder „mir selbst Vorwürfe mache" und damit zugebe, dass ich auch anders hätte handeln können, so heißt dies: Ein anderes Verhalten war mit den Willensgesetzen durchaus vereinbar – natürlich bei anderen Motiven; und ich wünsche selbst das Vorhandensein solcher Motive und nehme die durch mein Verhalten in mir erzeugte Unlust (Bedauern, Reue) selbst als ein Motiv hin, das seine Wiederholung verhindern wird.

[...] Immer ist das Wesentliche, dass Verantwortung fühlen bedeutet: sich selbst, die eignen psychischen Prozesse als den Punkt wissen, an dem Motive angreifen müssen, um die Handlungen des Körpers zu lenken.

Moritz Schlick: Fragen der Ethik, Frankfurt a. M. 1984, S. 161–164.

#wiroptimierenunszuTode
#seikeineMarionette
#übeKI-Misstrauen

→ Sünde als Entfremdung: Zu Luthers Ansicht vgl. S. 26 f.

> Während **Schuld** aus der moralischen Verfehlung hervorgeht, meint **Sünde** als religiöser Begriff die Schuld vor Gott.

1 Diskutieren Sie über die Sinnhaftigkeit der drei Gesetze der Robotik M1 und entwerfen Sie Szenarien, die geschehen könnten, wenn eins dieser Gesetze wegfiele.

2 Ein Dilemma?
a) Stellen Sie das Dilemma, in dem sich der Roboter aus dem in M2 beschriebenen Szenario befindet, grafisch dar.
b) Gehen Sie zurück auf S. 96/ M2 und erörtern Sie, ob es sich bei den Blogbeiträgen jeweils um eine Dilemma-Situation handelt.

3 Belegen Sie die Aussage von Nida-Rümelin und Weidenfeld, dass Optimierungskalküle nicht mit der Verfassungsordnung der Bundesrepublik Deutschland und dem humanen Kern einer zivilen rechtsstaatlichen, demokratischen Ordnung vereinbar seien M2, Z. 73–82. Greifen Sie dazu auf Arbeitsergebnisse von S. 95, AA 3 zurück.

4 Erörtern Sie die Aussage von Yvonne Hofstetter M3, dass künstliche Intelligenz eine Gefahr für unsere Rechtssysteme, Demokratien, Grundrechte sowie Informations- und Konsumautonomie und den Menschen selbst darstellt.

5 Geben Sie wieder, wie Peter Bieri den Zusammenhang von Begriffen wie Handlung, Tun, Erleben, Erfahrung, Urheberschaft, Tat, Idee und Wille beschreibt. Erstellen Sie eine Concept-Map, indem Sie diese Begriffe auf einem Blatt Papier notieren und durch Reihenfolge, Platzierung, Symbole und/oder Pfeile Zusammenhänge aufzeigen M4.

6 Erläutern und problematisieren Sie die Urheberschaft einer Handlung M4, M5. Wählen Sie ein Beispiel aus der Alltagserfahrung.

Gestalten Sie auf Grundlage von M2 und Ihrem bereits erworbenen Wissen über Werte jeweils eine zeitgenössische und eine zukunftsorientierte Dilemmasituation für Ihr Kartenspiel.

Marina Abramović (* 1946)

Marina Abramović auf der Veranstaltung „The Glamour Women of the year 2016", Hollywood

Die 1946 in Belgrad geborene Marina Abramović ist eine Performancekünstlerin mit internationalem Renommee. Sie wurde 2014 vom Magazin „Time" in die Liste der 100 einflussreichsten Persönlichkeiten der Welt aufgenommen. Dort rangiert sie allerdings nicht bei den Künstlern, sondern bei den Popstars, Schauspielern und Sportlern. Der gleichnamige Dokumentarfilm über ihre Performance „The Artist is present" aus dem Jahr 2012 stellt Abramović weniger als Künstlerin, denn vielmehr als Heilerin dar.

Hauptattraktion der „The Artist is Present" überschriebenen Ausstellung war [...] Marina Abramović selbst. Im Atrium des Museums hatte sie ein Rechteck abgrenzen lassen. In dessen Mitte verharrte sie, mit einem schmucklosen, bodenlangen Gewand bekleidet, insgesamt 736 Stunden lang auf einem einfachen Holzstuhl, um einzelnen Besuchern in die Augen zu blicken. [...] Zuletzt kampierten viele vor dem Museum in der Hoffnung, sich am nächsten Tag für wenige Minuten von Marina Abramović anstarren zu lassen. Der gut gemachte Dokumentarfilm „The Artist is Present" verstärkt diese Aufgeregtheiten noch einmal. Er führt [...] 1565 Menschen vor, in deren Gesichter sie blickte. Zunächst geben sie sich unbeteiligt und halten ihrem Blick stand. [...] Die Menschen lächeln selig oder weinen oder brechen gleich schreiend zusammen. Der Film wurde von dem Pay-TV-Sender HBO finanziert und erreichte mit seiner TV-Ausstrahlung sowie weltweit in den Kinos ein Millionenpublikum, das kaum etwas über Kunst weiß und nun Marina Abramović als Heilerin begegnet. [...] Kunst?

Hans Peter Riegel, 2014

1 „Kunst?" Hans Peter Riegels Textauszug endet mit einer Frage. Greifen Sie die darin enthaltene Provokation auf und erläutern Sie, was die Performance von Abramović auslöst, wodurch sie wirkt, indem Sie sich in die dargestellte Situation versetzen. Sie können ihre Antwort auch als fiktive Äußerungen eines Zuschauers oder einer Zuschauerin formulieren.

2 Erörtern Sie ethische Dimensionen der Performance. Berücksichtigen Sie dabei, dass die Künstlerin sich selbst als Kunst(objekt) inszeniert.

3 Darf Kunst alles? Nehmen Sie Stellung.

But what?

Let's play?

Nehmen Sie erneut die Position eines Museumsbesuchers/einer Museumsbesucherin ein und überlegen Sie sich, wie Sie jetzt, am Ende der Reihe, auf Marina Abramovićs Performance „Rhythm 0" reagieren würden. Nehmen Sie hierzu das Entscheidungsmodell zur Hilfe und schreiben Sie eine fiktive Verhaltenstafel für die Zuschauer/innen mit ethischem Begründungszusammenhang.

Let's talk about ...

Können – sollen – dürfen – müssen: nehmen Sie die Unterscheidungen, die Sie bei konkreten Handlungen vorgenommen haben, noch einmal zur Hand. Prüfen Sie die Einteilungen und die Argumente, die Sie damals gefunden haben. Diskutieren Sie dann, ob sich an Ihrer Aufteilung etwas ändert, wenn nicht Menschen, sondern Maschinen die Tätigkeiten ausführen.

Let's make a list

Nehmen Sie das Gewissens-ABC noch einmal zur Hand. Ordnen Sie so viele Begriffe wie möglich einem der Gewissenskonzepte, die Sie kennengelernt haben, zu. Begründen Sie jeweils Ihre Zuordnung.

Abschlussaufgabe

- Nutzen Sie die gesammelten Handlungssituationen (S. 79, 91) für ein Werte-Diskurs-Spiel. Tragen Sie dazu alle Situationskarten auf Wertekarten zusammen, mischen Sie sie und legen Sie diese verdeckt in die Mitte des Tisches.
- Lesen Sie reihum eine Karte vor. Ordnen Sie Handlungsoptionen und Werte einander zu. Tauschen Sie sich über Ihre Zuordnungen aus und diskutieren Sie die ethischen Begründungsstrategien für ihre Zuordnung.

5 Beziehungsstatus: Offen?! – Glauben in und mit der Kirche

Sara Dietrich, Change Places, Kreuzkirche Münster, 2011

Changing Places

Gemeinsam mit der Kirchengemeinde Heilig-Kreuz in Münster arrangierte die Künstlerin Sara Dietrich das Projekt „change places": Über einen Zeitraum von drei Wochen wurden alle Kirchenbänke entfernt und die Gemeindemitglieder dazu eingeladen, ihren eigenen Stuhl oder eine andere Sitzgelegenheit zum Gottesdienst mitzubringen. Sie sollten ihre Position bewusst variieren können und sich einen Platz nach ihren Vorlieben suchen – egal, ob in der Reihe oder im Halbkreis, eher abseits oder an einer Stelle des einfallenden Lichts. Sara Dietrich beobachtete währenddessen: Wo ist der Wohlfühlort eines jeden Besuchers und wie verhalten sich jeweils die anderen Besucher und Besucherinnen dazu?

- Schildern Sie Ihren ersten Gedanken und Eindrücke, die Sie beim Anblick des Kirchenraums hatten. Vergleichen Sie Ihre Wahrnehmungen.
- Wie würden Sie dieses Projekt bewerten? Macht es die Kirche und den Gottesdienst interessanter? Würden Sie mitmachen?
- „Hinter all den verschiedenen Stühlen steckt auch ein eigener Zugang zu Gott" – Nehmen Sie sowohl Stellung zu dieser These als auch zur generellen Frage, inwiefern Kirche für Menschen heute einen Zugang zu Gott bietet.

Aufbauende Erfahrungen

Besuchen Sie gemeinsam eine Kirche in Ihrer Nähe und suchen Sie sich dort jeweils einen „Wohlfühlort" sowie einen Platz, der Ihnen gar nicht gefällt. Lassen Sie die beiden Orte auf sich wirken und notieren Sie einige Stichpunkte zu Ihren Eindrücken: Was gefällt Ihnen, was gefällt Ihnen nicht? Welche Körperhaltung würde zu den beiden Plätzen passen? Sie können auch ein Foto davon machen. Vergleichen Sie Ihre Gedanken innerhalb der Lerngruppe.

Qualitätscheck

Angenommen, Sie würden im Rahmen einer „Qualitätsanalyse" damit beauftragt, eine Kirchengemeinde zu beurteilen und zu prüfen: Welche Kriterien würden Sie dafür nutzen? Was sollte Ihrer Meinung nach bei einer christlichen Kirchengemeinde getestet und erfüllt sein? Entwerfen Sie einen Kriterienkatalog mit sechs bis zehn Kriterien für gelungene Kirche bzw. Gemeindearbeit.

Lebensnah – lebensfern

Stellen Sie jeweils auf einer Lebenslinie Ihre persönlichen Berührungspunkte und Einstellungen zur Kirche in den verschiedenen Altersstufen dar. Wann und wo hatten Sie z. B. viel/wenig/gar keinen Kontakt zur Kirche? Wie haben Sie Kirche als Kind erlebt? Wie sieht Ihr Verhältnis zur Kirche heute aus? Diskutieren Sie, inwiefern Sie eine mögliche Veränderung Ihres Verhältnisses zur Kirche in der Zukunft sehen.

Gestalte (d)einen Raum der Begegnung

Raum der Begegnung?!

Kirchen werden oft auch als „Gotteshäuser" bezeichnet. Dieser Begriff drückt in besonderer Weise aus, dass Kirchengebäude als Ort der Gottessuche und Gottesbegegnung verstanden werden.

Angenommen Sie hätten die Möglichkeit, für Ihre Schule einen Raum zu gestalten bzw. umzugestalten, der als spiritueller Ort der „Gottessuche" frei nach Ihren eigenen Vorstellungen eingerichtet werden könnte, wie würde dieser aussehen? Welchen Raum würden Sie wählen? Wie würden Sie ihn gestalten? Wie sähen die Fenster, Wände, Fußböden aus? Gäbe es eine besondere Beleuchtung? Würden Sie bestimmte Bilder auswählen? Welche Inhalte und Elemente der christlichen (oder auch einer anderen) Religion könnten sich ggf. wiederfinden?

Gestalten Sie in kreativer Form, z. B. als Zeichnung oder Collage, einen persönlichen Entwurf für einen solchen Raum. Sie können mit Fotos arbeiten, mithilfe des Computers ein digitales Bild erstellen oder auch die verschiedenen Elemente einzeln zusammenstellen.

Als Anregung können Ihnen vielleicht bekannte Kirche(n) und spirituelle Räume aus Ihrer Umgebung dienen.

Durch eine Recherche im Internet erhalten Sie weitere zusätzliche Ideen. Nutzen Sie Ihre Kreativität.
Bedenken Sie, dass der Raum zwar ganz nach Ihren Wünschen gestaltet wird, aber für die gesamte Schulgemeinschaft gedacht sein sollte.

Bei diesem Projekt können Sie
… sich darüber klar werden, wie Räume oder Orte beschaffen sein sollten, mit denen Sie am ehesten eine religiöse Dimension verbinden;
… reflektieren, inwiefern die Äußerlichkeiten eines Raumes Einfluss auf das Innere eines Menschen haben können;
… unterschiedliche Kirchenräume und Gestaltungselemente von Kirchen untersuchen und vergleichen;
… reflektieren, welche verschiedenen Bedürfnisse ein solcher Ort ggf. erfüllen sollte, wenn er für eine Gemeinschaft gedacht ist;
… beurteilen, inwiefern ein Raum mit religiösem Bezug sich von anderen Räumen unterscheiden sollte.

In der Kirche sein – als Unterbrechung

Erfahrungen mit Kirche kann man auf die eine oder andere Weise machen. Entsprechend vielfältig und kontrovers fallen die Assoziationen und Reaktionen aus, wenn von „der Kirche" die Rede ist. Gemeint ist dann in der Regel die „Amtskirche", die Institution. Ein anderer Zugang eröffnet sich jedoch, wenn Menschen die Kirche als „spirituellen Ort" bzw. heiligen Raum erfahren, als Möglichkeit der Unterbrechung und des Innehaltens.

M1 Fremdheit erfahren

Wozu brauche ich den heiligen Raum? Im heiligen Raum muss ich nicht eloquent sein. Der heilige Raum ist der Raum, in dem die Toten meine Zeugen sind. Hier wurde ihr Lebensan-
5 fang unter die große Geste der Taufe gestellt, hier haben sie geschworen, hier haben sie den Bruch ihrer Schwüre bereut, hier haben sie ihr Glück gefeiert und ihre Niederlagen beweint, hier wurden die letzten Gebete über sie ge-
10 sprochen. Jeder Kirchenraum ist dunkel von der Patina der Seufzer, der Gebete, der Zweifel, der Hoffnung der Toten. Eine Tradition haben heißt, an die Stelle der Toten treten, nicht nur um ihre Aufgaben zu übernehmen, sondern
15 um Anteil zu gewinnen am Glauben und an der Hoffnung dieser Toten.
Wir bauen uns von außen nach innen, und wir müssen nicht einmal die vollkommenen Meister unseres Glaubens sein. Eine Kirche ist
20 nicht schon dann eine Kirche, wenn sie fertiggestellt und eingeweiht ist. Eine Kirche wird eine Kirche mit jedem Kind, das darin getauft ist; mit jedem Gebet, das darin gesprochen wird, und mit jedem Toten, der darin beweint

25 wird. [...] Ich muss mir nicht in Dauerreflexion und Dauerberedung sagen, wer ich bin; was der Sinn und das Ziel des Lebens und des Sterbens ist. Der Raum redet zu mir und erzählt mir die Geschichte und die Hoffnung meiner
30 toten und lebenden Geschwister. Und so baut er an meinen Wünschen und an meinen Lebensvisionen. Es ist kein ästhetisches Urteil, wenn ich sage, dass alte Kirchen mir lieber sind als die neuen. Alte Kirchen haben mehr
35 Vergangenheit, sie erzählen mehr.
Wozu brauche ich eine Kirche? Der heilige Raum arrangiert meine Gebete. Ich will ein einfaches Beispiel erzählen. Wir hatten die Angewohnheit, unseren Enkeln Märchen auf
40 der dritten Treppenstufe in unserem Haus zu erzählen. Es war kein besonderer Kraftort, aber das Aufsuchen dieser Stelle arrangierte uns für die Erzählung fantastischer Geschichten. Der Ort brachte uns in eine Rolle: dort sind
45 wir die Geschichtenerzähler oder die Geschichtenhörer. Der Kirchenraum arrangiert uns und bringt uns in eine Rolle: dort sind wir die Beter, die Hörer; wir sind die Singenden und die Nachdenklichen. Wir sind es anders
50 als zuhause im Wohnzimmer oder im Arbeitszimmer. Räume bauen an unserer Innerlichkeit. Darum sprechen wir dort anders, verhalten uns anders, werden ruhiger oder auch unruhiger durch die Ruhe der Räume. Räume
55 erbauen uns, wenn wir uns erbauen lassen. Ich habe es immer als Problem empfunden, dass die Stille des Kirchenraumes unhörbar gemacht wird durch lautes Gerede vor dem Gottesdienst. Damit lässt man nicht zu, dass
60 der Raum einen erbaut. Das Gelärme zerstört die Fremdheit des Raumes, die ein köstliches Gut ist.
Die heiligen Räume haben heute ihr Problem mit uns. Wir lieben die Fremde nicht! In nar-
65 zisstischen Lagen versuchen Menschen, alles sich selber gleich zu machen und sich alles anzueignen. Sie wollen sich dauernd selber vorkommen, sie wollen die Wärme und die

M2 „There, but not there" – Kunstinstallation St Mary Magdalene Church of England, South Bersted, 2018

Unmittelbarkeit einer sich selbst feiernden Gruppe. Und so soll es auch im Gottesdienst und in der Kirche gemütlich sein wie zuhause im Wohnzimmer. Je individueller und je formloser die einzelnen und die Gruppen vorkommen, um so authentischer scheint der Gottesdienst zu sein. [...] Die Gemeinde will unmittelbar zu sich selber sein, und so verliert der Gottesdienst seine Fremdheit, seine Andersheit. Das Verhalten der Menschen wird ununterscheidbar vom Verhalten Zuhause, im Wirtshaus oder auf einer Party. [...] Wozu brauche ich eine Kirche? Der heilige Raum ist der fremde Raum, nur in der Fremde kann ich mich erkennen. Der Raum erbaut mich, insofern er anders ist als die Räume, in denen ich wohne, arbeite und esse.

Ich kann mich nicht erkennen, ich kann mir selbst nicht gegenübertreten, wenn ich nur in Räumen und Atmosphären lebe, die durch mich selbst geprägt sind, die mir allzu sehr gleichen und die mich wiederholen. Die Räume, die mich spiegeln – das Wohnzimmer, das Arbeitszimmer – gleichen mir zu sehr. Der fremde Raum ruft mir zu: Halt! Unterbrich dich! Befreie dich von deinen Wiederholungen. Er bietet mir eine Andersheit, die mich heilt, gerade weil sie mich nicht wiederholt,

sondern mich von mir wegführt. Kirchen heilen, insofern sie nicht sind wie wir selber. Ich war vor kurzem in einer modernen Kirche, die mich etwa so sehr berührte wie der Seminarraum, in dem ich meine Veranstaltungen abhalte. Er war arenaartig angelegt, auf jeder Stufe fanden sich ausreichend Sitzkissen für die Bequemlichkeit der Besucher. Der Altar war als solcher nicht zu erkennen. Man konnte ihn als kleinen Tisch oder als Lesepult betrachten. Der Raum war hell und bis zum Gähnen geheimnislos. Er enthielt einige geschmackvolle Plakate. Er wies in nichts über sich selbst hinaus. Es war ein erwartbarer Raum. Er hat mich nicht gebildet [...].

Fulbert Steffensky, Schwarzbrot-Spiritualität, Stuttgart 2006, S. 32–35.

#FremdOrt
#AndersOrt
#ReligionalsUnterbrechung

Fulbert Steffensky (* 1933) ist ein deutscher evangelischer Theologe.

Patina: Eine durch Alterung, Ablagerungen oder Verwitterungen entstandene dünne Schicht, die sich an der Oberfläche von Gegenständen oder auch Mauern bildet und deren hohes Alter sichtbar werden lässt.
Narzissmus: Selbstverliebtheit

Was alles gottesdienstschön ist
Weihrauch riechen _ Sonne, die durch buntes Glas fällt _ rote Blumen auf dem Altar _ nach der Fastenzeit wieder Halleluja singen _ sich bekreuzigen _ Orgelstücke, die lang genug sind _ beim Friedensgruß den Nachbarn anlachen _ die Klangschale vor der Lesung _ Wein schmecken _ einen guten Gedanken hören _ Hände falten _ alte Worte mögen _ neue Lieder lernen _ hinterher zusammen Kaffeetrinken _ Kuchen statt Kirchenkekse _ singen und von einem Flügel begleitet werden _ einen Schein in den Klingelbeutel werfen _ unpathetisches Lesen _ Kerzenlicht auch im Sommer _ das weiße Tuch über dem Abendmahlsgeschirr _ Gold _ die Vaterunserglocke _ der Geruch des Gesangbuchs

M 3 Was alles gottesdienstschön ist. Christen antworten. Andere Zeiten e.V., Sonntags. Erfindung der Freiheit, Hamburg ³2013, S. 23.
#Gottesgottesdienstdienstschönschön

M 4 Reise ins Ich

In einem Jugendmagazin zum Thema „Glaube"
wurden die Fragen „Was ist Glauben?" und
„Wann ist jemand gläubig?" aufgeworfen. Einer
der Autoren hat seine persönliche Antwort
formuliert.

Für verrückt gehalten zu werden ist einfacher,
als ich dachte – ich muss nur aus dem Kloster
erzählen. Wenn ich erzähle, welche hässliche
Musik ich schon mal gut fand, welche dumme
5 Mutprobe ich schon mal gemacht oder welche
Drogen ich schon mal probiert habe, kann ich
sicher sein, dass jemand sagt: Hey, klar, kenn
ich, versteh ich. Wenn ich aber erzähle, dass
ich schon zweimal in ein Kloster gegangen bin,
um mit den Mönchen ein paar Tage lang zu
10 beten, schauen mich die meisten an, als sei ich
vollkommen verrückt. Wenn sie damit fertig
sind, stellen sie eine lustige Frage: Glaubst du
denn dann auch, so wirklich? Ja, mache ich. Ich
glaube an Gott. Wirklich.
15 Wer es genau wissen will: Meine Schuhgröße
ist 45, ich spreche Englisch besser als mein
Vater, rauche, seitdem ich 17 war, und war am
Samstag das letzte Mal aus, in München, da
lebe ich. Und ich glaube. Ich kann daran nichts
20 Seltsames finden. Denn ich glaube auch, dass
jeder Mensch glaubt – obwohl das kaum einer
von sich sagen würde: Ich bin gläubig. Glaube
heißt für mich, dass zwei Dinge in meinem Leben eine große Rolle spielen, die eigentlich
25 nicht so richtig zusammen passen: Zweifel
und Gewissheit. Der Zweifel, das ist das, was
mich manchmal überfällt, irgendwo, irgendwann, ganz plötzlich, und mich mein Leben in
Frage stellen lässt: Was zum Kuckuck mache
30 ich hier eigentlich? Schon klar: Ich schlafe,
esse, lerne, arbeite, treffe Freunde, verdiene
Geld, gebe es wieder aus und tausend Dinge
mehr – aber ist das alles?
Na, hoffentlich nicht. Mich erschreckt die Vor-
35 stellung, mein Leben nur als Summe aller Sachen zu begreifen, die ich jeden Tag so mache.
Das wäre mir zu wenig. Ich sehne mich nach
mehr. Ich weiß nicht, wie man dieses Mehr im
Leben nennen sollte. Sinn? Bedeutung? Keine
40 Ahnung. Ich weiß nur, dass die Sehnsucht
nach diesem Mehr im Leben vom Zweifel
kommt. Und den kenne ich. Mal ist er winzig
klein, mal riesig groß, aber immer ist er da und
stellt Fragen: Lebe ich gut, lebe ich schlecht?

45 Handle ich richtig, handle ich falsch? Bin ich
zufrieden? Glücklich? Gott hat mir noch keine
einzige dieser Fragen beantwortet. Ehrlich gesagt bezweifle ich auch stark, dass er das je-
mals machen wird. Aber er hat mich mit die-
50 sen Fragen über das Leben nie alleine
gelassen. Das ist die Gewissheit, die ich habe:
Ich bin nicht allein. Er ist bei mir. Das klingt
jetzt vielleicht seltsam und komisch, aber es
ist so: Ich glaube daran, dass Gott alle Zeit da
55 ist – und den Menschen Halt gibt. In Zeiten
des Zweifels, da besonders, ist jedenfalls bei
mir so, aber sonst auch. Ich kann das nicht beweisen, ich kann das nicht erklären, ich kann
das nicht demonstrieren. Aber wenn ich bete,
60 am liebsten frei, fühle ich es. Wenn ich in eine
Kirche gehe, am besten eine leere, rührt es
mich. Wenn ich in der Bibel lese, meistens die
Psalmen, spüre ich es. Bin ich deswegen seltsam? Möglich. Aber wenn ja, dann nicht mehr
65 als jeder andere. Ich habe einen Freund, der
hat die Bibel das letzte Mal wirklich wahrgenommen, als „Pulp Fiction" im Fernsehen kam
– aber er geht jedes Weihnachten in die Kirche.
Das ist ihm wichtig, ein Gottesdienst an Hei-
70 ligabend. Er sagt, dass er die Atmosphäre mag,
das Singen, das Beten, genau könne er es aber
irgendwie auch nicht erklären.
[...] Ich kenne Menschen, die Glaube abscheu-
lich finden, weil sie unter Glaube das verste-
75 hen, was George W. Bush so penetrant zur
Schau stellt – aber sie erzählen, wie ergriffen
sie waren, als nach dem 11. September die Kirchen voll waren und sie mittendrin. Das sei
schon irgendwie schön gewesen, sagen sie,
80 gerade in dieser Situation, und dass sie nie gedacht hätten, dass sie mal in die Kirche gehen
könnten.
[...] Sind die nicht alle seltsam? Ich finde nicht.
Ich finde das eher sehr normal. Keiner dieser
85 Menschen würde von sich behaupten, dass er
gläubig ist. Aber irgendwie spielt da irgendetwas in ihrem Leben eine Rolle, das sie nicht
recht erklären können. Irgendwie hat es auch
mit dem Zweifel im Leben zu tun, mit der
90 Sehnsucht nach einem Mehr, und eigentlich
sind sie auch gewiss, dass es irgendwo da
draußen dieses irgendetwas gibt, das sie nicht
recht erklären können. Ich würde sagen: Sie
glauben. [...]
95 In meinem Leben gab es Zeiten, in denen ich
über Monate keine Kirche betreten, kein Gebet

⊕ Heilige Orte,
heilig und profan

Rudolf Otto,
Mircea Eliade

gesprochen und keine Bibelzeile gelesen habe. Dann kamen wieder Zeiten, in denen ich jeden Tag gebetet habe. [...] Ich würde über mich ein-
100 fach sagen: Ich glaube. Wie jeder andere auch. Deswegen finde ich es so lustig, dass mich Menschen für vollkommen verrückt halten, wenn ich erzähle, dass ich mal im Kloster war. Ich bin katholisch, die katholische Kirche ist
105 die Gemeinschaft, in der ich meinen Glauben zu leben versuche – da lag es nahe, mal ins Kloster zu gehen, um zu gucken, wie die Mönche mit ihrem Glauben umgehen. Vielleicht hätte ich, wenn ich in einer anderen Familie
110 oder in einem anderen Teil der Welt geboren worden wäre, Zen-Mönche besucht oder eine Wallfahrt nach Mekka gemacht. Ich bin aber in Deutschland auf die Welt gekommen. Die Mutter, die mich geboren hat, ist
115 katholisch, die meisten Freunde, mit denen ich aufgewachsen bin, sind es auch, ich war Ministrant, später Mitglied in einem Jugendverband mit dem Namen „Katholische Junge Gemeinde". Das sind alles keine zwingenden Gründe,
120 zu glauben. Aber bei mir hat es dazu geführt: Eines Tages habe ich mir die Frage gestellt, ob das alles, mit dem ich groß geworden bin, nur eine Begleiterscheinung des Lebens war – oder
125 ob es für mich eine echte Bedeutung hat. Die Antwort war eindeutig: Es hat eine Bedeutung. Eine große sogar. So ging ich ins Kloster.

Roland Schulz, Reise ins Ich, in: Fluter – Wer Weiss? Das Glaubensheft (BpB), H. 13, 2004, S. 23–24.

#Gläubigsein
#Zweifelzauber

Roland Schulz (* 1976) Journalist und Autor, München.

🌐 Heiliger Raum

Mysterium tremendum, Raumsoziologie

M5 Andacht und Gebet in einem Kloster

1 „Wozu brauche ich eine Kirche?" M1, Z. 36 u. 80 f.
a) Stellen Sie in einer übersichtlichen Form (ggf. grafisch) dar, welche Antwort Fulbert Steffensky auf diese Frage gibt.
b) Diskutieren Sie, wozu Sie selbst (eine) Kirche brauchen oder nicht brauchen. Unterscheiden Sie dazu zwischen den Sprachformen „eine Kirche" (mit Artikel) und „Kirche" (ohne Artikel).

2 Beschreiben und interpretieren Sie die Kunst-Installation „There but not there" M2.

3 Diskutieren Sie die Erfahrungen, die von den Gottesdienstbesuchern als schön empfunden wurden M3. Welche können Sie gut, welche weniger gut nachvollziehen? Inwiefern gewinnen sie ihren möglichen Reiz aus der Fremdheit?

4 Gläubig sein?
a) Setzen Sie sich mit der Position des Autors M4 zu Glauben und Kirche auseinander, indem Sie im Text Aussagen identifizieren, die Sie persönlich bejahen (!), diskussionswürdig (?) oder nicht überzeugend (⚡) finden.
b) Vergleichen und diskutieren Sie anschließend Ihre Ergebnisse.

5 Beschreiben und interpretieren Sie das Foto M5.
a) Nennen Sie Fragen und Gedanken, die nach Ihrer Auffassung Menschen dazu bewegen könnten, Unterbrechung und Inspiration im Kloster oder der Kirche zu suchen.
b) Der Theologe Johann Baptist Metz bezeichnet das Wort „Unterbrechung" als kürzeste Definition von Religion. Nehmen Sie Stellung.

Inwiefern spielen Fremdheit und Unterbrechung in Ihrer Raumkonzeption eine Rolle? Ziehen Sie mögliche Konsequenzen für die Gestaltung.

Religiös nein, gläubig ja – Jugendliche über Kirche und Religion

Studien belegen, dass sich ein großer Teil der heutigen Jugendlichen nicht als religiös bezeichnet und mit Kirche und Gottesdienst wenig anfangen kann. Trotzdem sagen viele der jungen Erwachsenen von sich, dass sie „glauben". Wie ist das zu verstehen? Der Tübinger Religionspädagoge Prof. Dr. Reinhold Boschki gibt Antworten im Interview.

M1 Jugendliche: Gläubig ja, religiös nein

Radio: Nur etwas mehr als 20 Prozent der Jugendlichen in Deutschland sagen, sie seien religiös, aber über 40 Prozent bezeichnen sich als „gläubig". Wie verstehen Sie das?

5 **Boschki:** Das ist etwas Überraschendes, was wir in dieser Studie festgestellt haben: Jugendliche trennen ganz klar zwischen diesen Begriffen. Das hätten wir so nicht erwartet. Denn das Wort „religiös" steht für sie für die Institu-
10 tionen, für die überlieferten Religionsgemeinschaften. Aber das Wort „gläubig" steht für sie für etwas, was sie selbst in ihrem Innersten haben. Sie selbst wollen diesen eigenen Glauben leben, sich nicht durch andere fremd bestim-
15 men lassen und können sehr gut in einem Verhältnis zu Gott leben und das auch pflegen. 52 Prozent sagen: „Ich glaube an Gott". Aber sie wollen eben nicht religiös sein, im Sinne von „Ich muss dann regelmäßig irgendwelche
20 Riten einhalten oder bestimmten Pflichten nachgehen". Sondern der Glaube ist etwas Persönliches, was sie selbst und ihre Beziehung zu Gott betrifft.

Radio: Mehr als die Hälfte der jungen Men-
25 schen findet es gut, dass es die Kirchen gibt. Dennoch bleibt eine gewisse Distanz zur Institution. Was stört die Jugendlichen?

Boschki: Sogar 61 Prozent finden gut, dass es die Kirchen gibt und diese sehr viel Gutes für
30 die Menschen leisten. Jugendliche sehen durchaus, dass die Institutionen und insbesondere die Kirchen sich für andere Menschen einsetzen – im karitativen Bereich, in den Krankenhäusern und für Obdachlose. Aber die
35 Jugendlichen setzen sich selbst auch ganz stark in Distanz zur Institution. Das ist ja nicht unbedingt überraschend. Sie sagen: „Kirche muss sich ändern" und „Ich sehe eher kritisch, was Kirche sagt und Kirche muss jugend-
40 gemäßer werden". Das haben wir in vielen Umfragen schon gehört und es ist natürlich ein berechtigtes Anliegen der Jugendlichen, dass Kirche sich tatsächlich auf die Lebenswelt der jungen Menschen zubewegt.

45 **Radio:** Welche religiösen Themen interessieren die Jugendlichen überhaupt? Redet die Kirche an den Bedürfnissen der jungen Menschen vorbei?

Boschki: Sicher treffen sich viele Schnittpunk-
50 te. Es geht um die Sprache der Kirche. Vielen ist diese Sprache zu altmodisch und zu weit weg von ihrer eigenen Sprache. Die Kirche selbst muss lernen, die Sprache der Jugendlichen zu verstehen. Die sich ja auch ganz stark
55 momentan durch den Einfluss der Medien verändert. [...] Interessanterweise sind die Themen, die junge Menschen beschäftigen, die klassischen. Die Frage nach dem Sinn des Lebens ist nach wie vor ganz hoch im Kurs.
60 70 Prozent der Jugendlichen sagen, es ist wich-

Reinhold Boschki (* 1961) ist Professor für Religionspädagogik an der Eberhard Karls Universität Tübingen.

M2 Jugendliche und Kirche: In welche Richtung geht es?

tig, dass man darüber nachdenkt. Und nur acht Prozent sagen: „Was nach dem Tod kommt, ist unwichtig für mich." Also, anders herum ausgedrückt: Den meisten ist es wich-
65 tig, über den Tod und das Leben danach zu sprechen. Dafür brauchen sie natürlich Gesprächspartner, die mit ihnen auf jugendgemäße Art in Kontakt kommen.

Radio: Was empfehlen Sie angesichts Ihrer
70 Studie den Kirchen in Bezug auf junge Menschen?

Boschki: Wenn man sieht, dass ein großer Teil der Jugendlichen durchaus sagt: „Für mich ist Gott eine Wirklichkeit, die wichtig ist. Ich
75 glaube an Gott, das ist etwas, was für mein Leben bestimmend ist". Sogar 75 Prozent aller Jugendlichen gab an, dass sie zumindest gelegentlich, wenn auch nicht oft, beten. Es gab auch Befragte, die mehrfach in der Woche und
80 mehrfach am Tag beten. Das heißt, sie wissen, was ein Gebet ist. Aber sie brauchen dazu jemanden, der mit ihnen darüber spricht, was eigentlich ein Gebet ist. Damit sie nicht nur auf die Medien angewiesen sind oder auf das
85 Internet und dort irgendwelche Informationen herausholen. Dazu brauchen wir gute Gesprächspartner/innen, sowohl in den Gemeinden als auch in den Schulen.

Es gibt nämlich auch eine große Gruppe von
90 Jugendlichen, die zweifeln und sagen: „Die religiöse Frage lasse ich noch offen". Wir könnten sie positiv deuten und sagen, dass diese jungen Menschen auf der Suche sind. Und für die sollte jemand da sein und es einen Raum ge-
95 ben, in dem sie kommunizieren können und über religiöse Fragen diskutieren können. Im Sinne von Auseinandersetzung, bei der man auch mal über Themen streiten kann. Aber nicht im Sinne von Vorgaben wie „So ist es und
100 das müsst ihr übernehmen."

Domradio Köln, Hausaufgaben für die Kirchen. https://www.domradio.de/themen/ glaube/2018-04-13/studie-belegt-jugendliche-glauben-gott, letzter Zugriff am 28.10.2018

#Gläubigsein #oderauchnicht
#KeinOrtfürmich

Religionssoziologie, Weltjugendtag

Religionsmonitor, Wie ticken Jugendliche, Kirchenmitgliedschaft, Jugendkirche

M3 Facebookparty

---

1 Gut, dass es Kirche(n) gibt?!

a) Arbeiten Sie die Befunde zu den Einstellungen heutiger Jugendlicher zu Kirche und Religion bzw. Glaube heraus **M1**.

b) Diskutieren Sie die Symbolik des Bildes **M2** und entwerfen Sie auf Grundlage von **M1** eigene Fotos oder Bilder, die das Verhältnis Jugendlicher zu Kirche und Religion heute widerspiegeln.

2 „Gläubig ja – religiös nein" M1: Klären Sie, was Sie unter „gläubig" bzw. „religiös" verstehen, und vergleichen und diskutieren Sie Ihre Ergebnisse in der Lerngruppe.

3 „Heaven is calling"

a) Interpretieren Sie die Karikatur **M3**: Auf welche Probleme wird angespielt? Was wird in Frage gestellt?

b) Diskutieren Sie, welche Kommunikationswege und -formen Sie der Kirche empfehlen würden, um Jugendliche zu erreichen.

Inwiefern könnten Kirchenräume genutzt werden, um Jugendlichen einen Zugang zum Glauben zu bieten? Diskutieren Sie diese Frage und ziehen Sie ggf. Konsequenzen für Ihre Projektaufgabe.

Kirche – soziologisch betrachtet

Die Kirche ist eine religiöse Wirklichkeit – und eine gesellschaftliche. Als Teil der Gesellschaft ist sie von gesellschaftlichen Veränderungen betroffen. Viele Veränderungen wirken sich auch direkt auf die Kirche aus. Dies gilt vor allem für die Frage, ob sich moderne Gesellschaften gleichsam zwangsläufig „säkularisieren" (verweltlichen).

🌐 Säkularisierungsthese, Individualisierung, Patchwork-Religion, Synkretismus, Indifferenz

→ Daten zur Religiosität in Deutschland: S.145.

M1 Entwicklung der Kirchenmitgliedschaften

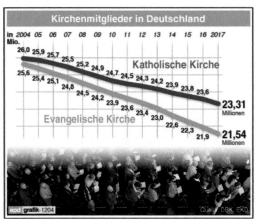

Kirchenmitglieder in Deutschland

in 2004 05 06 07 08 09 10 11 12 13 14 15 16 2017
Mio.
26,0 25,9 25,7 25,5 25,2 24,9 24,7 24,5 24,3 24,2 23,9 23,8 23,6 **Katholische Kirche**
25,6 25,4 25,1 24,8 24,5 24,2 23,9 23,6 23,4 23,0 22,6 22,3 21,9 **Evangelische Kirche**
23,31 Millionen
21,54 Millionen
epd grafik-1204   Quelle: DBK, EKD

M2 Stellenwert verschiedener Lebensbereiche in Deutschland

	West	Ost
Familie	99	96
Freunde	97	97
Freizeit	95	94
Arbeit/Beruf	87	81
Politik	66	67
Religion	54	27
Spiritualität	32	23

Bertelsmann Religionsmonitor 2013, https://www.bertelsmann-stiftung.de/fileadmin/files/BSt/Publikationen/GrauePublikationen/GP_Religionsmonitor_verstehen_was_verbindet_Religioesitaet_und_Zusammenhalt_in_Deutschland.pdf, am 28.10.2018

M3 Einfluss moderner Lebensstile auf das Interesse an Kirche

Am meisten setzt religiösen Organisationen die zunehmende Individualisierung zu. Viele Studien zeigen: Je stärker Menschen Wert legen auf Selbstbestimmung und Lebensgenuss,
5 desto distanzierter stehen sie einer Kirche gegenüber – in West und Ost. [...] Je mehr Möglichkeiten Menschen haben, sich beruflich wie privat zu verwirklichen, desto mehr verschiebt sich ihre Aufmerksamkeit von Gottesdienst,
10 Wallfahrt und Gebet zu Sport, Wellness, Kultur, Konsum, Bildung. So wird Religion vielen gleichgültiger und bewirkt in ihrem Leben kaum etwas; sie brauchen sie nicht. [...] Die Kirchen sind der Abwendung der Gläubigen
15 oft machtlos ausgeliefert. Zumal in einer Gesellschaft, in der jeder nach seiner Façon selig werden kann und will, wirken säkulare Konkurrenzangebote besonders auf den Einzelnen.

Kirchenzeitung Bistum Hildesheim: https://www.kiz-online.de/content/man-hats-nicht-mit-der-religion, letzter Zugriff am 28.10.2018

M4 Christliche Werte

Wie wichtig sind Ihnen persönlich christliche Werte wie Barmherzigkeit oder Nächstenliebe?

sehr wichtig	45 %
wichtig	45 %
weniger wichtig	8 %
gar nicht wichtig	2 %

https://de.statista.com/statistik/daten/studie/186869/umfrage/wichtigkeit-christlicher-werte, letzter Zugriff am 28.10.2018

M 5 Austritte

Wenn man austritt, dann ist das wesentliche Motiv nicht, dass man ganz unzufrieden ist mit der Kirche, das kommt auch vor. [...] Das ist nicht der entscheidende Grund. Wenn man
5 austritt, dann, weil einem die Kirche nicht mehr so wichtig ist. Das wiederum hängt ganz wesentlich damit zusammen, dass die Eltern nicht mehr in der Lage sind, so wie früher den Glauben an die nächste Generation, an ihre
10 Kinder weiter zu geben. Es ist eine gewisse Gleichgültigkeit gegenüber der Kirche, die das zentrale Austrittsmotiv darstellt. [...] Die wesentlichen Mitgliederverluste geschehen gar nicht durch Austritte, sondern dadurch, dass
15 die Eltern es unterlassen, ihre Kinder taufen zu lassen und im Glauben zu erziehen.

https://www.domradio.de/themen/
bist%C3%BCmer/2017-07-21/keine-trendwende-
beim-mitgliederschwund, am 28.10.2018

M 6 Haltungen zur Kirche

Die häufigen Gottesdienstbesucher – vielleicht 5 bis 10 Prozent der Mitglieder – sind meist auch in anderen Bereichen von Kirche und Gemeinde stark engagiert. [...] [Die Kir-
5 chendistanzierten] gehen in der Regel nicht zum Gottesdienst, nur zu den großen Festen. [...] Die Haltung ist wohlwollend-distanziert. Kirche gehört für sie dazu. Sie soll im Dorf bleiben. Sie repräsentiert für sie das Funda-
10 ment unserer Kultur. Und sie soll besonders für die Schwachen, Alten und Kranken da sein. Zwar ist diese Mehrheit nicht besonders kirchenkritisch, aber sie betont die religiöse Selbstständigkeit der Menschen. Man schätzt es
15 nicht, wenn die Kirche autoritär und staatsnah auftritt, sich bürokratisch verhält oder sich als

reich präsentiert. Hohe Sympathie genießt die Kirche, wenn sie nahe beim Volk ist.

Detlef Pollack, in: evangelisch.de, https://www.
evangelisch.de/inhalte/84119/29-05-2013/detlef-
pollack-entscheidend-ist-solide-geistliche-arbeit, am
28.10.2018

Detlef Pollack
(* 1955), Religions-
soziologe.

M 7 Erwartungen an Kirche

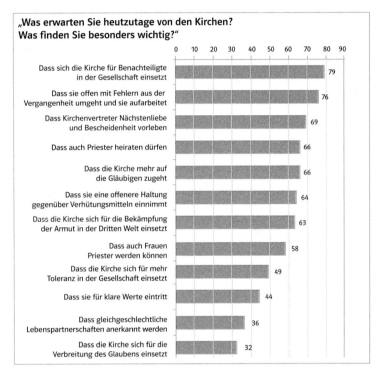

„Was erwarten Sie heutzutage von den Kirchen? Was finden Sie besonders wichtig?"

Dass sich die Kirche für Benachteiligte in der Gesellschaft einsetzt	79
Dass sie offen mit Fehlern aus der Vergangenheit umgeht und sie aufarbeitet	76
Dass Kirchenvertreter Nächstenliebe und Bescheidenheit vorleben	69
Dass auch Priester heiraten dürfen	66
Dass die Kirche mehr auf die Gläubigen zugeht	66
Dass sie eine offenere Haltung gegenüber Verhütungsmitteln einnimmt	64
Dass die Kirche sich für die Bekämpfung der Armut in der Dritten Welt einsetzt	63
Dass auch Frauen Priester werden können	58
Dass die Kirche sich für mehr Toleranz in der Gesellschaft einsetzt	49
Dass sie für klare Werte eintritt	44
Dass gleichgeschlechtliche Lebenspartnerschaften anerkannt werden	36
Dass die Kirche sich für die Verbreitung des Glaubens einsetzt	32

https://fowid.de/meldung/lebensauffassungen-katholiken, letzter Zugriff am 28.10.2018

#Gläubigsein
#WiederkehrderReligion
#Bastelreligion
#KeinOrtfürmich

1 Stellen Sie auf Grundlage der Materialien **M 1**–**M 7** sowie der Seiten 108 f. in einer Übersicht dar,
a) welche Aspekte Kirche heute noch attraktiv erscheinen lassen,
b) welche zentralen Erwartungen an Kirche sichtbar werden,
c) welche Gründe für den Bedeutungsverlust verantwortlich sind.

2 Vergleichen Sie die Ergebnisse **M 1**–**M 7** mit eigenen Beobachtungen.
a) Ergänzen Sie aktuelle Entwicklungen, vergessene Faktoren oder Dimensionen, die zu kurz gekommen sind.
b) Zeigen Sie ggf. Gegentrends zu den dargestellten Entwicklungen auf und diskutieren Sie darüber.
c) „Es ist eine gewisse Gleichgültigkeit gegenüber der Kirche, die das zentrale Austrittsmotiv darstellt." **M 5**, Z. 10–12. Recherchieren Sie zu Austrittsgründen und nehmen Sie in einem Leserbrief kritisch Stellung. Berücksichtigen Sie, dass es sich beim „Domradio" um ein kirchlich betriebenes Medium handelt.

Wie soll und will Kirche sein – und werden?!

Kirche – in religiöser Hinsicht ist das Gemeinschaft in der Nachfolge Jesu. Christinnen und Christen bekennen sich zu seiner befreienden Botschaft. Doch überall dort, wo viele Menschen zusammenkommen, gibt es auch unterschiedliche Meinungen und Vorstellungen: Wie sollte die Jesus-Nachfolge idealerweise aussehen? Wie wird die Kirche ihrem Anspruch am ehesten gerecht?

M1 Bilder von Kirche

Diesen Fragen nachgehend ist es [...] aufschlussreich, die Kirchenbilder der Menschen zu erfragen und zu analysieren. Bilder bringen oft gesammelte Erfahrungen, Reflexionen und
5 Visionen zum Ausdruck. Bei dieser Suche gilt es differenziert vorzugehen: Es gibt nicht einfach „das gegenwärtige Kirchenbild", und „die Menschen von heute" gibt es auch nicht. [...] Drei verschiedene Typen lassen sich unter-
10 scheiden [...], jeweils mit einem für sie charakteristischen Kirchenbild. Eine solche grobe Typisierung ist notwendigerweise nur beschränkt gültig, dennoch bietet sie eine hilfreiche Orientierung.

→ Bilder von Kirche – die hängen auch vom Beziehungsgefüge ab, aus dem heraus sie entstehen: S. 12 f.

rale Aufgabe der Kirche sehen sie die Verantwortung für die Liturgie und für die Sakra-
25 mente. Wichtige Werte sind ihnen Pflichtbewusstsein und Gehorsam, und meist haben sie auch einen hohen Familiensinn. Die Bilder von Kirche als „feste Burg" oder als „Haus voll Glorie" sind vielen dieser Menschen
30 sehr nahe. In diesen Bildern kommen die Unvergänglichkeit, die Schönheit und die Macht Gottes zum Ausdruck, die sich in der Kirche widerspiegeln sollen. Dazu braucht diese Kirche feste Strukturen und eine straffe Ordnung.
35 [...] Diese fest gefügte, sichere „Burg" wird oft erlebt oder ersehnt als Gegenbild zum unübersichtlichen, chaotischen gesellschaftlichen Leben.

Die Modernen: Diese Menschen sind meist ge-
40 prägt von den Aufbruchs- und Emanzipationsbewegungen der zweiten Hälfte des 20. Jahrhunderts – vom Zweiten Vatikanischen Konzil, von der 68er-Bewegung etc. Für sie bedeutet Christsein, dass man sich im Laufe des Lebens
45 ganz bewusst dafür entscheidet. Dabei gelten der Glaube und die Kirchenzugehörigkeit nicht als etwas Selbstverständliches, zu dem man einmal Ja gesagt hat, sondern diese Zustimmung muss im Laufe des Lebens immer
50 wieder neu angeeignet werden. Neben der Feier der Liturgie hat die Kirche für diese Menschen die zentrale Aufgabe, Gemeinschaft zu ermöglichen und zu stiften. Christsein geschieht in Gemeinschaften und Gruppen,
55 nicht individuell im einzelnen Menschen. Verantwortung zu übernehmen in solchen und für solche Gruppen, aber auch soziales Engagement sind ihnen wichtige Werte. Ganz typisch für diese Menschen ist das Bild von der
60 Kirche als dem wandernden Volk Gottes. [...] In diesem Bild werden die Gemeinschaft und das Unterwegssein betont, außerdem knüpft es ganz bewusst an das Volk Israel an. Außerdem macht das Bild deutlich, dass es keine perfekte
65 Gestalt der Kirche auf Erden geben kann, sondern dass die Kirche immer auf dem Weg ist,

M2 Kirchenbilder: „Meine Kirche ..."

15 Die Traditionellen: Diese Menschen sind Christinnen oder Christen aus Tradition. Sie haben ihren Glauben selbstverständlich von der früheren Generation übernommen, ohne lange nach dem „Warum" zu fragen. Kenn-
20 zeichnend für diese Menschen ist, dass sie ein sehr selbstverständliches Vertrauen haben in die Kirche und in das, was sie vorgibt. Als zent-

"Ich brauch kein Pfarrfest mit Würstchen. Ich will was über Glauben wissen, aber da hat keiner Zeit für!"

Katholik, 41-60 Jahre alt, Bochum

"Ich fühle mich nicht mehr aufgehoben, da alle Kirchen in unserem Umkreis geschlossen wurden."

Katholikin, über 60 Jahre alt, Essen

"In meiner Gemeinde fühle ich mich mit meinem Glauben gut aufgehoben und unterstützt."

Katholikin, 18-27 Jahre alt, Essen

"Die Kirche muss moderner und offener werden. Gott möchte, dass wir alle lieben und leben, so wie wir möchten."

Katholikin, 41-60 Jahre alt, Duisburg

"Die Kirche hat meine Lebenswirklichkeit und Spiritualität nicht berührt."

Ausgetretener, 28-40 Jahre alt

"Ich bin Mitglied der katholischen Kirche, weil ich mal getauft wurde..."

Katholik, 41-60 Jahre alt, Mülheim

M 3 Typische Antworten einer aktuellen Zufriedenheitsstudie von Christen aus dem Bistum Essen

d. h. auch eine immer andere, der Situation angepasste Gestalt hat. [...]

Die Postmodernen: Charakteristisch für diese
70 Menschen ist eine spirituelle Suche, eine große Sehnsucht nach dem „ureigenen" Weg. Diese Suche führt sie in die Kirche, aber nicht nur dorthin. [...] Ein starkes Engagement in der Kirche für eine bestimmte Zeit kann durchaus
75 dazugehören. Vom Christentum wird erhofft, dass es ganzheitlich ist, dass es Leib und Seele anspricht und auch Auswirkungen hat auf Gesellschaft und Politik. Das Leben insgesamt – und auch der Glaube – spielen sich in Projek-
80 ten ab. Es gibt die Bereitschaft, einen hohen Einsatz zu bringen für ein lohnendes Ziel, aber man geht keine lange andauernden Verbindlichkeiten ein. Die Aufgabe der Kirche wird darin gesehen, auf spirituelle Sehnsüchte der
85 Menschen einzugehen, sich karitativ zu enga-

gieren und immer wieder Stellung in Gesellschaft und Politik zu beziehen. [...] Ich versuche die Kirchenerfahrung dieser Menschen mit dem Bild von der Kirche als Mond auszu-
90 drücken. Dies ist ein sehr altes Bild. Schon die Kirchenväter haben diesen Vergleich geprägt. Es ist ein Bild, in dem die spirituelle Dimension der Kirche besonders hervorgehoben wird. Alles Licht, das der Mond (die Kirche) aus-
95 strahlt, hat er von der Sonne (von Gott). Das Licht Gottes wird durch die Kirche für alle Menschen sichtbar und zugänglich. Diesen Zugang zu ermöglichen, ist die zentrale Aufgabe der Kirche. Dabei ist die konkrete Gestalt
100 der Kirche ständig in Veränderung: groß und voll und dann wieder sehr klein, kaum sichtbar. Diese Gestaltveränderung unterliegt nicht dem Einfluss der Menschen. Überhaupt werden in diesem Bild die Beteiligung und Verant-
105 wortung der Menschen nicht thematisiert, auch nicht die konkrete Struktur der Kirche. Das wichtigste ist, dass Menschen auf der Suche in menschlichen, sozialen und spirituellen Nöten Licht, Orientierung und Hilfe finden
110 können auf ihrem Weg.

Drei Typen und ihre korrespondierenden Kirchenbilder wurden mit groben Pinselstrichen gezeichnet, sie zeigen ein Panorama heutiger Kirchenlandschaft.
115 Diese Menschen mit den so unterschiedlichen Lebensauffassungen sind alle Kirche. In den vorgestellten Kirchenbildern kommen jedoch tatsächlich ganz verschiedene Kirchenverständnisse zum Ausdruck. [...] Entscheidend
120 ist, dass die verschiedenen Menschen voneinander und aufeinander hören. Niemand von ihnen hat das „richtige" Kirchenbild. Im Miteinander-Reden und -Ringen, -Beten und -Feiern entsteht Kirche.

Anna Findl-Ludescher, Art. Kirchenbilder, in: Aigner/Findl-Ludescher/Prüller-Jagenteufel: Grundbegriffe der Pastoraltheologie (99 Wörter konkret), Don Bosco Verlag, München 2005, S.110–113.

#KirchealsMond
#HausvollGlorie
#Kircheunterwegs
#Wobinich?

Anna Findl-Ludescher (* 1961), Pastoraltheologin.

→ Zur Symbolik der Taufliturgie: S.46 f.

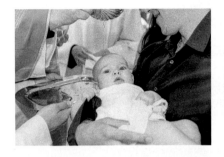

M 4 In welchen Beziehungen sich Kirche zeigt (Handlungsfelder von Kirche)

M 5 Der Selbstanspruch: Grundvollzüge von Kirche

⊕ Grundvollzüge der Kirche, Mitgliedschaftsstudie

Ekklesiologie

Veronika Prüller-Jagenteufel (* 1966), Pastoraltheologin.

Mit den griechischen, neutestamentlichen Begriffen *Leiturgia* (Gottesdienst), *Diakonia* (Dienst aneinander bzw. an anderen) und *Martyria* (Zeugnis geben, Verkündigung) werden
5 drei wesentliche Grundvollzüge der Kirche beschrieben. Oft wird dann *Koinonia* (Gemeinschaft) als vierte Komponente hinzugezählt. Grundvollzüge (oder Grunddimensionen, wie sie auch genannt werden) sind diese drei bzw.
10 vier deshalb, weil sie bezeichnen, was zum Kirchesein unbedingt nötig ist: Ohne gottesdienstliche Feiern, ohne Engagement für die Nöte der Menschen, ohne in Wort und Tat die erlösende Botschaft Jesu Christi weiterzuge-
15 ben und ohne tragende Gemeinschaft, in der

die ersten drei Handlungsweisen vertieft werden, gibt es keine Kirche. Kirche handelt dann als Kirche, als die in die Nachfolge Jesu Christi gerufene Gemeinschaft, und ist Kirche dann
20 und nur dann, wenn sie Liturgie feiert, Menschen konkret dient, von Jesus Christus Zeugnis gibt und das gemeinschaftliche Leben fördert.

Mit den Grundvollzügen sind also jene Felder
25 kirchlicher Praxis benannt, die für Kirche konstitutiv sind. Damit Kirche das ist, was sie sein soll, braucht sie alle vier Grundvollzüge, denn diese gehören untrennbar zusammen. Das gilt auf der Ebene der Gesamtkirche wie der Orts-
30 kirchen wie einzelner Gemeinden und Gruppierungen. Es braucht sowohl kirchliche Aktivitäten in allen vier Dimensionen als auch Aufmerksamkeit darauf, dass jedes kirchliche Tun alle vier Aspekte aufweisen sollte. Sicher-

35 lich wird im Konkreten einmal der eine oder
der andere Aspekt im Vordergrund stehen,
dennoch muss ihre grundlegende Einheit ge-
wahrt werden und ihre Zusammengehörigkeit
zum Ausdruck kommen. In einem Gottes-
40 dienst etwa sollte nicht nur gebetet werden,
sondern er soll auch Zeugnis geben für den
Glauben der Gemeinde, er soll Versammlung
der Gemeinde sein und die Gemeinschaft ver-
tiefen, und er soll einerseits über Fürbitten
45 und Kollekte, andererseits durch seine gesamte Gestaltung offen sein für die konkreten
Nöte und Anliegen der Menschen. Oder: Eine
Familienrunde wird dann zu einer wahren
Hauskirche, wenn sie nicht nur gute Gemein-
50 schaft zwischen den Mitgliedern stiftet, sondern auch das eine oder andere Engagement
über den eigenen Kreis hinaus umfasst, wenn
miteinander auch gelegentlich Gottesdienst
gefeiert wird und Verkündigung etwa durch
55 Glaubensgespräche stattfindet. Oder: Auch die
Initiative zur Asylantenhilfe braucht, um explizit Kirche zu sein, nicht nur das soziale Engagement, sondern ebenso Aufmerksamkeit
auf die Gruppenprozesse unter den Mitarbei-
60 ter(innen), braucht hin und wieder die liturgi-
sche Verdichtung ihres Engagements vor Gott
und braucht zumindest dann und wann die
ausdrückliche Reflexion darüber, wie in diesem Engagement Glauben bezeugt wird.
65 So kann das Bewusstsein für die vier Grundvollzüge der Kirche auch ein gutes Analyseinstrument für kirchliche Praxis sein: Zur Frage
steht, ob im gesamten Spektrum der Praxis
einer Gemeinde oder Gruppe alle vier Vollzüge

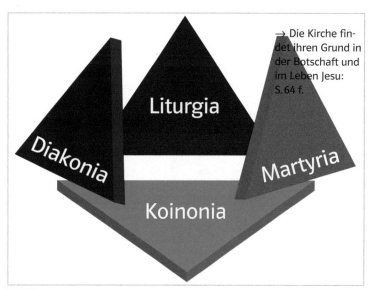

→ Die Kirche fin-
det ihren Grund in
der Botschaft und
im Leben Jesu:
S. 64 f.

M 6 Grundvollzüge von Kirche: Aufeinander bezogen. Die Flächen ergeben zusammen einen Tetraeder, jede braucht und verweist auf die anderen.

70 genügend vertreten und gewichtet sind, und
auch ob in einzelnen Aktivitäten, die gewiss
ihre jeweiligen Schwerpunkte haben, die anderen Aspekte zumindest mitberücksichtigt
werden. [...]

Veronika Prüller-Jagenteufel, Art. Grundvollzüge
der Kirche, in: Aigner/Findl-Ludescher/Prüller-
Jagenteufel: Grundbegriffe der Pastoraltheologie (99
Wörter konkret), Don Bosco Verlag, München 2005,
S. 99–101.

#Betenalleinistnichtgenug
#Qualitätscheck-Check
#ZuspruchundAnspruch

1 Kirche existiert nur im Plural:
a) Stellen Sie die in **M 1** gezeichneten Kirchenbilder in einer Übersicht dar und charakterisieren Sie sie.
b) Erläutern Sie, welche Konsequenzen und möglichen Spannungen sich aus den unterschiedlichen Vorstellungen und Erwartungen ergeben **M 2**, **M 3**.
c) Interpretieren Sie vor dem Hintergrund Ihrer Überlegungen die Karikatur **M 2**.

2 Setzen Sie sich mit den vier Grundvollzügen der Kirche auseinander.
a) Beschreiben Sie jeden Grundvollzug **M 5**.

b) Setzen Sie die Grundvollzüge in Beziehung zu den unterschiedlichen Handlungsfeldern und Tätigkeitsbereichen, die auf den Bildern sichtbar werden **M 4**, und nennen Sie ggf. weitere Beispiele.

3 Erläutern Sie, inwiefern die Balance zwischen den vier Grundvollzügen **M 6** ein „Analyseinstrument" für die Kirche sein kann.

Kirchenbilder haben Konsequenzen für die Gestaltung von Kirchenräumen und Liturgien. Erörtern Sie diese These und ziehen Sie Konsequenzen für das Projekt „Raum der Begegnung".

Glaube ohne Kirche?!

Während viele Menschen sich durchaus als „gläubig" bezeichnen, schwindet das Interesse für die Kirche als Glaubensgemeinschaft und Institution seit Jahren. „Ich kann auch alleine glauben" oder „Ich brauche für meinen Glauben keine Kirche" sagen manche, die aus der Kirche austreten. Inwiefern passen diese Einstellungen zum christlichen Glauben?

M1 „Wo Zwei oder Drei" – Die Anfänge des Christentums

Jesus verkündigte nicht sich selbst, sondern das Kommen und die Gegenwart des Reiches Gottes. Gottes Kommen und Handeln in seinem Reich ist die Basis, die Mitte und der Ho-
5 rizont des Wirkens Jesu (vgl. Mk 1,14f.; Lk 11,2.20). Mit der Rede vom Reich/der Herrschaft Gottes nimmt Jesus eine umfassende Sinnbildung vor, deren Ausgangspunkt die Erfahrung und die Einsicht war, dass Gott in neu-
10 er Weise zum Heil der Menschen unterwegs ist und das Böse zurückgedrängt wird. Auffällig ist zunächst, was bei Jesu Rede über Gottes Herrschaft/Reich fehlt: Nationale Bedürfnisse werden nicht angesprochen, und die rituelle
15 Trennung von Heiden und Juden spielt keine Rolle mehr. Nicht das Opfer im Tempel, sondern Mahlgemeinschaften in galiläischen Dörfern sind Zeichen der anbrechenden neuen Wirklichkeit Gottes (vgl. Lk 7,31–35).
20 Jesus setzt innerhalb Israels keine Grenzen: Er stellt die Randsiedler Israels, die Armen, die benachteiligten Frauen, Kinder, Zöllner, Huren in die Mitte; er integriert Kranke, Unreine, Aussätzige, Besessene und schließt offensicht-
25 lich auch Samaritaner ins Gottesvolk ein (vgl. Lk 10,25–37). Grundlegende religiöse, politische, soziale und kulturelle Identitätsmerkmale seiner Gesellschaft werden von Jesus einfach außer acht gelassen. Die Mahlge-
30 meinschaften sind wie die Gleichnisreden und die Wundertaten ganz und ungeteilt Ereignisse der ankommenden Gottesherrschaft. Der Anfang des Gottesreiches wird in der Liebe Gottes zu den Disqualifizierten sichtbar und
35 bedeutet: überwältigende Vergebung von Schuld, Vaterliebe, Einladung an die Armen, Erhörung der Gebete, Lohn aus Güte und Freude. Das Reich Gottes ist für Jesus keineswegs nur eine Idee, sondern eine sehr konkrete,
40 weltumstürzende Wirklichkeit, die eine ungeheure ethische Energie entfaltet. [...] Jesu Wirken wurde in seiner Gesamtheit als heilsame Regelung gestörter Beziehungen des Men-

→ Zur Reich-Gottes-Botschaft vgl. S.64 f.

schen zu Gott und der Menschen untereinan-
45 der wahrgenommen und interpretiert.
Das Evangelium vom gekreuzigten und auferstandenen Jesus Christus wurde zunächst in und um Jerusalem herum verkündet und war eine Variante jüdischer Identität neben ande-
50 ren. [...] Worin bestand die Attraktivität dieser neuen Bewegung? Was veranlasste Menschen, aus ihren bisherigen religiösen (und sozialen) Bindungen herauszugehen, um sich dieser neuen Bewegung anzuschließen? Warum war
55 das entstehende Christentum innerhalb kurzer Zeit so erfolgreich?
Zunächst waren im 1. Jahrhundert n. Chr. die äußeren Bedingungen im römischen Reich sehr günstig, denn es erlebte eine relative
60 Friedenszeit und stand in wirtschaftlicher und kultureller Blüte. Die Infrastruktur wurde massiv ausgebaut, die Reisetätigkeit zu Land und Wasser nahm erheblich zu, so dass mit der einen Weltsprache Griechisch christliche Mis-
65 sionare im gesamten Reich aktiv werden konnten. [...] Schließlich hatten die heidnischen Kulte viel an Plausibilität verloren und befanden sich im Niedergang. In diesem Kontext erwies sich das entstehende Christentum als
70 eine Bewegung, die ein überzeugendes Sinn- und Lebenskonzept anbot und es auch prakti-

M2 Kammer in den römischen Katakomben von St. Callixtus (unterirdische Grabstätten), die von den Christen u.a. als Ort für Gottesdienste genutzt wurden. In der Mitte die Darstellung eines gemeinsamen Mahls (ca. 2. Jh. n. Chr.).

zierte. Die Mitte der neuen Welt- und Selbstdeutung war die Liebe; die Liebe Gottes zu den Menschen in Jesus Christus und die Liebe der Christen untereinander, zum Nächsten und sogar zum Feind. Grenzphänomene des Lebens wie Krankheit, Schicksalsschläge oder Tod wurden in eine Gesamtsicht integriert, in der die Lebensmacht Gottes triumphierte und Erlösungsgewissheit vermittelte. Damit verband sich eine völlig neue Praxis gemeinschaftlichen Lebens. Die für antikes Denken grundlegenden Grenzen wurden überschritten, indem die neue Gemeinschaft der Glaubenden sich jenseits der Familien- und Standesgrenzen definierte und die fundamentalen Unterschiede zwischen Mann und Frau, Sklave und Herr, Grieche und Barbar (vgl. Gal 3,26–28) im Glauben aufgehoben wurden. Eine bis dahin nicht gekannte Offenheit für Menschen aller Stände, aller Geschlechter und aller Berufe war für die neue Bewegung der Christen kennzeichnend. Diese Offenheit stellte den größten Unterschied gegenüber paganen Vereinen dar. [...]

Udo Schnelle, Die theologische und literarische Formierung des Urchristentums, in: Friedrich Wilhelm Graf u.a. (Hg.): Die Anfänge des Christentums, Frankfurt am Main 2009, S.168–200.

#Waswiralleinenichtschaffen
#HeimatisteinGefühl

M3 Zusammenhang zwischen Religiosität und Kirche

Viele Menschen sagen von sich selbst, dass sie glauben können ohne die Kirche, dass sie religiös sind, ohne in den Gottesdienst zu gehen. Man muss aber auch die andere Seite sehen, nämlich dies, dass das nur zum Teil richtig ist. Also wenn man versucht, danach zu fragen, ob diejenigen, die nicht zur Kirche gehen, auch an Gott glauben, dann gibt es davon sehr viele, aber die Wahrscheinlichkeit, dass man an Gott glaubt, ist weitaus höher, wenn man zur Kirche geht. Es gibt eine statistisch auch nachweisbare Korrelation zwischen Kirchenbindung auf der einen Seite und Religiosität, Glaube an Gott und anderen religiösen Orientierungen auf der anderen Seite. [...] Die Menschen sagen zwar von sich, sie könnten ohne Kirche religiös sein, aber nur die wenigsten sind es auch. [...] Ganz typisch ist für das Verhältnis der Deutschen oder der Mehrheit der Deutschen zur Religion, zur Kirche, dass man nicht allzu viel investiert. Man hat ein nicht unbedingt negatives Verhältnis zur Kirche oder zum Christentum oder zur Religion, man ist relativ entspannt, aber es nimmt auch keinen zentralen Stellenwert ein. Und die Konsequenz dessen ist, dass man es sich tatsächlich an vielen Stellen relativ leicht macht, gewissermaßen mit Versatzstücken Vorlieb nimmt, ohne allzu viel zu investieren.

Detlef Pollack, in: Deutschlandfunk, https://www.deutschlandfunk.de/die-kirche-hat-enorm-an-einfluss-verloren.694.de.html?dram:article_id=206033, letzter Zugriff am 28.10.2018

#Gläubigsein

⊕ Urchristentum, Katakomben, Christenverfolgung, Mahlgemeinschaft, Paganismus, urban churching, Mission Manifest

Udo Schnelle (* 1952), Professor für Neues Testament.

Detlef Pollack (* 1955), Religionssoziologe.

M4 Eucharistie beim Katholikentag, 2018

1 Arbeiten Sie anhand der Materialien **M1**–**M4** heraus, welche Bedeutung Gemeinschaft für den (christlichen) Glauben hatte und hat. Achten Sie dabei auch auf unterschiedliche Formen, die Gemeinschaft annehmen kann.

2 Diskutieren Sie, welche Möglichkeiten Sie für die Kirche sehen, um in einer stark individualisierten Gesellschaft christliche Gemeinschaft erlebbar werden zu lassen.
Inwiefern ist – Ihrer begründeten Meinung nach – die Weiterexistenz von Kirche(n) überhaupt wünschenswert?

Ein Raum der Begegnung konfrontiert räumlich sichtbar Schule mit Religion und Kirche(n). Diskutieren Sie das positive und negative Potential einer solchen Konfrontation für das Schulleben.

Beziehungsabbruch oder -pflege?

Gründe für Kritik an der Kirche gibt es viele. Nicht wenige Menschen nehmen diese zum Anlass, um der Institution den Rücken zu kehren, andere sehen darin eher die Chance für Reflexion, Veränderung und Korrektur. Eine Auseinandersetzung mit den eigenen Anfragen an Kirche sollte zu einem erwachsenen Glauben in jedem Fall dazugehören: Welche Kritikpunkte gibt es? Wie geht man damit um, und was ist das Ziel der unterschiedlichen Forderungen?

Ich stehe ‚innen‘	Ich stehe ‚auf der Schwelle‘	Ich stehe ‚außen‘
Ich fühle mich in bzw. als Teil von Kirche, weil …	Ich bin mir unsicher, weiß nicht, ob ich drinnen oder draußen stehe, weil …	Ich bin raus, fühle mich nicht dazugehörig, weil …

Meine Position zur Kirche hat sich verändert/könnte sich verändern durch …

M 1 Positionsbestimmung: Wie stehe ich zur Kirche?

#Zugehörigkeitsspiel
#Kritikasterbaukasten

historisch	strukturalistisch	legislativ	personalisiert	theologisch
bezogen auf Geschichte und historisches Erbe der Kirche	bezogen auf die Ordnung und Machtverhältnisse in der Institution	bezogen auf Regeln und Rechtsprechung der Institution	bezogen auf das Handeln und Verhalten Einzelner, die zur Kirche gehören	bezogen auf die inhaltliche Lehre und Deutungen der Institution

M 2 Mögliche Bezugspunkte für Kritik

M 3 Kirchenkritiker: Zwischen den Fronten
Ein zentraler Gegenstand von Religionskritik ist die Kritik an der Sozialform der Religion, ihrer institutionellen Gestalt. Religionskritik ist oftmals Kirchenkritik. […] Sie gilt oft als Beleg
5 für die Hinfälligkeit des religiösen Anspruchs generell. Wo die Realisierung derart zu wünschen übrig lässt, kann gar nichts Tieferes dahinter stehen – so die Mutmaßung. Kirchenkritik ist dann die Instanz einer Delegitimie-
10 rung von Religion insgesamt […].
In vertauschter Blickrichtung, also aus der Perspektive der Kirchenkritik, ist damit aber noch nicht alles gesagt. Denn es gibt neben der Kirchenkritik „von außen" auch eine solche
15 „von innen", also aus den Reihen der Kirchen und Religionsgemeinschaften selbst. Dieser geht es nicht um die pauschalisierende Kritik und „Erledigung" des Religiösen an sich. Sie stellt vielmehr den Versuch dar, Nuancen und
20 Differenzierungen einzutragen in das herrschende Verständnis des religiösen Anspruchs und seiner sozialen Realisierung in Gestalt von Kirchen. […]
Wer die Kirche kritisiert, sich der Glaubens-
25 gemeinschaft aber dennoch zugehörig fühlt, steht unter einer doppelten Spannung: […] Schnell wird dem Kirchenkritiker aus dem Innern seiner eigenen Glaubensgemeinschaft vorgeworfen, doch eigentlich gar nicht mehr
30 richtig dazuzugehören. Er muss einen Aufwand betreiben um klarzustellen, dass seine Kritik nicht gegen die religiöse Sache geht, sondern aus seiner Sicht in deren ureigenem Interesse liegt.
35 Von der anderen Seite, das heißt aus der Gesellschaft heraus, wird der Kritisierende hingegen mit einem ganz anderen Verdikt konfrontiert. Aus einer Außensicht nämlich macht sich der Kirchenkritiker oftmals noch viel zu

sehr gemein mit den kritisierten Zuständen und trägt dadurch zu ihrer Legitimierung bei. Konsequenter, so die Annahme, wäre es doch, die Seiten zu wechseln und aus der Kirche auszutreten. Gegenüber solchen Vorhaltungen muss der Kritiker verdeutlichen, dass man nicht das Kind mit dem Bade ausschütten muss, sondern den sachlichen Grund der Kirchenzugehörigkeit zu trennen hat von der Realgestalt, unter der sich Kirche in einer bestimmten historischen und sozialen Situation darstellt und verwirklicht. [...] Die Theologin Luise Schottroff hat herausgearbeitet, dass diese Herausforderung die Wurzel des Christentums darstellt. Die Jesusbewegung ist demnach als ein religionskritisches Korrektiv zu verstehen, das die traditionellen Zugehörigkeitsmodelle (innen/außen) sowie die Verständigung über die Reichweite des religiösen Anspruchs (partikular/universal) sprengt.

Indem die neue religiöse Bewegung um Jesus von Nazareth jeweils konsequent für ein Überschreiten der gruppenbezogenen und ethnischen Grenzlinien eintritt, könnte man bereits den Übergang von dieser Frühform christlicher Nachfolge zur Urkirche als einen „Verrat" am eigentlichen Impuls Jesu deuten. Auf jeden Fall wird durch solche Perspektiven deutlich, dass Kritik ein unverzichtbarer Antriebsmotor des Christentums ist.

Daniel Bogner, Die unkomfortable Lage der Kirchenkritik, in: Herder Korrespondenz 68 (2014),

Daniel Bogner (* 1972), Prof. für Moraltheologie, Fribourg, Schweiz.

#Kritikerparadox

M 4 Vor dem Paderborner Dom demonstrieren Menschen gegen den Umgang der Bischöfe mit dem sexualisierter Gewalt

1 Nehmen Sie begründend Stellung: Was bedeutet „Kirche" für Sie?
a) Sammeln Sie Meinungen, Positionen und Wahrnehmungen in der Lerngruppe M 1.
b) Ordnen Sie diese Einschätzungen mithilfe von M 2.
c) Gewichten Sie kritische Anfragen an die Kirche. Begründen Sie die Wahl der Kriterien dieser Gewichtung.

2 Kritik ist ein „Antriebsmotor des Christentums" M 3, Z. 71 f.
a) Arbeiten Sie den Unterschied zwischen Kirchen- und Religionskritik sowie zwischen einer Kritik „von außen" und „von innen" heraus M 3.
b) Erklären Sie, inwiefern die Fragen nach Zugehörigkeit und Kritik von Beginn an ein wichtiger Antriebsmotor für die Kirchengemeinschaft waren (S. 120 f.).
c) Erläutern Sie – ggf. auch an einem Beispiel – worin die „doppelte Spannung" besteht, die sich ergeben kann, wenn Kirchenmitglieder Kritik an der Institution üben.

3 Recherchieren Sie die Hintergründe zu der Aktion, die auf dem Bild M 4 dargestellt wird. Nehmen Sie Stellung zu Machtmissbrauch und ssexualisierter Gewalt innerhalb kirchlicher Strukturen.

4 Kritik an der Kirche kann sich auch an Kirchenräumen entzünden, wie sich etwa bei der Neugestaltung, Renovierung oder auch Umnutzung (Profanierung) von Kirchen zeigt. Beschränken Sie sich auf ein konkretes Beispiel möglichst aus Ihrer Umgebung. Untersuchen Sie dabei die verschiedenen Interessenlagen und beurteilen Sie den Umgang mit dem Konflikt.

Reflektieren Sie die Konzeption des von Ihnen gestalteten Raumes und verändern Sie ggf. noch einzelne Elemente: Wozu könnte evtl. Kritik geäußert werden? Welche Aspekte könnten umstritten sein?

Kirche anders wahrnehmen und (mit-)gestalten

Um neue Wege und Ausdrucksformen des Glaubens zu ermöglichen, sind in vielen Bistümern in den letzten Jahren alternative Projekte und Ideen entstanden, darunter auch die sogenannten Jugendkirchen oder besondere Seelsorgeangebote.

M1 Stylisch chillen mit Jesus: Die Jugendkirche „effata" in Münster

Ein Rettungswagen als Oster-Deko, bunte Sitzsäcke statt Betbänke und Soundeffekte im Gottesdienst. In der Jugendkirche effata in Münster entscheiden Jugendliche, wie sie
5 ihren Glauben ausleben wollen. […] In der gotischen St. Martini-Kirche dominieren inzwischen professionelle Lichttechnik, Beamer und fest installierte Leinwand. Jugendkirche eben für junge Gottesdienstbesucher und
10 -besucherinnen. Sound, Optik, Inszenierung sind untrennbar Teil der Verkündigung. „In dieser Kirche steht wirklich nur, was drin sein soll", sagt Jugendpfarrer Hendrik Drüing. […]

Die Wände weiß, die Stühle leicht zu ent-
15 fernen, gezielte Akzente mit buntem Licht – Gotik trifft Minimalismus. Im Chorraum zwischen dem schlichten Altar aus Stein und dem Tabernakel liegen Teppiche und Sitzsäcke, farblich aufeinander abgestimmt, dazwi-
20 schen liegt eine lebensgroße Christusfigur. Ein Ort für stilles Gebet. Mit einer zeitgemäßen Variante zur klassischen Kniebank – Beten und Chillen mit Jesus gewissermaßen. […] Caroline Freitag ist pastorale Mitarbeiterin an
25 der Jugendkirche. „In unserer Arbeit versuchen wir auch zu vermitteln, dass die Jugendlichen diesen Raum wirklich für sich nutzen sollen und können und wir auch alle Ressourcen dafür zur Verfügung stellen, damit sie den so ein-
30 richten, herrichten können, wie sie es schön finden, wie es für sie passt. Also zu Ostern gab's zum Beispiel auch mal einen Rettungswagen in der Kirche." […]

Hendrik Drüing erklärt: „Wir versuchen,
35 Glaubensinhalte wirklich zu durchdringen und für Jugendliche noch einmal klarer zu machen. Um sie dann Jugendlichen vielleicht auch noch mal anzubieten. In der Form versuchen wir aber dann vielleicht eine Leichtigkeit,
40 eine Niederschwelligkeit reinzubringen, um überhaupt diese Auseinandersetzung herzustellen. Effata, das ist hebräisch und heißt 'öff-

ne dich' – Jesus sagte es, als er einen Gehörlosen heilte, der katholische Priester sagt es
45 noch heute bei jeder Taufe. Auch das Bistum Münster will sich mit der Jugendkirche effata öffnen: zur Welt der jungen Menschen und ihrer Kultur. Das geht heute nicht mehr mit einem dunklen Kellerraum irgendwo im Ge-
50 meindehaus. […] Der Versuch war, wirklich komplett neue Zielgruppen zu erreichen, Menschen zu erreichen, die vielleicht den Kontakt zu Kirche verloren haben. Das gelingt zum Teil, aber es ist vor allem eben auch ein Angebot für
55 kirchlich sozialisierte Jugendliche, die dann vielleicht noch mal einen ganz besonderen Ausdrucksort haben für ihren Glauben und für ihre Lebensfragen."

Kirsten Dietrich, https://www.deutschlandfunkkultur. de/die-jugendkirche-effata-in-muenster-stylisch-chillen-mit.1278.de.html?dram:article_id=417616, letzter Zugriff am 28.10.2018

#Ohrenauf

M2 Kirche kommt zum Zug: Seelsorge auf Schienen

LIMBURG/FRANKFURT. Morgens um
6.55 Uhr: Abfahrt der Regionalbahn von Limburg nach Frankfurt. Draußen ist es knapp unter null Grad und noch ziemlich dunkel. Pfar-
5 rer Olaf Lindenberg sitzt im Steuerwagen ganz hinten im Zug, an Priesterhemd und weißem Kollarkragen deutlich erkennbar als Geistlicher und bereit für Gespräche. In den nächsten Wochen, noch bis zum 2. April, hat Linden-
10 berg ein besonderes Angebot für Zugfahrer und Mitreisende, das er „Pendeln durch die Fastenzeit" nennt. Immer dienstags ist er im Zug von Limburg nach Frankfurt unterwegs und ganz bewusst ansprechbar: ab Limburg
15 um 6.55 Uhr, retour ab Frankfurt um 17.01 Uhr.

Dass Lindenberg Seelsorge auf die Schienen bringt, kommt nicht von ungefähr: Er ist ein „Bahnerkind", Vater und Großvater waren Bahner. „Dieses Angebot ist ein Experiment. Das
20 gab es so noch nicht im Bistum", sagt er. „Wenn

→ Wahrnehmung ist perspektivisch: S.132 f.

Kirsten Dietrich studierte Evangelische Theologie und arbeitet als freie Journalistin in Berlin, u. a. für ARD und Deutschlandradio

Jugendkirche

Seelsorge, Pastoral, urban churching, Online-Seelsorge, freshX

es angenommen wird, biete ich es nächstes Jahr wieder an." Es sei kein großes Projekt, meint er, aber manchmal scheiterten Ideen ge-rade daran, dass sie zu groß gedacht würden.

25 Und was ist, wenn keiner mit ihm sprechen möchte? „Wenn der Heilige Geist will, dass ich nichts anderes mache als einfach nur Zug fah-ren, dann ist das so", sagt er mit einer Gelas-senheit, die weder aufgesetzt noch überheb-

30 lich wirkt. Auf eine Rückmeldung zu seiner Fastenaktion, ob er nicht auch mal mit dem ICE fahren könne, verabredet sich Lindenberg spontan zu einer Fahrt mit dem Schnellzug: „Man kann mich also auch buchen", sagt er

35 und lacht.

In besonderer Weise ansprechbar ist der Seel-sorger zusätzlich jeden Mittwochabend von 19 bis 20 Uhr in der Kirche St. Nikolaus in Dorch-

40 heim. Die Themen der Menschen, die zu ihm kommen, sind vielfältig: „Das ganze Leben", fasst Lindenberg das zusammen. Manchmal tue es einfach gut, wenn jemand zuhöre. Es gehe gar nicht unbedingt um Antworten. Oft

45 seien es die „Grübelspiralen", die das Leben schwer machten. Wichtiger Impuls, gerade vor Ostern, sei aber auch, sich einmal darauf zu fokussieren, was wirklich zähle im Leben. „Und Dinge bewusster wahrzunehmen", ergänzt

50 Lindenberg. „Das kann etwas Schönes sein, aber vielleicht auch einmal etwas, das nicht so gut läuft."

https://bistumlimburg.de/beitrag/seelsorge-auf-schienen/, letzter Zugriff am 28.10.2018

#Redenstattgrübeln
#DerWegistdasZiel

M 3 Gottesdienst in der Jugendkirche

M 4 Mitmachaktion während der Osterwoche

M 5 Ansprechpartner im Zug: Pfarrer Olaf Lindenberg

---

1 Recherchieren Sie im Umkreis Ihrer Heimat nach (neu-en wie klassischen) Kontakt-Angeboten der Kirche(n), und erstellen Sie dazu eine Übersicht.

2 Gottesdienste zum Mitmachen, Seelsorge auf Schie-nen – attraktive Angebote M 1 – M 5 ?
a) Nehmen Sie persönlich Stellung.
b) Konfrontieren Sie die Angebote mit dem Plädoyer von Steffensky für Fremdheitserfahrungen (S. 108 f.).
c) Interpretieren Sie die Angebote als Antworten auf Kirchenkritik (S. 122 f.).

3 Angenommen, Sie sollten als professioneller Berater Ihre Kirche vor Ort bei der Schaffung neuer Angebotsformen und Kontaktmöglichkeiten unterstützen, was würden Sie empfehlen? Entwerfen und diskutieren Sie konkrete Vor-schläge.

Vergleichen Sie die Aspekte der Kirchenraumgestaltung der Jugendkirche mit Ihrem Konzept: Welche Elemente und Ideen überzeugen Sie, welche nicht?

Christian Führer (1943–2014)

Christian Führer war ein deutscher evangelischer Pfarrer, der in Leipzig die Gemeinde der Nikolaikirche leitete. Er war Mitbegründer der „Friedensgebete", einer Initiative, die im Herbst 1989 zu den sogenannten Montagsdemonstrationen führte. Diese Proteste gegenüber der damaligen DDR-Führung trugen entscheidend zur friedlichen Wiedervereinigung Deutschlands bei. Im Rückblick berichtet er von einem der wichtigsten Tage, dem 9. Oktober 1989:

Christian Führer

→ Weiterlesen?
Christian Führer,
Und wir sind dabei
gewesen. Die Revolution, die aus
der Kirche kam,
Berlin ²2009

Wir mussten in der gespannten Atmosphäre, welche die Friedensgebete begleitete, sicherstellen, dass die Kirchentüren offen sind, wenn Menschen zurück in die Kirche laufen, weil sie draußen von Polizeikräften bedroht werden. Ab Mittag solle wegen des Friedensgebetes niemand mehr in die Stadt gehen, wurde in den Betrieben gewarnt. Man könne für nichts garantieren. [...] Etwa tausend SED-Genossen waren im Neuen Rathaus und der Uni zusammengezogen und dafür angeworben worden, am Nachmittag in die Nikolaikirche zu gehen [...]. So viele Genossen wie möglich sollten die Kirche frühzeitig besetzen. So hätten die anderen keinen Platz mehr. Glaubte man. Hoffte man.

Gegen 14 Uhr tauchten dann tatsächlich die Ersten in St. Nikolai auf. Bald waren es etwa sechshundert Leute. [...] Wir gingen hinüber, und der Küster schloss die Emporen ab. Lediglich das Kirchenschiff blieb geöffnet. Dann begrüßte ich die Genossen. Sie ahnten nicht, dass ich wusste, wer sie waren. [...] Hier saßen wir alle buchstäblich im selben Boot, dem Kirchenschiff. Ich begrüßte die Gäste im Stile eines Kirchenführers. Die lockere Art fiel mir nicht einmal schwer. „Sie haben sicher das Schild vor der Kirche gesehen", begann ich. „Da steht ‚Nikolaikirche – offen für alle' drauf. Und wir meinen das durchaus ernst. In diesem Sinne: Herzlich Willkommen! [...] Das Friedensgebet beginnt erst um siebzehn Uhr. Sie sind jetzt schon da, was mich ehrlich gesagt etwas wundert. Denn das arbeitende Proletariat kann frühestens ab sechzehn Uhr kommen." Verlegenheit, Verwunderung in allen Reihen. [...]

Dann war es 17 Uhr, und unser Friedensgebet verlief absolut reibungslos. Die Kirche war überfüllt bis hinauf auf die Emporen. Auf den Bänken im Kirchenschiff saßen nun ziemlich beengt die Genossen. Während der Ausübung ihrer Tätigkeit, in diesem Fall einer verdeckten Tätigkeit, mit der sie anderen den Platz wegnahmen, waren sie dem Wort, dem Evangelium und seiner Wirkung zugleich ausgesetzt. Beim Friedensgebet am 9. Oktober vernahmen die Stasi und die Genossen das Evangelium von Jesus [...] der sagte: „So werden die Letzten die Ersten sein [...]." Die Kirchentür wurde geöffnet. Mehr als zweitausend Menschen wollten aus der Nikolaikirche herausgehen. Auf dem Nikolaikirchhof und in den umliegenden Straßen jedoch warteten Zehntausende. Diesen Anblick werde ich nie vergessen! [...] Die Menschen machten bereitwillig Platz. Sie hielten Kerzen in den Händen. [...] Für einen Stein oder Knüppel ist keine Hand frei. Option Kerze ist gleich Option Gewaltlosigkeit. Langsam setzte sich der Zug durch die Innenstadt in Bewegung. Zwischen Angst und Hoffnung. Und das Wunder geschah. Der Geist Jesu der Gewaltlosigkeit erfasste die Massen und wurde zur friedlichen „Gewalt". [...] Volkskammerpräsident Horst Sindermann sagt im Rückblick auf den 9. Oktober 1989: „Wir hatten alles geplant. Wir waren auf alles vorbereitet. Nur nicht auf Kerzen und Gebete."

Christian Führer, Und wir sind dabei gewesen. Die Revolution, die aus der Kirche kam, Berlin ²2009, S. 214–219.

1 Diskutieren Sie, inwiefern es sich bei dem beschriebenen Geschehen um eine Revolution gehandelt hat, „die aus der Kirche kam", oder um eine Revolution, die ohne Kirche anders verlaufen wäre.

2 „Option Kerze ist gleich Option Gewaltlosigkeit." Erörtern Sie, inwiefern auch bei aktuellen politischen und gesellschaftlichen Konflikten der Glaube bzw. die Religion das Potenzial besitzt, Gewaltspiralen zu durchbrechen.

Glaube 2.0!?

Kommunion to go

US-Kirchen passen sich modernen Konsum- und Ernährungsgewohnheiten auch beim Abendmahl an: Sie reichen Hostie und Wein oder Traubensaft – in Plastikverpackungen. Das hat auch praktische Gründe: Die Mega-Kirchen sparen so viel Zeit. [...]

Das handliche Set besteht aus einem kleinen Plastikbecher, der aussieht wie ein Kaffeesahne-Döschen und mit rotem oder weißem Traubensaft gefüllt ist. Eingeschweißt im Deckel ist

eine winzige Oblate. Das sakrale Kombi-Set ist im Internet zu bestellen. Verschiedene Anbieter konkurrieren um die größte Geschmacksvielfalt und die erbaulichsten Bibelsprüche auf den Dosendeckeln. Wer einen 500er-Pack kauft, bekommt Leib und Blut des Herrn bereits für 16 Cent pro Satz. Zum Einsatz kommen die Kommunionssets beim Abendmahl in vielen amerikanischen Megakirchen. Gemeinde-Mitarbeiter reichen Kisten oder Körbe mit den „Communion Cups" durch die Bankreihen.

https://www.deutschlandfunk.de/kommunionssets-in-den-usa-abendmahl-aus-plastik.886.de.html?dram:article_id=423676, am 28.10.2018

Communion Cup – Eucharistie 2.0!?

Der Segensroboter

Segen per Mausklick – Auf der Weltausstellung in Wittenberg nahm von Mai bis September 2017 der weltweit erste Segensroboter „BlessU-2" auf dem Gelände der Lichtkirche seinen Dienst auf. In sieben Sprachen kommunizierte die elektronische Installation mit den Gästen per Bildschirm und suchte für jede und jeden die passenden Bibelsprüche aus und druckte sie auf Wunsch auch aus. Während der Weltausstellung segnete der Roboter so etwa 10.000 Besucher. Seit der Weltausstellung ist „BlessU-2" weiterhin im Einsatz und reist zu vielen Veranstaltungen durch die Lande. [...] Die Installation „BlessU-2" kommuniziert mit den Besucherinnen und Besuchern über ein Display – ähnlich wie bei einem Bankautomaten: So können die Gäste nach freundlichen Aufforderungen per Eingabe unter anderem wählen, ob und in welcher Sprache ihnen ein Segen zugesprochen werden soll, ob dies eine weibliche oder eine männliche Stimme tun und ob der Segen eher der „Ermutigung" oder der „Erneuerung" dienen soll. Daraufhin wird ihnen ein Segenswort „vorgelesen". Es kann anschließend auch – ganz klassisch – auf Papier ausgedruckt mitgenommen werden. [...]

https://gott-neu-entdecken.ekhn.de/veranstaltungen-projekte/projekte-der-ekhn/segensroboter-blessu-2.html, am 28.10.2018

→ Die Rede vom „Segen": S. 72.

Segensroboter BlessU-2 – Segen 2.0!?

Changing Places

Nehmen Sie abschließend noch einmal Stellung zu der Frage, inwiefern der Glaube bzw. Zugang zu Gott auch von Orten und Räumlichkeiten abhängen kann und welche Möglichkeiten Sie sehen, Kirchenräume in dieser Hinsicht für Menschen heute attraktiv zu gestalten.

Aufbauende Erfahrungen

Der Theologe Fulbert Steffensky schreibt: „Auf Dauer gibt es Glauben ohne Kirche nicht. […] Man muss die Bilder, die Geschichten und die Lieder der Hoffnung teilen, um sie hören und singen zu können. Die Kirche als der Ort des geteilten Mutes und des geteilten Zweifels. […] Was aber wird aus unseren Kindern, wenn sie solche Stellen der Prägung gar nicht mehr kennen? […] Eine der politisch-spirituellen Grundaufgaben der Kirche ist die Überlieferung der Geschichten und der Bilder. […] Die Idee der Gerechtigkeit und das Gewissen sind nicht selbstverständlich, sie gehören nicht einfach zu unserer Natur, sondern wir müssen sie lernen. […] Somit wird Verkündigung und Einführung in die Bilder des Lebens zur zentralen Aufgabe der Kirche."

Nehmen Sie vor dem Hintergrund dieser Gedanken und der erarbeiteten Analyse Stellung:

a) Inwiefern können die Kirchen als Orte der Hoffnung gesellschaftlich relevant sein bzw. bleiben?

b) Inwiefern ist die Kirche auf Gemeinschaft angewiesen, um die von Steffensky genannten Aufgaben zu erfüllen?

c) Inwiefern hängen beide Fragen miteinander zusammen?

Qualitätscheck

„Jésus annonçait le royaume, et c'est l'Église qui est venue." („Jesus kündete das Reich Gottes an und gekommen ist die Kirche.") Dieses Zitat des französischen Theologen Alfred Loisy ist eine der bekanntesten Aussagen, wenn es um die Kirche und ihren Rückbezug auf die Botschaft Jesu geht.

Interpretieren Sie das Zitat und erläutern Sie, inwiefern die Reich-Gottes-Botschaft als zentraler Maßstab kirchlichen Handelns zu gelten hat.

Lebensnah – lebensfern

Sie haben bereits über Ihren Weg mit der Kirche und über mögliche Veränderungen Ihres Verhältnisses zur Kirche in der Zukunft nachgedacht. Nehmen Sie die Linie Ihres Kirchen(er)lebens noch einmal zur Hand. Erörtern Sie Veränderungen der Kirche in ihrem Verhältnis zu Ihnen – und bewerten Sie solche möglichen Veränderungen vor dem Hintergrund des Auftrags der Kirche.

Abschlussaufgabe

Stellen Sie sich zum Ende der Projektarbeit Ihre Entwürfe gegenseitig vor und erklären Sie die zentralen Aspekte und Ihre Entscheidungen bei der Gestaltung Ihres „Raums der Begegnung". Begründen Sie Ihre Planungsentscheidungen sorgfältig.

6 Wovon gehen wir aus? Welt und Wirklichkeit kritisch wahrnehmen

Alex Chinneck, Under the weather but over the moon, 2013

Kunst gibt zu denken

Der britische Urban-Art-Künstler Alex Chinneck (* 1984) sorgt seit einigen Jahren in Großbritannien für Verwirrung, indem er verschiedenste Objekte und sogar ganze Gebäude so verändert, dass der Eindruck entsteht, sie entsprängen einer anderen Realität. So gestaltete er beispielsweise 2013 in London die Fassade eines alten – auf den ersten Blick – recht unscheinbar wirkenden Reihenhauses neu, drehte diese um und ließ das Gebäude damit buchstäblich auf dem Kopf stehen.

Chinneck erklärt in Interviews, dass es ihm wichtig sei, seine Transformationen mit bzw. an möglichst gewöhnlichen Objekten durchzuführen. Er wolle dadurch beobachten, inwiefern Menschen überhaupt aufmerksam für Veränderungen in ihrer alltäglichen Lebenswelt sind und wie sie darauf reagieren, wenn das, was sie als normal empfinden, sich plötzlich ganz anders darstellt.

- Beschreiben und vergleichen Sie die ersten Gedanken und Eindrücke, die Sie beim Betrachten des Bildes hatten.
- „Menschen nehmen ihre (Um-)Welt im Alltag oft nicht sonderlich aufmerksam wahr." Nehmen Sie persönlich Stellung zu dieser These und konkretisieren Sie Ihren Standpunkt an Beispielen aus Ihrem eigenen Alltag (beispielsweise: Worauf achten Sie auf Ihrem Weg zur Schule?).
- Recherchieren Sie im Internet nach weiteren Installationen von Alex Chinneck oder anderen Künstlerinnen und Künstlern, die mit ihren Werken bewusst Irritationen schaffen und Wahrnehmungen infrage stellen wollen. Stellen Sie diese in Ihrer Gruppe vor und beurteilen Sie sie.

Wahrnehmungen hinterfragen

Testen Sie selbst, wie aufmerksam Sie Ihre Umwelt wahrnehmen, indem Sie mit Ihrer Lerngruppe eine zweiminütige Stillephase mit geschlossenen Augen vereinbaren. Achten Sie während dieser Zeit bei offenem und/oder geschlossenem Fenster bewusst auf alle Geräusche, die Sie hören können und vergleichen Sie die gewonnenen Eindrücke.

Suchen Sie innerhalb Ihres Schulgebäudes bzw. -geländes gezielt nach Objekten oder Motiven, die Ihrer Aufmerksamkeit normalerweise entgehen und fotografieren Sie diese. Überprüfen Sie in Form eines kleinen Bilderrätsels (eventuell mit Ausschnitten), inwiefern andere aus Ihrer Lerngruppe diese Motive erkennen und richtig verorten können. Tauschen Sie sich über mögliche Gründe für die Unterschiede aus.

Schwierige Entscheidung

Angenommen, Sie wären dazu gezwungen, auf eine Ihrer fünf Sinneswahrnehmungen (hören, sehen, fühlen, schmecken, riechen) zu verzichten: Für welche würden Sie sich entscheiden? Diskutieren Sie die Frage in Ihrer Lerngruppe.

Kann ja eigentlich nicht sein

Recherchieren Sie im Internet nach Beispielen für sog. „Vexierbilder" und deren Funktionsweise. Nennen Sie Faktoren, wodurch unsere Wahrnehmung der Welt und der Dinge in ihr bestimmt ist (Gehirn, Augen, Umfeld etc.).

Gedanken-Scanner

„What's on your mind?!" Wie unterschiedlich nehmen Menschen ihre Welt wahr?

Gefiltert

Das, was uns alltäglich als „Realität" begegnet, ist in seiner Gesamtheit für die menschliche Wahrnehmung gar nicht erfassbar. Man stelle sich nur eine Minute auf einer belebten Einkaufsstraße vor: Gespräche von vorbeigehenden Passanten (womöglich in verschiedenen Sprachen), Musik, die aus einem Laden für junge Mode dringt, Gerüche aus dem Bäckerladen und von der Würstchenbude, die Leuchtreklame eines großen Kaufhauses [...]. Doch es ist unmöglich, all dies gleichzeitig wahrzunehmen. [...] Daher müssen wir auswählen, d.h. eine „Selektion" vornehmen, sozusagen einen Filter vor unseren Wahrnehmungsapparat setzen. Je nachdem, wer in der Fußgängerzone steht, wird etwas anderes wahrnehmen: fashion addicts das Modekaufhaus, Hundehasser den Dobermann, Hungrige die Würstchenbude, Sprachwissenschaftler den arabischen Dialekt.
Astrid Erll, Marion Gymnich, Interkulturelle Kompetenzen. Erfolgreich kommunizieren zwischen den Kulturen, Stuttgart ²2002, S.54.

Lassen Sie in Anlehnung an diese Überlegungen in einem kreativen Projekt die individuellen Wahrnehmungen von Menschen an einem Ort in Ihrer Umgebung sichtbar werden, indem Sie beispielsweise
• mithilfe einer Augmented-Reality-App arbeiten und Gedanken (z.B. Emotionen, Erinnerungen, Eindrücke) unterschiedlicher Personen an diesem Ort virtuell erscheinen lassen.
• Gedankenblasen ausschneiden und in Szene setzen.
• Fotos und Fotomontagen bzw. Collagen erstellen.
Visualisieren Sie, wie unterschiedlich Wahrnehmungen sein können.
Achten Sie bei der Auswahl und Darstellung darauf, dass Sie niemanden diskriminieren oder ohne Einverständnis in Ihre Arbeit einbeziehen.

Bei diesem Projekt können Sie
… an konkreten Beispielen verdeutlichen, dass jeder Mensch seine Welt und Umwelt individuell wahrnimmt.
… sich darüber klar werden, wodurch Perspektiven möglicherweise beeinflusst werden.
… erklären, weshalb sich verschiedene Blickwinkel auf ein und dieselbe Situation nicht widersprechen müssen, sondern ergänzen können.
… mit unterschiedlichen Medien Gedanken und Wahrnehmungsebenen „sichtbar" machen.

Wirklichkeit verschieden wahrnehmen

Im Alltagsdenken geht man in aller Regel davon aus, dass Menschen, die eine gleiche Situation erleben, diese auch gleich wahrnehmen und verstehen. Reflektiert und überlegt man genauer, wird jedoch schnell klar: Jeder Mensch erlebt das, was um ihn herum passiert, individuell und verschieden – und zwar nicht nur, weil sich auch die Wahrnehmungen der Sinne unterscheiden können.

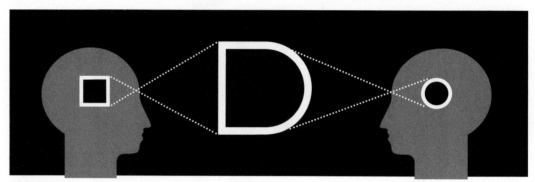

M 1 Wahrnehmungsperspektiven

M 2 Schulalltag wahrnehmen

Der folgende Auszug aus dem Roman „Vierzehn"
von Tamara Bach inszeniert die Individualität
von Wahrnehmungen. Das Buch erzählt einen
ganzen Tag aus dem Leben der 14-jährigen
Schülerin Beh, die nach den Sommerferien wie-
der zur Schule kommt. Es gewährt Einblicke in
Behs Gedanken: Wie erlebt sie den ersten Schul-
tag und die große Pause mit ihren Freundinnen?
Du wirst herangewinkt. Man ruft deinen
Namen. Da stehen sie, zweisilbige Mädchen,
die auf a enden. Und Jeanette. Winken den
ganzen Weg, der nicht lang ist, ungeduldig,
5 beeil dich, in elf Minuten klingelt es zur ersten
Stunde.
Man begrüßt sich jetzt also mit Wangen-
küsschen. Zwei. Das ist neu.
Nicht, dass es zwei sind, sondern das Bussi-
10 ding an sich. Du machst mit, gehst die Reihe
entlang, Jeanette, Hannah, Emma eins und
Emma zwei, Blahblah und Blahblah. Pause
Die Schlange vor dem Hausmeisterkabuff ist
zu lang. Du hast noch einen Apfel. Du isst also
15 deinen Apfel. Viel ist nicht dran. Du knabberst
dich nah ans Kerngehäuse, an Strunk und Stiel
ran. Ab in den Müll. Leckst dir die Finger. Die
Neue steht da und starrt dich an.
„Ist was?" „Nee."
20 Du schaust deine Nägel an. Am Zeigefinger ist
nur noch ein kleiner Fitzel Lack übrig. Bläh
und Bläh, Hanni und Nanni fragen die Neue
aus. Merk dir den Namen. Maxima. Maximal.

Du gehst alle Varianten ihres Namens im Kopf
25 durch, fragst dich, was sie schon alles gehört
hat. [...]
Jeanette isst ein Snickers. So ein großes Snickers. Weil sie angeblich unterzuckert ist. Du
bestimmt auch. Aber du hast kein Snickers. Du
30 könntest vielleicht fragen, ob sie dich mal abbeißen lässt. So unter Freunden. Bitte. Bitte?
Ist ja auch ein großes Snickers. Jeanette sieht,
dass du sie anstarrst. Guckt zurück, während
sie abbeißt. Mit Absicht abbeißt. Schau, wie
35 sich die Karamellfäden zwischen Zähnen und
Snickers ziehen. Nein, du wirst nicht fragen.
Du guckst woandershin.
Du überlegst, ob du noch mal beim Hausmeister anstehen willst. Als ob das irgendwer je
40 wollte. Du denkst kurz über freien Willen
nach, dann über Schokolade. Schaust auf die
Uhr. Als du wieder hochblickst, zerknüllt
Jeanette die leere Verpackung.
„Sorry, wolltest du abbeißen?", fragt sie dich.
45 Du zuckst mit den Schultern. Die Spucke im
Mund hat sich inzwischen verdoppelt. Du
schluckst sie runter. Die Emmas reden wieder
auf Maxima ein. Von beiden Seiten. Die holt
ihr Handy raus, als würde sie die beiden gar
50 nicht hören. Und geht dann einfach weg. Leer-
stelle.
Emma schaut Emma an.
An der Tischtennisplatte wird Rundlauf gespielt. Das habt ihr das letzte Mal in der sechs-
55 ten Klasse gemacht. Mit Händen, mit Büchern,

Tamara Bach, (* 1976), deutsche Schriftstellerin.

manche haben sogar extra Tischtennisschlä-
ger mit in die Schule gebracht. Du hast schon
lange nicht mehr Tischtennis gespielt. Du
warst aber auch nicht gut.
60 Du verlagerst das Gewicht vom einen auf das
andere Bein. Ein paar ziehen Runden über den
Hof, ziehen Runden um das Schulhaus. Ihr
steht hier.
Steht euch die Beine in die Bäuche, ihr solltet
65 euch eigentlich bewegen, dazu ist die Pause
da. Aber dazu seid ihr inzwischen vielleicht zu
alt. Gummitwist habt ihr auch mal gespielt.
Himmel und Hölle. Du schaust auf die Uhr.
Emma schubst dich an. Du fragst, was sei.
70 Sie hat dir eine Frage gestellt.

Welche denn? Sie stellt sie noch mal. Du be-
antwortest die Frage und bist einen Moment
später schon wieder mit den Gedanken woan-
ders. Das ist bestimmt Unterzuckerung. Du
75 brauchst vielleicht Koffein. Du magst keinen
Kaffee. Tee hat der Hausmeister nicht. Cola hat
er.
Du magst auch keine Cola. Du trinkst einen
Schluck Wasser. Schaust auf die Uhr. Emma
80 und Emma gehen los, weil sie über irgendwas
reden müssen. Eine Runde laufen. Jetzt steht
ihr da zu dritt. Hannah schaut dich an.
Du ziehst dein Handy aus der Tasche. Wischst
irgendwo rum. Tippst irgendwo rum. Öffnest
85 Apps und schließt sie wieder. Schaust auf die
Uhr. Und hoch. Sagst, dass du aufs Klo musst.
Gehst aufs Klo und wäschst dir nur die Hände.
Tamara Bach, Vierzehn. Hamburg 2016, S.14–41.

#MeinePerspektive
#LebinmeinerWelt
#ErzählmeineGeschichte

M 3 Innenperspektive

M 4 Wahrnehmungen in der Pause

→ Unterschiedli-
che Wahrnehmun-
gen gibt es auch
mit Blick auf die
Kirche: S.122 f.

1 Wahrnehmung ist perspektivisch **M 1**, **M 3**.
a) Fassen Sie Ihren Gesamteindruck der in **M 2** dargestellten Szene zusammen: Wie nimmt Beh die
große Pause und das Gespräch mit ihren Freundinnen
wahr?
b) Benennen (und ggf. markieren) Sie: Welche Aspekte
dieser Szene hätte ein Beobachter, eine Beobachterin
– etwa anhand einer Videoaufnahme – nachvollziehen
können, welche sind Beh allein aus ihrer Innenperspektive zugänglich?
c) Setzen Sie die Szene aus der Perspektive einer der anderen Freundinnen in Form eines Comics, Standbildes
oder Rollenspieles kreativ um.

2 Tamara Bach erzählt in der Du-Form.
a) Beschreiben Sie die Wirkung dieser Erzählform auf Sie
selbst.
b) Prüfen Sie mögliche Veränderungen Ihrer Wahrnehmung
des Textes, nachdem Sie ihn in die Ich-Form umgeschrie-
ben haben **M 3**.

3 Lassen Sie sich durch **M 4** inspirieren, eigene Schulall-
tagsszenen in der Ich- und der Du-Form zu erzählen.

Wahrnehmung macht den Unterschied

Subjektive Wahrnehmungen und Weltdeutungen erschließen uns Wirklichkeit. In einigen Handlungsfeldern wird dieser perspektivische Wirklichkeitszugang besonders intensiv erfahrbar.

M 1 Marc Chagall, Der Spaziergang, 1917/1918

Marc Chagall (1887–1985) war ein französischer Maler russisch-jüdischer Herkunft. Er gilt als einer der bedeutendsten Maler des 20. Jahrhunderts.

Julia Engelmann (* 1992) ist Schauspielerin, Poetry-Slammerin, Dichterin und Sängerin.

Bertolt Brecht (1898–1956) war ein einflussreicher Schriftsteller des 20. Jahrhunderts.

M 2 Jetzt (Wir können alles sein, Baby)

[...] Wir sind beide der Häuptling
und auch beide ein Kind.

Wir schlafen unter lichtdurchfluteten Blätterdächern,
5 und seidigen Sonnenstrahlendecken
in federweichen Flussbetten,
bewegen uns in Pirouetten.
Ich will nicht aufhören zu lächeln,
nicht aufhören, an uns zu denken. [...]

10 Hier ist alles so friedlich
und die Aussicht ist schön.
Es gibt nichts zu verändern,
es gibt keinen Grund zu gehen. [...]

Wir lachen in Slow Motion,
15 wir leben in Zeitlupe,
haben ein kleines bisschen Ewigkeit
in diesem Zwischenraum gefunden.

Wir malen mit Pastellstraßenkreide alle Wälder
20 aus unserer Fantasie
auf die Wirklichkeit drauf.
Wir machen Mohnengel in Mohnfeldern,
das sieht aus Zugvogelperspektive
ganz schön rätselhaft aus. [...]

25 Wir sind in die Unendlichkeit
und die Verliebtheit verliebt.
Wir sind bereit für jedes Wunder,
Superhelden, unverwundbar.
Wir sind gleich wahr und gleich leicht
30 inmitten endloser Freiheit.
Wir sind gleich groß und gleich stark,
und alles ist einfach.

Dieser Moment – der ist komplett perfekt,
und zum ersten Mal weiß ich:
35 Ich lebe im Jetzt. [...]
Julia Engelmann, Wir können alles sein, Baby. Neue Poetry-Slam-Texte, München 2015, S. 31–34.

M 3 Morgens und abends zu lesen

Der, den ich liebe
Hat mir gesagt
Daß er mich braucht.

Darum
5 Gebe ich auf mich acht
Sehe auf meinen Weg und
Fürchte von jedem Regentropfen
Daß er mich erschlagen könnte.
Bertolt Brecht, Liebesgedichte, Leipzig 2002, S. 18.

#SchmetterlingeimBauch
#RosaBrille

M 4 Liebesschlösser an einem Brückengeländer

M5 Tagebuch eines Mitarbeiters, der am Arbeitsplatz Mobbing erlebte

Montag, 7.55 Uhr

Sitze im Wagen. Es ist kalt. Keine Standheizung. Bloß keine Minute zu früh zur Arbeit. Der Zeiger der Uhr. Er macht mich nervös. Er
5 bewegt sich zu schnell. Ich sehe Jan. Er geht auf die Stechuhr zu. Langsam. Ein bisschen Morgenmüdigkeit vielleicht. Aber ausgeschlafen. Ich beneide ihn. [...] Die Uhr zeigt 8.01 Uhr. Eine Minute zu spät zur Arbeit. Bis zur Stech-
10 uhr weitere zwei Minuten. Insgesamt drei Minuten. Drehen mir bestimmt einen Strick daraus. Unpünktlichkeit. Jede Kleinigkeit wird vermerkt. Ist mir egal. Ich will da nicht rein. [...].
15 Montag, 8.10 Uhr

Der Flur ist leer. Seit dem neuen Chef keine Tür-und-Angel Gespräche mehr. Jeder macht nur noch seine Arbeit. Ich sehe mich um. Kein Chef in Sicht. Manchmal steht er vor meiner
20 Bürotür. Wartet auf mich. Oder seine Sekretärin. Ich halte die Anspannung kaum aus. Wie ein unendlicher Fluss von Strom rast sie durch meinen Körper. Die Angst frisst mich an. Ich beeile mich. Schnell in mein Büro. Tür zu. Auf-
25 atmen. Nur kurz. Ich stehe unter Quarantäne. Niemand redet mit mir. Alle wissen: Ich stehe auf der Abschussliste. Zu alt. Zu ineffektiv.

Montag, 10.00 Uhr

Kein Personalgespräch. Abgesagt. In letzter
30 Minute. Frau Beier teilt es mir mit. Süffisant. Die Götterbotin des Chefs. Teilhaberin der Macht. Das dritte Mal in diesem Monat. Fühle mich wie vor einem Exekutionskommando. Alle legen auf mich an. Drücken ab. Platzpat-
35 ronen. Ab zurück in die Zelle. Auf ein nächstes Mal. Will meine Frau anrufen. Ihr alles erzählen. Ich weiß, sie kann es nicht mehr hören. Ich tue es nicht. Ich verstehe sie. Versuche, zu arbeiten. Werde mit Arbeit überhäuft. Schaffe
40 das nicht. Die wissen das ganz genau. Wieder ein Grund mehr, mich auszumustern. Ich schreie. Ganz laut: in mir. Ununterbrochen. Ich kann mich hören. Schritte auf dem Gang. Ich lausche. Ich kenne diesen Schritt. Er ist es. Er
45 bleibt stehen.

Holger Wyrwa, Mobbing – nicht mit mir, München 2017, S. 25–28.

⊕ Marc Chagall, Bertolt Brecht

Konstruktivismus, Subjektivität, Objektivität, Ding an sich

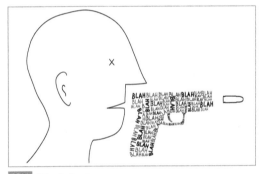

M6 Words hurt

1 Setzen Sie sich mit dem Bild von Marc Chagall auseinander **M1**.
a) Beschreiben Sie die Szene entweder aus der Sicht einer der dargestellten Personen oder aus der Beobachterperspektive.
b) Vergleichen Sie Ihre Beschreibungen.
c) Interpretieren Sie Chagalls Bild in der Vielfalt Ihrer Beschreibungen. Prüfen Sie, welche Bedeutung Ihre gewählte Perspektive für die Interpretation hat.

2 Zeigen Sie auf, wie das Leben „im Jetzt" in Julia Engelmanns Text beschrieben wird **M2**. Fassen Sie Ihr eigenes „Jetzt" in Worte.

3 Wie verändern Liebe und Freundschaft die Sicht auf die Welt? Setzen Sie sich mit **M1**–**M4** auseinander und verdeutlichen Sie dies, z.B. in Form einer Zeichnung, eines kreativen Hashtags oder einer eigenen Beschreibung.

4 Untersuchen Sie **M5** und beschreiben Sie, wie Mobbing die Wirklichkeitswahrnehmung des Mitarbeiters verändert.

5 Sprache kann eine Waffe sein **M6**.
a) Nennen und bewerten Sie Beispiele, in denen die verletzende Macht der Worte für Sie zum Ausdruck kommt.
b) Diskutieren Sie die Bedeutung einer Ethik des Sprachgebrauchs.

6 Erörtern Sie in Auseinandersetzung mit **M1**–**M6** die Möglichkeit einer objektiven Beschreibung von Wirklichkeit.

Überprüfen Sie, inwiefern eine starke (positive oder negative) Wahrnehmung auch auf den von Ihnen gewählten Ort zutreffen könnte.

Alles nur in meinem Kopf?! Wie Wahrnehmung (nicht) funktioniert

Wie nehmen Menschen ihre Welt und die Realität wahr? Was ist für sie Wirklichkeit? Wie kommt die Welt in den Kopf? Diese und ähnliche Fragen stellen sich Philosophen nicht erst, seitdem es möglich ist, in virtuelle Welten einzutauchen. Vielmehr handelt es sich um grundsätzliche Überlegungen, die bereits in der Antike auftauchten und bis heute diskutiert werden. Sie gehören in den Bereich der sogenannten „Erkenntnistheorie". Mittlerweile beteiligen sich auch weitere Wissenschaftsdiziplinen, wie etwa die Medizin oder die Psychologie, an der Diskussion.

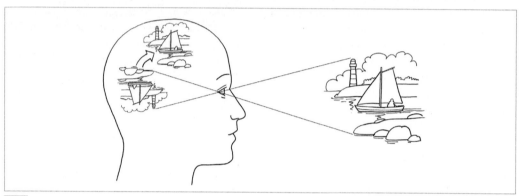

M2 Wahrnehmung nach der Idee des naiven Realismus

Rainer Mausfeld (* 1949), Professor für Psychologie, Universität Kiel.

🌐 Realismus, Konstruktivismus, Erkenntnistheorie

M3 Strohhalm im Wasserglas – (k)ein Anlass für Zweifel an der eigenen Wahrnehmung?!

M1 Wahrnehmung als Produkt des Geistes
Wahrnehmen bedeutet, unseren Alltagsintuitionen zufolge, sich ein für unser Handeln angemessenes Bild der physikalischen Außenwelt zu machen; ein solches Bild wird durch
5 die Sinne vermittelt. [...] Unsere Alltagskonzeption der Wahrnehmung drückt also in ihrem Kern einen naiven Realismus aus: „Die Eigenschaften externer Objekte werden vom Auge erfaßt und durch Verarbeitungsprozesse
10 im Gehirn unserem Geist vermittelt. Daher sehen wir die Welt so, wie sie wirklich ist." Insbesondere sind wir überzeugt, dass die Kategorien unserer Wahrnehmung auch Kategorien der Außenwelt sind und dass wir – bis auf
15 einige „Sinnestäuschungen" – die Welt so sehen, wie sie wirklich ist.
Wobei wir natürlich bereit sind, einige „Spitzfindigkeiten" zu berücksichtigen, zu denen uns die Physik zwingt, die ja ihrerseits bean-
20 sprucht, die Welt so zu beschreiben, wie sie wirklich ist: Natürlich nehmen wir beim Schmecken nicht die chemische Struktur von Molekülen wahr, sondern Geschmacksqualitäten, wie süß, sauer, salzig oder bitter, natürlich
25 sehen wir nicht Wellenlängen des Lichtes, son-
dern Farben. Wir sind also in einigen Fällen bereit zuzugestehen, dass wir die Welt nicht so wahrnehmen, wie die Physik sie beschreibt, sondern dass wir hier und da einige subjektive
30 Aspekte hinzufügen: Doch mindert dies kaum unsere grundsätzliche Überzeugung, dass die Wahrnehmung – abgesehen von „subjektiven Sinnesqualitäten" und einigen Sinnestäuschungen – wirklichkeitsgetreu ist.
35 Dieser naive Realismus ist in unserem Alltag höchst zweckmäßig. Dass wir also über eine solche Alltagskonzeption der Wahrnehmung verfügen, stellt selbst eine zentrale Leistung unseres Gehirns dar, nämlich uns den Ein-
40 druck zu geben, wir stünden in der Wahrnehmung in einem direkten Kontakt mit der Welt. [...] Bereits ein Vergleich der Welt, wie sie sich in unserer Wahrnehmung darstellt, mit der Welt, wie die Physik sie beschreibt, lässt die
45 Unangemessenheit eines naiven Realismus erkennen. Die Dinge, die unsere Wahrnehmungswelt bevölkern, sind nicht die abstrakten Entitäten, welche die theoretische Physik zugrunde legt (wie Atome, Quarks, Super-
50 strings, Gravitationsfelder, etc.). Auch wird der überwiegende Teil des auf den Organismus

treffenden raum-zeitlichen Energiemusters überhaupt nicht wahrgenommen oder für bio-logische Zwecke verwendet; nur einige Aspek-
55 te werden für eine biologische Anpassung des Organismus an seine Umwelt herausgefiltert. Beispielsweise können wir weder die Polarisierungsebene von Licht wahrnehmen noch die Richtung magnetischer Felder.
60 Was wir als Realität ansehen, ist also ein Pro-dukt unseres Wahrnehmungssystems. Dies macht bereits deutlich, dass die Wahrneh-mung nicht dem Erkennen der „physikalischen Realität" dient. Vielmehr ist unser Konzept von
65 „Realität" bereits durch die uns biologisch ver-fügbaren Bedeutungskategorien bestimmt. Die vom Wahrnehmungssystem bzw. Gehirn generierte „Realität" ist also eine andere als das, was von der Physik als ‚Realität' postuliert
70 wird. [...] Die Einheiten unseres Erlebens und Denkens sind als bedeutungshafte Einheiten Produkte unseres Geistes und nicht etwas in der physikalischen Außenwelt Vorgegebenes, das durch unseren Geist lediglich wahrgenom-
75 men und erfasst wird. [...] Vielmehr können wir unseren Geist bildhaft mit einem großen Orchester vergleichen, in dem eine Fülle un-terschiedlicher Einzelinstrumente in geradezu perfekter Harmonie all das hervorbringt, was
80 unseren Geist auszeichnet. In unserem Erle-ben ist uns nur der Gesamtklang dieses gan-zen Orchesters unserer geistigen Kapazitäten zugänglich. Welche Instrumente dazu beitra-gen und wie genau ihr Zusammenspiel organi-
85 siert ist, ist vollständig gegen unsere intro-spektiven Einblicke abgeschottet.

Rainer Mausfeld, Wahrnehmungspsychologie, 2010, http://www.uni-kiel.de/psychologie/mausfeld/pubs/Mausfeld_Wahrnehmung_2010.pdf, letzter Zugriff am 28.10.2018

#WiedieWeltwirklichist
#WiedieWeltnichtist

M 4 Man sieht mehr als das Auge eigentlich erfasst: Tiefeneffekt

M 5 Wahrnehmung als Produkt des Geistes

1 Lesen Sie **M 1**, Z. 1–41.
a) Fassen Sie die Vorstellung des sogenannten „naiven Realismus" mit eigenen Worten zusammen **M 1**.
b) Erläutern Sie, weshalb dieser Erklärungsansatz als „naiv" bezeichnet werden kann. Beziehen Sie die Bilder **M 3** und **M 4** in Ihre Überlegungen ein.

2 Lesen Sie **M 1** Z. 41–85.
a) Erläutern Sie, inwiefern menschliche Wahrnehmung als „Produkt" bzw. „Orchester" des Geistes gesehen werden kann **M 1**, Z. 60 f. und Z. 75. Beziehen Sie einen Vergleich der beiden Darstellungen **M 2** und **M 5** in ihre Überle-gungen ein.
b) Erläutern Sie, was unsere Wahrnehmung im Sinne einer Filterfunktion beeinflusst.

Naturwissenschaftlich wahrnehmen?

Fächer wie die Biologie, Physik oder Chemie zählen zu den klassischen Naturwissenschaften. Wer die Welt aus der Fachperspektive dieser Disziplinen erforscht, der untersucht eine bestimmte Art von Fragestellungen und bestimmte Aspekte dessen, was Wirklichkeit ausmacht. Aber ist damit die Wirklichkeit in ihrer Fülle getroffen? Welche Dimensionen der Wirklichkeit kommen naturwissenschaftlich nicht in den Blick – obwohl sie unser Denken und Handeln bestimmen?

M 1 Naturwissenschaftlich arbeiten

Gegenstand naturwissenschaftlicher Forschung sind Erscheinungen, die gemessen werden können, die kausal erklärbar, wiederholbar und vorhersagbar sind und die deshalb
5 auch unter bestimmten Versuchsbedingungen grundsätzlich von jedem jederzeit überprüft werden können.

Methodisch geht die moderne Naturwissenschaft bei der Erforschung ihres Gegenstandes
10 folgendermaßen vor:

Zunächst werden durch gezielte Beobachtungen, Experimente oder Tests Daten gesammelt (also z. B., dass ein Objekt mit dem Gewicht 1 kg zu einem bestimmten Zeitpunkt unter
15 bestimmten Bedingungen in 0,3 Sekunden senkrecht zu Boden gefallen ist ...).

Um den Zusammenhang zwischen diesen Daten (also z. B. zwischen dem Gewicht und der Fallgeschwindigkeit des Objekts) zu klären,
20 formulieren Naturwissenschaftler nun eine *Hypothese*, d. h. eine begründete Vermutung (also z. B., dass das Gewicht der Objekte sich umgekehrt proportional zur Fallzeit verhält – so die Ansicht des Aristoteles). Diesen Schluss
25 vom Einzelfall auf eine allgemeine Gesetzmäßigkeit bezeichnet man als *Induktion*.

Die Hypothese wird nun in einer großen, aber begrenzten Anzahl von Versuchen überprüft. Diese Anwendung einer allgemeinen Behaup-
30 tung auf Einzelfälle nennt man *Deduktion*. Erweist sich die zu überprüfende Hypothese auch nur in einem Fall als falsch (so genannte *Falsifikation*; also z. B., wenn zwei Körper trotz gleichen Gewichts in ein und demselben Me-
35 dium unterschiedlich schnell fallen – so die Beobachtung Galileo Galileis), dann muss die Hypothese zurückgenommen, modifiziert oder auch eine ganz neue Hypothese aufgestellt werden (so z. B. die Hypothese des
40 Galilei, dass alle Körper unabhängig von ihrem Gewicht im Vakuum gleich schnell fallen). Die neue Hypothese muss dann ihrerseits auf dem Wege der Deduktion wieder experimentell

überprüft werden. Erweist sich die zu überprüfende Hypothese hingegen immer wieder als
45 richtig (so genannte *Verifikation*), dann kann sie in den Status eines Naturgesetzes erhoben werden, wobei es sich natürlich schon oft genug gezeigt hat, dass auch vermeintliche Naturgesetze noch einmal modifiziert werden
50 mussten.

Dieses Verfahren der modernen Naturwissenschaft hat sich mit seinem kritischen, für neue Erfahrungen offenen Grundansatz als äußerst erfolgreich erwiesen. Ihm verdanken wir vom
55 Kühlschrank bis zum Laptop alle technischen Errungenschaften unserer Industriegesellschaft [...].

Peter Kliemann, Glauben ist menschlich. Argumente für die Torheit vom gekreuzigten Gott, Stuttgart 13 2008, S. 51–52.

M 2 Konzentration und Reduktion

Für die Erforschung naturwissenschaftlicher Fragestellungen kommen Zusammenhänge und Aspekte infrage, die sich in irgendeiner Weise beobachten, messen und in Größen ab-
5 bilden lassen. Die gewonnenen Ergebnisse und Aussagen müssen dem Anspruch genügen, möglichst „objektiv" zu sein, was im Wesentlichen bedeutet, dass sie personenunabhängig und unter gleichen Rahmen-
10 bedingungen beliebig reproduzierbar sind.

Bei der konkreten Untersuchung oder Analyse eines Sachverhalts wird folglich nur der Teil der Wirklichkeit erfasst, der diese Kriterien erfüllt und für den Erkenntnisprozess relevant
15 erscheint. So käme beispielsweise niemand, der die Schmelztemperatur eines unbekannten Stoffes untersuchen möchte, auf die Idee, dabei die Farbe seiner Kleidung oder seine persönliche Stimmung zu berücksichtigen, die er
20 oder sie am Tag der Untersuchung hatte. Auch der ursächliche Grund dafür, weshalb dieser Stoff überhaupt analysiert werden soll, spielt für das spätere Ergebnis keine Rolle. Der Blick konzentriert und reduziert sich auf diejenigen

Dr. Peter Kliemann (* 1953), Religionspädagoge.

25 Teilaspekte, die zu beobachten und in einem
zweiten Schritt zu quantifizieren und verifizie-
ren sind.

Ein weiteres Beispiel: Schaut man sich ein Bil-
lardspiel unter naturwissenschaftlichen Blick-
30 winkeln an, so ließe sich daran – je nach Fragestellung – eine Vielzahl von Eigenschaften
messen und erheben, etwa: Welchen Einfluss
haben Masse und Geschwindigkeit der Kugeln
auf deren Bewegung? Wie verändert sich die
35 Laufbahn in Abhängigkeit vom Aufprallwin-
kel? Wieviele Kugeln geraten pro Zug durch-
schnittlich in Bewegung? Wie lange dauert
eine Partie in der Regel? Von vielen anderen
Dimensionen der Wirklichkeit eines konkre-
40 ten Billardspiels würde bei einer entsprechen-
den Untersuchung jedoch abgesehen werden,
so zum Beispiel: In welchem Verhältnis stehen
die Spieler zueinander? Aus welchem Grund
und in welcher Kneipe spielen sie miteinan-
45 der? Haben sie Freude dabei? Worüber unter-
halten sie sich? Wie erleben sie die gemeinsa-
me Spielrunde? Werden sie sich wieder
treffen? Auch wenn diese Aspekte für die beteiligen Personen am Ende von großer Bedeu-
50 tung sein mögen, entziehen sie sich in ihrer
Gesamtheit jedoch einer empirisch-wissen-
schaftlichen Erfassung. Die ursprüngliche
Wirklichkeitsfülle des konkreten Ereignisses
reduziert sich [in dem, was hinterher wissen-
55 schaftlich darüber ausgesagt werden kann,]
auf [ganz bestimmte] Teilbereiche.

Religionslehrerverband Münster
http://www.vkrm.de/arbeitsweise_nw, letzter Zugriff
am 28.03.2019

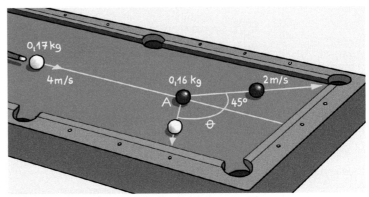

M 3 Abstrakte Betrachtung eines Billardspiels: Geschwindigkeiten, Massen, Richtungen usw.

M 4 Fallen schwere Körper schneller als leichte? – Darstellung Galileo Galileis in Pisa bei der Überprüfung der Fallgesetze 1589 (1918)

M5 Grenzen naturwissenschaftlicher Aussagen

So sagen naturwissenschaftliche Sätze nichts über die Beziehung der Naturwissenschaftler zu ihrem Gegenstand aus, also z.B. aus welchen biographischen Gründen sich Galilei mit
5 den Fallgesetzen beschäftigte, welche Gefühle die Versuche bei ihm auslösten, welche Folgen seine Forschungen für sein weiteres Leben hatten.

Naturwissenschaftliche Erkenntnisse helfen
10 auch bei ethischen und politischen Fragestellungen, die sich aus den Ergebnissen naturwissenschaftlicher Forschung ergeben, nicht weiter: Dürfen und sollen Atomkraftwerke gebaut werden? Ist es erlaubt, biologische und
15 chemische Kampfstoffe herzustellen? Dürfen und sollen Experimente mit menschlichen Genen angestellt werden?

Naturwissenschaftliche Erkenntnisse versagen außerdem bei der Erklärung von Sachverhalten, die einmalig und nicht wiederholbar
20 sind: Der Tod meiner Mutter, der Streit mit meinem Chef, das Herzklopfen beim Lesen eines spannenden Romans, die Hassliebe zu meinem Bruder, meine Freude über den Sonnenaufgang im Hochgebirge – all das ereignet
25 sich natürlich unter Umständen in vergleichbarer Weise in vielen Menschenleben, unterliegt deshalb auch bestimmten, vielleicht sogar statistisch erfassbaren Gesetzmäßigkeiten,
30 letztlich handelt es sich aber doch um jeweils einzigartige menschliche Erfahrungen, die in ihrer Erlebnisqualität nicht messbar sind und auch nicht von jedermann jederzeit überprüft werden können.

35 Welchen Sinn mein Leben eigentlich hat, warum ich ehrlich und hilfsbereit sein soll, ob ich heiraten soll, warum gerade mein Kind behindert zur Welt gekommen ist, warum ich hässlich bin, wie ich mit meiner Arbeitslosigkeit
40 fertig werde, wie ich mit meinem Sprachfehler leben kann – all das sind Probleme und Fragen, die Menschen schlaflose Nächte bereiten können, bei denen der naturwissenschaftliche Zugang zur Wirklichkeit uns jedoch keine Hilfe
45 bieten kann.

Peter Kliemann, Glauben ist menschlich.
Argumente für die Torheit vom gekreuzigten Gott,
Stuttgart [13] 2008, S.53–54.

M7 Wissen und Gewissen

Ein Geologe, der einen Stein untersucht, kann dessen Gewicht und Alter, seine Herkunft und seine chemische Zusammensetzung feststellen. Aber wenn ich ihn frage, warum es besser
5 sei, diesen Stein als Bücherstütze zu benutzen, statt damit jemandem den Schädel einzuschlagen, so betrifft diese Frage ihn in seiner Eigenschaft als Forscher überhaupt nicht, weil es hier nicht um ein wissenschaftliches, son-
10 dern um ein ethisches Problem geht. Das Beispiel zeigt, dass die Erkenntnisse der exakten Wissenschaften nicht ausreichen, um das Leben sinnvoll zu bewältigen. Sie reichen deshalb nicht aus, weil sie sich nur auf einzelne
15 Aspekte der Wirklichkeit, nämlich auf das Mess- und Wägbare, beschränken. Die Wirklichkeit als Ganze aber lässt sich nicht auf mathematische, physikalische und chemische Formeln reduzieren. Oder kann man sich vor-
20 stellen, dass ein Physiker sich damit begnügt, anlässlich einer Aufführung von Carl Orffs Carmina Burana die Luftschwingungen und Klangstärken zu messen? Andererseits kann man Orff verstehen, ohne Musikgeschichte
25 oder die Anatomie des menschlichen Ohrs studiert zu haben. Offenbar gibt es außer der wissenschaftlichen noch eine andere Art der Erkenntnis, die da zu Stande kommt, wo jemand nicht nur mit dem Verstand, sondern auch mit
30 dem Herzen sieht.

→ Weitere Überlegungen zum Gewissen: S.88–91.

Josef Imbach (* 1945), Professor em. für Fundamentaltheologie, Schweiz.

🌐 Szientismus, Positivismus, Komplementarität, Erkenntnistheorie, mechanistisches Weltbild, Fallgesetze, Galileo Galilei, Scheinwerfertheorie, Sinnfrage

M6 Kopfkino: Die großen Fragen, die das Leben stellt

Warum soll sich eine Politik am Menschen und nicht an der Macht orientieren? Wofür tragen wir Verantwortung? Weshalb lohnt es sich, sich selber und anderen treu zu sein? Solche
35 unwissenschaftlichen Fragen sind in unserem Alltag vorrangig. Die Antworten darauf sind weltanschaulicher oder religiöser Natur; es handelt sich dabei um erfahrungsbedingte Gewissheiten und nicht um einen Wissensersatz.

Josef Imbach, Woran Gott glaubt. Denkanstöße für Zeitgenossen, Würzburg 2004, S.78.

#WieistdieWeltdennjetztwirklich
#MeineGeschichteistmeineWelt

M 8 Fülle der Wirklichkeit eines Billardspiels: Wer spielt zusammen? Aus welchem Anlass wird gespielt? Macht das Spiel Spaß? Wie soll gespielt werden? Wird beim Spielen geflirtet? Wie ist die Atmosphäre? usw.

1 Untersuchen Sie die Methodik der Naturwissenschaften.

a) Stellen Sie die Vorgehensweise des naturwissenschaftlichen Arbeitens in grafischer Form (Skizze o.ä.) dar **M 1**.

b) Erläutern Sie die einzelnen Schritte an einem konkreten Beispiel, etwa am Vorgehen Galileo Galileis oder an einem Experiment, das Sie aus dem Physik-, Biologie- oder Chemieunterricht kennen.

c) Erläutern Sie, worin Vorzüge und Beschränkungen der naturwissenschaftlichen Arbeitsweise liegen **M 1**, **M 2**.

d) Erklären Sie, inwiefern die Verifikation einer Hypothese – genau genommen – nicht als Beweis, sondern als Nachweis bezeichnet werden muss.

2 Fassen Sie auf Grundlage der Texte **M 5**, **M 7** und der Bilder **M 6**, **M 8** zusammen, welche Bereiche und Fragen von Wirklichkeit außerhalb naturwissenschaftlicher Betrachtungen liegen, und erklären Sie, weshalb diese Begrenzung methodisch bedingt ist.

3 Zeigen Sie am Beispiel des Billardspiels **M 3**, **M 8** auf, in welchem Verhältnis die naturwissenschaftlichen und nicht-empirischen Aussagen zueinander stehen.

4 Diskutieren Sie mit Blick auf die Materialien **M 5** – **M 7**, bei welchen Fragen und Aspekten eine religiöse Perspektive Wirklichkeit beeinflussen kann.

Wenn Blickwinkel verwechselt werden

... hat das weitreichende Folgen. Die Beachtung methodischer Grenzen sichert die intersubjektive Überprüfbarkeit von Aussagen.

M1 Wissenschaftlicher Reduktionismus

Wenn sich ein Naturwissenschaftler, ganz gleich, ob er Physiker, Chemiker oder Biologe ist, daranmacht, den Menschen zu erforschen, so findet er an ihm weder in atomar-materiel-
5 ler, noch in chemisch-biochemischer, noch in physiologisch-morphologischer Hinsicht irgendetwas völlig Unableitbares, absolut Einmaliges und im subhumanen Bereich Nie-Dagewesenes.
10 Es liegt nahe, dem Menschen mit reduktionistischen Methoden und Gedankengängen derart zu Leibe zu rücken, dass das spezifisch Menschliche auf der Strecke bleibt. Typische Formulierungen dieses Denktyps sind: Der
15 Mensch ist nichts anderes als ein komplizierter Primat ... nichts anderes als ein spezieller Säuger, ein spezielles Wirbeltier ... nichts anderes als ein vielzelliges Organsystem, ein Organismus ... nichts anderes als eine hochkomple-
20 xe Ansammlung von Zellen ... nichts anderes als ein hochkomplexer chemisch-biochemischer Reaktionsraum ... nichts anderes als ein (makro-)molekularer Reaktionsreigen ... nichts anderes als eine hochkomplexe, hoch-
25 spezifische Vergesellschaftung von Atomen und subatomaren Elementarteilchen etc. Man kann mit gutem Recht, mit absolut nachvollziehbarer naturwissenschaftlicher Logik den Menschen derart analysieren, elementari-
30 sieren, deklinieren, reduzieren. Das Ergebnis ist möglicherweise naturwissenschaftlich völlig richtig und zugleich anthropologisch völlig falsch. Es ist von unzweifelhafter Evidenz, was auch schon die mittelalterliche Phi-

35 losophie und Theologie wusste: Das Ganze ist mehr als die Summe seiner Teile. Das oben skizzierte bis karikierte Vorgehen wird als reduktionistisch, der ihm zugrunde liegende Denkansatz als Reduktionismus bezeichnet.
40 Der analytischen Reduktion eines systemischen Ganzen auf die [...] Bestandteile gehen im Allgemeinen die erst in der systemischen Ganzheit auftretenden unprognostizierbaren Systemeigenschaften verloren und dann miss-
45 lingt eben auch die anschließende synthetische Rekonstruktion. [...]
Am Ende dieser reduktionistischen Ableitungsfolge bestimmt sich die menschliche Ganzheit aus dem, was von Atomen oder gar
50 subatomaren Bestandteilen zu sagen ist. Ohne nur im Geringsten bestreiten zu wollen, dass der Mensch all das ist, ein Primat, ein Organsystem, ein hochkomplexes Ensemble von Molekülen und Atomen etc., so ist doch mit
55 Entschiedenheit festzuhalten, dass er mehr als nur das ist. Das Ganze ist eben mehr als die Summe seiner Teile.
Gegen einen [...] Reduktionismus, der um seine aus dem Erkenntnisinteresse erwachsende
60 [...] vollzogene Partialisierung des Erkenntnisgegenstandes weiß, ist nichts einzuwenden. Das gilt aber nur solange, wie der reduktionistisch vorgehende Naturwissenschaftler nicht aus der partialen Erkenntnis totale und totali-
65 sierende Ergebnisse ableiten zu können und behaupten zu dürfen meint.

Ulrich Lüke, Das Säugetier von Gottes Gnaden. Evolution, Bewußtsein, Freiheit, Freiburg ²2006, S.27–29.

Ulrich Lüke (* 1951), Priester, lehrte Philosophie und Fundamentaltheologie in Aachen.

M2 Das Ganze ist mehr als die Summe seiner Teile

M 3 Biblischer Fundamentalismus

Kreationisten unterscheiden nicht (wie die Bibelwissenschaft) zwischen den religiösen Inhalten der Bibel und den damaligen weltbildlichen Vorstellungen, in die sie eingebettet sind,
5 sondern sie verstehen die Schöpfungstexte am Anfang der Bibel (Gen 1 und 2 f.) buchstäblich wörtlich als Tatsachenberichte, missverstehen sie daher als naturkundliche, gewissermaßen naturwissenschaftliche Auskünfte. Sie kennen
10 nur einen Weg, die religiöse Wahrheit der Bibel festzuhalten, nämlich durch die Behauptung, dass die Bibel auch in allen weltbildlichen Anschauungen irrtumslos sei. Der buchstäbliche Wortlaut der Bibel müsse wahr sein, also auch
15 die damaligen Vorstellungen über die Natur, und deshalb seien die alttestamentlichen Erzählungen von Schöpfung, Sündenfall und Sintflut als historische Faktenbeschreibungen zu verstehen. Davon abweichende naturwis-
20 senschaftliche Erklärungen, zumal die Evolutionstheorie, werden deshalb entschieden als falsch abgelehnt.
Ein derartiges – längst überwunden geglaubtes – buchstäblich-wörtliches Verständnis der
25 biblischen Schöpfungstexte, das an ihrem ursprünglichen Sinn vorbeigeht, scheint heute wieder manche Menschen zu faszinieren. Verunsichert durch die gesellschaftlichen Umbrüche und die rasante Veränderung der
30 Lebensverhältnisse, suchen sie nach Sicherheit und Halt an etwas, das sich nicht verändert, und finden es im Wortlaut der Bibel, an dem sie nicht deuteln lassen. Die Anhänger einer solchen buchstäblichen Auslegung der
35 Bibel sind dann durchweg Gegner der Evolu-

tionslehre. Nach ihrer Auffassung kann nur entweder die Bibel oder die Wissenschaft richtig sein: die (buchstäblich zu nehmende) Bibel oder Darwin, nicht die (anders zu verstehen-
40 de) Bibel und Darwin. [...]
Und weil zum einen die Bibelwissenschaft und Universitätstheologie hierzulande medial kaum noch die Öffentlichkeit erreicht, zum andern in den beiden Volkskirchen aus Scheu
45 vor der notwendigen Konfrontation mit sich als bibeltreu gerierenden Gruppen in den eigenen Reihen eine klare Positionierung häufig unterbleibt, entsteht in der Öffentlichkeit der Eindruck, dass die beiden Kirchen die Schöp-
50 fungstexte am Anfang der Bibel wortwörtlich nehmen und sie als angeblich historische Tatsachenberichte von der Entstehung der Welt, des Lebens und des Menschen verstehen, also eigentlich nicht mehr ernst zu nehmen sind.

Hans Kessler, Evolution und Schöpfung in neuer Sicht. Kevelaer ³2010, S.17–19.

M 4 Wortwörtliches Bibelverständnis: Nachbau einer Arche nach biblischen Maßen im Bibelmuseum der kreationistischen Vereinigung in Kentucky (USA)

→ Schöpfung und Flut bilden einen Zusammenhang: S.39.

Hans Kessler (* 1938), katholischer Theologe, lehrte Dogmatik und Fundamentaltheologie in Frankfurt am Main.

🌐 Reduktionismus, Kreationismus, Fundamentalismus, Emergenz

Positivismus, Erkenntnistheorie, Intelligent Design

→ Ein naturwissenschaftlicher Erklärungsversuch der Fluterzählung: S.34 f.

1 Lesen Sie den Text von Ulrich Lüke **M 1**.
a) Benennen Sie Merkmale eines reduktionistischen Menschenbildes.
b) Diskutieren Sie, welche Folgen es haben kann, wenn Menschen auf einzelne Aspekte ihres Wesens reduziert werden.

2 Lesen Sie den Text von Hans Kessler **M 3**.
a) Benennen Sie Merkmale eines kreationistischen Weltbildes.
b) Beurteilen Sie, auch in Bezug auf das Bild **M 4**, welche Folgen die Ignoranz gegenüber naturwissenschaftlichen Welterklärungen für den Schöpfungsglauben haben kann.

3 Dass das Ganze mehr ist als die Summe seiner Teile **M 2**, bezeichnet man als Emergenz.
a) Erläutern Sie Emergenz am Beispiel von **M 2**.
b) Nennen Sie weitere Beispiele für Emergenz, recherchieren Sie gegebenenfalls dazu.
c) Konfrontieren Sie Emergenz mit einem reduktionistischen oder kreationistischen Weltbild und nehmen Sie Stellung.
d) Zeigen Sie auf, inwiefern Reduktionismus und Kreationismus unzulässige Grenzüberschreitungen vornehmen und methodologisch unzureichend argumentieren.

👥 Benennen Sie die reduktionistischen Filter, mit denen Sie Menschen von Ihrem Ort aus beobachten.

Wirklichkeit aus dem Glauben heraus wahrnehmen?!

Wann und wozu „braucht" der Mensch Religion? Ist Glaube das Gegenteil von „Wissen"? Solche und ähnliche Fragen tauchen immer wieder auf, wenn es um die grundsätzliche Bedeutung von Religion geht. Wer nicht genauer unterscheidet, dem wird der Glaube tatsächlich schnell als überholtes Phänomen aus vergangenen Zeiten oder bloßes Mittel zur Bewältigung von Lebenskrisen erscheinen. Es lohnt jedoch zu überprüfen: Von was genau ist die Rede? Was heißt es, wenn Menschen die Welt und ihre Wirklichkeit als Teil ihres Glaubens wahrnehmen und welche Sichtweise eröffnet die Bibel?

M1 Unsichtbar (Revolverheld)

Ich hab' eben im Café einen Mann gesehen
Der hat erzählt, er kann die Welt nicht mehr verstehen
Er hat das Leben bis ins Allerkleinste aus-
5 gecheckt
Doch gibt es irgendwas, das sich vor ihm versteckt
Er sagt, er glaubt nicht an die Kirche, aber betet
10 Hofft auf das Wunder, trotz klarem Verstand
Und vielleicht ist da noch mehr zwischen den Teilchen
Das man nicht erklären kann

Wir alle hoffen, kämpfen, suchen jeden Tag
15 *Unser Leben ist vollkommen durchgeplant*
Wir halten fest an dem, was man erklären kann
Doch was wir suchen bleibt unsichtbar
Wir können da raus gehen und für all das Glück bezahlen
20 *Und versuchen, unser Leben aufzumalen*
Doch was wichtig ist, liegt nicht in unserer Hand
Denn was wir suchen, bleibt unsichtbar

Der eine glaubt an Gott und Leben nach dem Tod

25 Er sagt, wenn er die Augen schließt, fliegt er los
Die Antwort liegt mit Sicherheit im Detail
Doch wir sind alle dafür noch nicht bereit
Er kann mir selber nicht erklären, was es ist
30 Doch will es glauben und klammert sich daran
Denn vielleicht ist da noch mehr zwischen den Teilchen
Das er nicht verstehen kann

Wir alle hoffen, kämpfen, suchen jeden Tag
35 *Unser Leben ist vollkommen durchgeplant*
Wir halten fest an dem, was man erklären kann
Doch was wir suchen, bleibt unsichtbar
Wir können da raus gehen und für all das Glück bezahlen
40 *Und versuchen, unser Leben aufzumalen*
Doch was wichtig ist, liegt nicht in unserer Hand
Was wir suchen, bleibt unsichtbar
Was wir suchen, bleibt unsichtbar
Was wir wollen, ist unsichtbar

45 Und irgendwo im Chaos such' ich meinen Weg
Ich segel durch die Theorien mal gerade, mal schräg
Glaub' ich daran, dass jemand mich lenkt
Und irgendwo in meinem Kopf doch für mich
50 denkt

Wir alle hoffen, kämpfen, suchen jeden Tag
Unser Leben ist vollkommen durchgeplant
Wir halten fest an dem, was man erklären kann
Doch was wir suchen bleibt unsichtbar
55 *Wir können da raus gehen und für all das Glück bezahlen,*
Und versuchen, unser Leben aufzumalen
Doch was wichtig ist, liegt nicht in unserer Hand
Denn was wir suchen, bleibt unsichtbar
Revolverheld, Album: Zimmer mit Blick, 2018

M2 Ausdrucksformen von Glauben?!

M3 Teilmengen: Zur Bedeutung von Religion

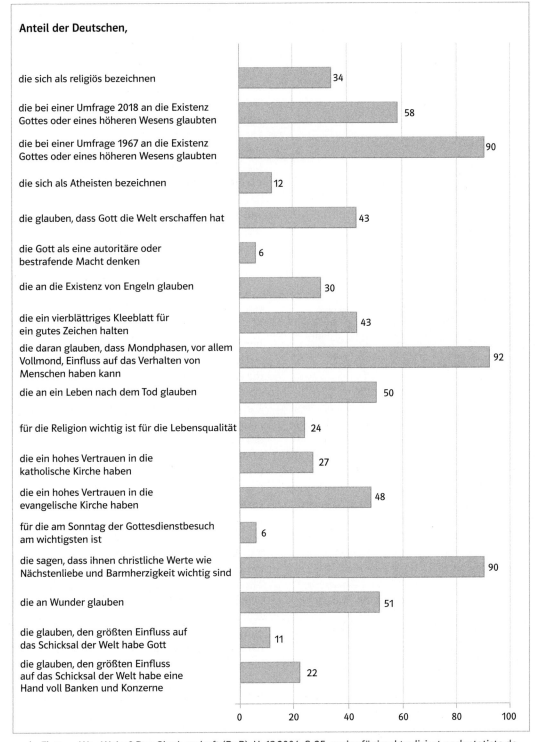

Anteil der Deutschen,

Beschreibung	Wert
die sich als religiös bezeichnen	34
die bei einer Umfrage 2018 an die Existenz Gottes oder eines höheren Wesens glaubten	58
die bei einer Umfrage 1967 an die Existenz Gottes oder eines höheren Wesens glaubten	90
die sich als Atheisten bezeichnen	12
die glauben, dass Gott die Welt erschaffen hat	43
die Gott als eine autoritäre oder bestrafende Macht denken	6
die an die Existenz von Engeln glauben	30
die ein vierblättriges Kleeblatt für ein gutes Zeichen halten	43
die daran glauben, dass Mondphasen, vor allem Vollmond, Einfluss auf das Verhalten von Menschen haben kann	92
die an ein Leben nach dem Tod glauben	50
für die Religion wichtig ist für die Lebensqualität	24
die ein hohes Vertrauen in die katholische Kirche haben	27
die ein hohes Vertrauen in die evangelische Kirche haben	48
für die am Sonntag der Gottesdienstbesuch am wichtigsten ist	6
die sagen, dass ihnen christliche Werte wie Nächstenliebe und Barmherzigkeit wichtig sind	90
die an Wunder glauben	51
die glauben, den größten Einfluss auf das Schicksal der Welt habe Gott	11
die glauben, den größten Einfluss auf das Schicksal der Welt habe eine Hand voll Banken und Konzerne	22

→ Daten zur Kirchlichkeit in Deutschland: S. 114 f.

nach: Fluter – Wer Weiss? Das Glaubensheft (BpB). H. 13 2004, S. 25, geringfügig aktualisiert nach statista.de (div. Umfragen), 28.10.2018

→ Glauben hat auch mit Erinnerung zu tun: S.49.

M 4 Was heißt „glauben"? Ein Blick in die Bibel

In der Alltagssprache wird das Wort „glauben" zumeist verwendet im Sinne von „nicht wissen", „vermuten". Daneben begegnet es aber auch in Sätzen wie „Ich glaube dir" oder „Ich
5 glaube fest an dich".

M 5 „Gar nicht so einfach …."

Hier bezeichnet es ein Vertrauensgeschehen zwischen zwei Personen. Wenn die Theologie vom Glauben spricht, knüpft sie an diese Bedeutung von „vertrauen" an. Glaube meint also
10 gerade keine defizitäre Form des Wissens, sondern bezeichnet einen zutiefst personalen Akt, nämlich das grundlegende Vertrauen gegenüber Gott […]. Der Satz „Ich glaube, dass Gott existiert", liegt damit auf einer völlig anderen
15 Ebene als die Aussage „Ich glaube, dass es morgen regnet".

→ Zum hermeneutischen Umgang mit der Bibel: S.40–43.

Als Vertrauensgeschehen ist der Glaube freilich keine ausschließlich religiöse Kategorie. Glaube existiert auch im vortheologischen
20 Sinne: als Glaube an andere Menschen, an den Sinn des Lebens, als Glaube, dass es sinnvoll ist, weiterzumachen. Man nennt dies auch den „interpersonalen" oder „daseinskonstituierenden" Glauben, der durch den Erwerb des
25 menschlichen Urvertrauens grundgelegt wird. Im religiösen Glauben wird dieses Urvertrauen auf seinen Letzten Grund hin ausgelegt. Hinter dem Vertrauen in das Leben und seinen Sinn, in andere Menschen und schließlich
30 auch hinter dem Vertrauen zu sich selbst

Sabine Pemsel-Maier (* 1962), Professorin für Dogmatik und Religionspädagogik in Freiburg.

scheint im religiösen Glauben Gott als jene größere Wirklichkeit auf, die alles andere übersteigt.

Die Wirklichkeit des Glaubens umschreibt das
35 AT mithilfe von verschiedenen Begriffen: „sich verlassen auf", „sich bergen", „hoffen auf", und vor allem „sich halten an, sich festmachen an". Sie alle weisen hin auf die existenzielle Übereignung des Menschen an Gott und das radi-
40 kale Vertrauen in ihn. Dem entsprechen die Bilder von Jahwe als „Fels", „Schild" und „Burg" (vgl. 2 Sam 22,2 f.). Das NT knüpft an dieses Verständnis an (vgl. Hebr 11,1). […]. Für beide gilt auch, dass der Glaube nichts Statisches ist,
45 wie die Bilder vom „Sich-Festmachen an" oder „Bauen auf" Gott fälschlicherweise nahe legen könnten. Das Vertrauen auf Gott fordert immer wieder den Aufbruch: von Abraham das Verlassen der Heimat, von der Mose-Schar den
50 Aufbruch in das verheißene Land.

Wenngleich zwischen dem Glauben im AT und dem Glauben im NT Kontinuität besteht, existieren doch auch Unterschiede. Während der alttestamentliche Glaube sich allgemein auf
55 die Heilstaten Gottes an seinem Volk richtet, steht im Zentrum des Glaubens im NT die eine Tat: Gottes Offenbarung in Jesus Christus. […] Ist im AT Abraham der „Vater" des Glaubens, der exemplarisch lebt, was radikale Übereig-
60 nung an Jahwe bedeutet, so zeigt jetzt Jesus, was Glauben heißt. […]

Glaube lässt sich nicht erzwingen, sondern setzt die freie Zustimmung des Menschen voraus. In diesem Sinne ist er Tat des Menschen.
65 Dennoch stellt er keine menschliche Leistung dar, sondern verdankt sich Gottes Gnade und damit dem zuvorkommenden Tun Gottes. Die Theologie spricht deshalb auch vom „Glaubenslicht", das Gott dem Menschen – jedem
70 Menschen – vor seinem Zutun schenkt, damit er die ganze Wirklichkeit gewissermaßen „in neuem Licht" erkennen kann. So ist der Glaube beides. Tat Gottes und Tat des Menschen zugleich, ohne dass dies ein Widerspruch wäre:
75 Gott schenkt dem Menschen das Licht, doch sehen muss er selbst. Ob ein Mensch in seinem Leben zum Glauben findet oder nicht, hängt von einer Vielzahl von Faktoren ab: vom Vorhandensein oder Fehlen und von der Art der
80 religiösen Erziehung, vom Milieu, in dem er aufwächst, von den Menschen, denen er oder

sie begegnet, von den Erfahrungen, die jemand macht.
Sabine Pemsel-Maier, Grundbegriffe der Dogmatik. München 2003, S.103–105.

#Ichglaubichbin…

M6 Zur Wirklichkeit biblischer Texte: Wahrheit und Faktizität

Wahrheit ist nicht gleich Faktizität, ist insbesondere nicht gleich historischer Wahrheit. Wie es verschiedene Weisen und Schichten der Wirklichkeit gibt, so gibt es verschiedene
5 Weisen der Wahrheit: und oft in der einen und selben Erzählung verschiedene Schichten der Wahrheit. Man überlege: Kann mich nicht eine tatsächlich geschehene Geschichte völlig gleichgültig lassen? Und kann mich nicht um-
10 gekehrt eine nur fingierte („fiktionale") und historisch nicht geschehene Geschichte unter Umständen tief betroffen machen? Eine Zeitungsmeldung von einem auf dem Weg von Jerusalem nach Jericho überfallenen
15 Reisenden wird mich unter Umständen völlig gleichgültig lassen: obwohl sie – leider – wahr, historisch wahr ist. Umgekehrt wird mich die erfundene Geschichte vom barmherzigen Samariter auf demselben Weg unmittelbar in
20 Bewegung setzen: weil sie mehr Wahrheit enthält. Die erste Geschichte sagt mir eine Wahrheit, die mich nichts angeht oder zumindest nicht anzugehen scheint, die für mich nicht bedeutsam ist: ein pures Faktum, eine
25 rein historische Wahrheit. Die andere Geschichte sagt mir eine Wahrheit, die, obwohl kein Faktum, mich zutiefst betrifft: eine für mich bedeutsame Wahrheit, eine für meine Existenz relevante („existentiale") Wahrheit.
30 Gegenüber einer Geschichte wie der des barmherzigen Samariters oder des verlorenen Sohnes ist die Frage des Historikers, „wie es eigentlich gewesen ist", fehl am Platz: die Frage nach historisch Richtig oder Falsch ist inadäquat,
35 ohne Interesse. Die Poesie, die Parabel, die Legende hat ihre eigene Vernunft. Sie unterstreicht, setzt Akzente, hebt heraus, konkretisiert: Sie kann relevantere Wahrheit künden als der historische Bericht. Die Bibel ist primär
40 nicht an der historischen Wahrheit, sondern an der für unser Wohl, unser Heil relevanten Wahrheit, an der „Heilswahrheit" interessiert.
Hans Küng, Christ sein, Freiburg i. Br. 2016, S.521–522.

M7

Kindern erzählt man Geschichten zum Einschlafen – Erwachsenen, damit sie aufwachen.
Jorge Bucay

Glaube und Wissen, Gottesbeweis, Hermeneutik, Geschichte, Urvertrauen

→ Ein Beispiel: S.34–37.

Hans Küng (* 1928), Prof. em. für Dogmatik und Ökumenische Theologie, Priester und Autor, Schweiz.

---

1 Lesen Sie den Liedtext **M1** und hören Sie sich das Lied im Internet an.
a) Untersuchen Sie den Liedtext der Gruppe Revolverheld im Hinblick auf die Frage nach der Bedeutung von Religion und Glaube.
b) „Doch was wichtig ist, liegt nicht in unserer Hand"/ „Denn was wir suchen, bleibt unsichtbar" Z. 21 f. Erörtern Sie diese Aussagen und nennen Sie Beispiele, die dafür oder dagegen sprechen.

2 Interpretieren Sie die Daten von **M3** und prüfen Sie, welche Rolle Religion und Glaube in der Lebenswirklichkeit von Menschen heute spielen. Zeigen Sie auch kritisch Grenzen solcher Datenreihen auf.

3 Was heißt es, religiös bzw. gläubig zu sein? Entwerfen Sie auf der Grundlage Ihrer Überlegungen und mit Blick auf Bild **M2** eine eigene Defintion.

4 Was bedeutet „Glaube/glauben"?
a) Arbeiten Sie die verschiedenen Bedeutungsdimensionen des Begriffs „glauben" heraus **M4**.
b) Interpretieren Sie die Karikatur **M5** und nehmen Sie vor dem Hintergrund von **M4** Stellung zur Frage danach, was Christsein bedeutet.

5 Stellen Sie den Unterschied zwischen „historischer" und „existenzialer" Wahrheit **M6** dar und erläutern Sie ihn an einem eigenen Beispiel.

6 Diskutieren Sie, inwiefern durch die biblische und andere Erzählungen eine veränderte Wahrnehmung von Wirklichkeit entstehen kann. Greifen Sie für die Unterscheidung von „Weisen und Schichten der Wirklichkeit" **M6**, Z. 3 f. gegebenenfalls auf die Texte von Imbach **M8**, S.140 f. und Kessler **M3**, S.143 zurück.

7 Interpretieren Sie den Aphorismus von Bucay **M7**, auch im Rückgriff auf **M2**, S.37.

Biblische Texte erschließen und verstehen

Dass sich Wahrnehmungen unterscheiden, zeigt sich besonders beim Umgang mit Texten. Hier passiert es immer wieder – und mitunter durchaus gewollt – dass Aussagen verschieden verstanden werden. Auch beim Schauen von Filmen oder Betrachten von Kunstwerken kommt es zu unterschiedlichen Interpretationen. Mit dem Begriff der Hermeneutik wird der Versuch bezeichnet, das jeweils individuelle Verständnis zu erfassen und die verschiedenen Verstehenshorizonte der Menschen abzugleichen bzw. zu erweitern.

M1 Schritt für Schritt – Verstehen als hermeneutischer Zirkel

Das Wort „Hermeneutik" stammt vom altgriechischen Wort „hermēneúein" ab, welches „erklären", „auslegen", „übersetzen" oder „aussagen" bedeutet. Dieses Wort steht wiederum
5 mit einer Figur in der griechischen Mythologie in Verbindung, die den Namen „Hermes" trägt. Hermes war ein Bote der Götter und überbrachte deren Botschaften. Da die Nachrichten der Götter aber oft kryptisch waren, hat
10 Hermes die Botschaften jeweils übersetzen müssen, da sie sonst unverständlich blieben. Die Kunst, Nachrichten richtig auszulegen und zu interpretieren, ist die Hermeneutik. Warum braucht es eine Hermeneutik, eine
15 Kunst der Auslegung? [...] Eine Antwort könnte sein, dass unsere Sprache mehrdeutig und unklar ist. Viele Wörter, die wir verwenden, können in einem Kontext für das eine und im anderen Kontext für das andere stehen. Wenn
20 Ärzte und Informatiker von Viren sprechen, dann sprechen sie nicht vom gleichen Ding. Die einen sprechen über einen Krankheitserreger, die anderen über ein schädliches Computerprogramm. Missverständnisse entstehen
25 demnach, weil wir uns nicht klar genug ausgedrückt haben. [...]
Zwar lassen sich manche Missverständnisse aus dem Weg räumen, wenn man sich klarer ausdrückt, doch gibt es auch Fälle, in denen
30 selbst eine logische oder formale Analyse nichts zum besseren Verständnis beiträgt. Ein Beispiel ist hilfreich: Ein Philosophiestudium beinhaltet oft das Studium klassischer Texte, so auch Texte aus dem antiken Griechenland.
35 Doch die Sprache und auch die Welt der antiken Griechen ist eine ganz andere als die Sprache und die Welt von uns heute. Wenn man Schwierigkeiten beim Lesen dieser antiken Texte hat, dann nicht nur deshalb, weil die
40 Sprache nicht die unsrige ist, sondern auch, weil die Griechen in einer völlig anderen Welt

gelebt haben. Der entscheidende Gedanke ist nun, dass wir, wenn wir die Texte der Griechen richtig verstehen wollen, wir uns auch in die
45 Lebenswelt der Griechen hineinversetzen müssen! Friedrich Schleiermacher, ein Theologe, äußerte dementsprechend die These, dass man einen Autor nur dann verstehen kann, wenn man seine gesamte Lebenssituation
50 nachvollziehen kann.
Da wir uns aber nicht auf einen Schlag in die Lebenswelt der Griechen hineinversetzen können, müssen wir uns ihr schrittweise annähern. Wenn wir einen Text zum ersten Mal
55 lesen, dann erhalten wir ein erstes Verständnis davon. Wenn wir dann denselben Text zum zweiten Mal lesen, dann erhalten wir oft ein zweites Verständnis, welches sich vom ersten Verständnis unterscheidet. Vielleicht haben
60 wir beim ersten Mal gewisse Textpassagen

M2 Hermeneutik als „Schlüssel"

nicht oder kaum berücksichtigt, die wir beim zweiten Mal mehr berücksichtigt haben. Und vielleicht erscheinen uns gewisse Textpassa-
65 gen beim zweiten Mal als nicht so wichtig, wie sie uns beim ersten Mal erschienen sind. Doch auch das zweite Verständnis kann von einem dritten Verständnis abgelöst werden, wenn wir zum Beispiel mehr über den Autoren erfahren und über die Welt, in der er gelebt hat. Unser
70 Verständnis vom Text verändert sich bei jeder neuen Information, es nähert sich so dem Verständnis, das der Autor selber beim Schreiben des Textes gehabt hat. Diese schrittweise Annäherung wird manchmal „der hermeneuti-
75 sche Zirkel" genannt. Ein Zirkel, weil unser neues Verständnis vom Text neue Ideen und Gedanken hervorbringt, die wiederum unser Verständnis vom Text beeinflussen und verändern können, das wiederum neue Ideen und
80 Gedanken hervorbringt und so weiter. Zur Frage, warum es manchmal zu Missverständnissen kommt, kann man nun sagen, dass nicht jedes Missverständnis ein Produkt von Mehrdeutigkeit oder Unklarheit unserer
85 Sprache sein muss, sondern vielleicht, weil wir uns auf einer unterschiedlichen Ebene im hermeneutischen Zirkel befinden. […] In der Antike und im Mittelalter bedurfte es vor allem einer Hermeneutik, um die Epen
90 Homers oder heilige Schriften wie die Bibel richtig auslegen zu können. Obwohl sich die Hermeneutik traditionell mit Schriften beschäftigte, muss sie sich nicht auf Schriften beschränken. Genauso wie Schriften ausgelegt
95 und interpretiert werden müssen, müssen auch Bilder, Töne, Symbole, Malereien, Handlungen, Gesten und so weiter ausgelegt und interpretiert werden. Die Hermeneutik beschäftigt sich mit dem Verstehen und Inter-
100 pretieren allgemein, nicht nur mit der Interpretation von Texten oder Schriften.

Schweizer Portal für Philosophie, Hermeneutik, https://www.philosophie.ch/philosophie/themenbereiche/theoretische-philosophie/hermeneutik, letzter Zugriff am 28.10.2018.

#Perspektivensuchen
#Perspektivenübernehmen
#Perspektivenausprobieren

🌐 Hermeneutik, Rezeptionsästhetik, Vorverständnis

Spiralcurriculum

→ Ein hermeneutischer Vorschlag zur Bibellektüre: S. 40–42.

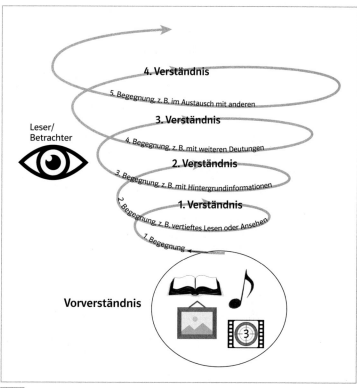

M3 Hermeneutischer Zirkel bzw. Spirale: Verständnis erweitert sich schrittweise

1 Geben Sie mit eigenen Worten und unter Zuhilfenahme der Grafik M3 wieder, wie Verstehensprozesse mit dem Modell des hermeneutischen Zirkels bzw. der hermeneutischen Spirale erklärt werden können M1.

2 Erläutern Sie die Symbolik des Bildes M2 im Hinblick auf das Anliegen von Hermeneutik.

3 Entwerfen Sie eine eigene Darstellung, die das Grundanliegen von (biblischer) Hermeneutik darstellt.

4 Zeigen Sie an einem eigenen Beispiel auf, wie sich das Verständnis eines Textes, eines Kunstwerks, eines Musikstückes oder einer Filmszene im Sinne des hermeneutischen Zirkels bei einer vertieften Auseinandersetzung verändern kann.

🧍 Kommentieren Sie die sichtbar gemachten Gedanken Ihrer Probanden, nachdem Sie aufgrund einer weiteren Begegnung gegebenenfalls mehr von ihnen erfahren haben.

Eckart von Hirschhausen (* 1967)

von Hirschhausen: Humor hilft heilen!

→ Weiterlesen?
Dr. med. Eckart von Hirschhausen, Glück kommt selten allein, Hamburg [13]2015

Eckart von Hirschhausen ist Moderator, Mediziner, Zauberkünstler und Comedian zugleich. Er studierte von 1986 bis 1992 in Berlin Medizin und arbeitete anschließend als Arzt in der Kinderneurologie. Parallel zu seinem Studium sammelte er Erfahrungen als Zauberer und Kabarettist und erkannte vielfältige Zusammenhänge zwischen Humor und Gesundheit. 2008 gründete von Hirschhausen die Stiftung „Humor hilft heilen", die Clowns in Krankenhäuser und Pflegeheime bringt.

Abgesehen von ihrer theologischen Bedeutung zeigen sie [die Heilungsgeschichten der Bibel], dass die seelische Gesundheit wichtiger ist als die rein körperliche. Vielleicht wäre Jesus heute Bewusstseinsforscher, oder UNICEF-Botschafter oder Clown im Krankenhaus. [...] Und ich erinnere daran, dass jeder Mensch ein Wunder ist. Wir bewundern, dass Jesus Wasser zu Wein gemacht hat. Aber ist es nicht ebenso erstaunlich, dass unser Körper in der Lage ist, über Nacht aus dem ganzen Wein wieder Wasser zu machen?
pro-medienmagazin, https://www.pro-medienmagazin.de/gesellschaft/gesellschaft/2015/06/11/jeder-mensch-ist-ein-wunder/, am 28.10.2018

Bei meiner Beschäftigung mit dem Glück bin ich immer wieder auf Dinge gestoßen, die eigentlich uraltes Wissen sind. Man kann heute mit modernen Geräten beweisen, dass Menschen glücklicher sind, wenn sie sich für andere einsetzen. Man kann beweisen, dass wir Mitgefühl haben und dass es uns deshalb automatisch besser geht, wenn es anderen um uns herum gut geht, als wenn die uns runterziehen. Und letzten Endes steht sehr viel von diesen praktischen Glücksrezepten bereits in vielen spirituellen Lehren, auch in der Bibel. Und ich versuche ja immer die Brücke zu schlagen zwischen Medizin und Alltag – und hier zwischen Medizin, Spiritualität und gelebtem Glauben.

Genau das war für mich die Herausforderung: Es geht gar nicht darum, eine perfekte Bibelauslegung zu machen, sondern darum zu zeigen, dass diese alten Geschichten immer noch in uns Denkprozesse auslösen. Wofür steht die Sintflut? Ist die Sintflut von heute nicht die Flut an E-Mails, in der ich jeden Tag ertrinke? Ist unsere Sehnsucht nach Verbindung wirklich mit WLAN erreicht? Ist unsere Sehnsucht nach Zugehörigkeit mit einem virtuellen Freundeskreis von 300 Leuten bei Facebook wirklich das, was uns glücklich macht? Die Antwort ist immer ganz klar: Nein. Aber wir fallen immer wieder darauf rein.
Domradio Köln, https://www.domradio.de/themen/oekumenischer-kirchentag/2010-05-14/eckart-von-hirschhausen-ueber-oekumene-humor-und-die-kirchenkrise, letzter Zugriff am 28.10.2018

Wie ich die Welt erlebe, hängt maßgeblich davon ab, wie ich gerade drauf bin. Die Farbe des aktuellen Gedankens bestimmt nicht nur unsere Gegenwart, sondern auch die Vergangenheit und die Zukunft. Unser Hirn hat keine festen Schubladen, in denen alles verdrahtet und gespeichert wird, sondern besteht aus lebendigen Netzwerken, die sich ständig umbauen und anpassen. Bin ich düster drauf, stelle ich mir die Zukunft genauso düster vor und finde für diese Annahme viel Bestätigung in der düsteren Vergangenheit. Denn Erinnerungen, die in der gleichen Stimmung abgelegt wurden wie unsere aktuelle Stimmung, kommen besonders leicht wieder hoch ins Bewusstsein. Scheint gerade die Sonne in mein Zimmer, komme ich in Urlaubslaune, und – SCHWUPS – fallen mir lauter schöne Szenen aus dem letzten Urlaub ein. [...] Das Prinzip heißt Neuroplastizität und bedeutet nichts weiter, als dass unsere Gedanken und Handlungen die Struktur, mit der wir denken und handeln, verändern können, plastisch und praktisch verformen.
Dr. med. Eckart von Hirschhausen, Glück kommt selten allein, Hamburg[13] 2015, S. 63–64.

---

1 Erläutern Sie, inwiefern Hirschhausens Arbeit als „Brücke" zwischen naturwissenschaftlichen Erkenntnissen und (nicht-empirischen) Sinnfragen bezeichnet werden kann.

2 Wählen Sie aus den Ausführungen von Hirschhausens einen Satz bzw. einen Gedanken aus, dem Sie am ehesten zustimmen würden und konkretisieren Sie ihn an einem Beispiel.

Weißt du, was du willst?

Lebensfrage(n)

Wir fühlen, dass selbst, wenn alle möglichen wissenschaftlichen Fragen beantwortet sind, unsere Lebensprobleme noch gar nicht berührt sind.
Ludwig Wittgenstein

Gott

Unwort der Jahrtausende
blutbesudelt und missbraucht
und darum endlich zu löschen
aus dem Vokabular der Menschheit
Redeverbot von Gott
getilgt werde sein Name
die Erinnerung an ihn vergehe
wie auf Erden so im Himmel
wenn unsere Sprache aber
dann ganz gottlos ist
in welchem Wort
wird unser Heimweh wohnen
wem schreien wir noch
den Weltschmerz entgegen
und wen loben wir
für das Licht
Andreas Knapp, Tiefer als das Meer, 2005, S.10.

Hoffnung

Man braucht Hoffnung zum Leben, anders geht es einfach nicht.
Und Jetzt sag nicht, du nicht. Das stimmt nicht.
Dass Geranien blühen und das Auto anspringt,
dass die Post klingelt, der Käsekuchen aufgeht,
zwei Tore fallen;
dass es Weihnachten schneit, dass ein Geschenk gefällt,
der Wein nicht korkig ist, dass ein Krieg endet
(oder wenigstens nicht näher kommt, auch wenn das eine zweifelhafte Hoffnung ist),
dass der Computer nicht abstürzt, der Knoten gutartig ist,
eine Liebe erwidert wird, dass der Schwangerschaftstest positiv (oder negativ) ist,
dass der Baum nicht nadelt, die Milch nicht sauer ist oder die Antwort ein Ja:
Das alles mag einzeln nicht viel sein,
aber zusammen genommen ist es doch eine ganze Menge Hoffnung.
Susanne Niemeyer, Damit wir klug werden. 100 Experimente mit Gott, Freiburg 2015, S.84.

Kunst gibt zu denken

„Wenn es nur eine einzige Wahrheit gäbe, könnte man nicht hundert Bilder über dasselbe Thema malen!" (Pablo Picasso).

• Erläutern Sie dieses Zitat vor dem Hintergrund Ihrer Überlegungen und Erkenntnisse zur Wahrnehmung von Wirklichkeit.

Wahrnehmungen hinterfragen

Interpretieren Sie die Karikatur und ordnen Sie sie begründet einer passenden thematischen Doppelseite des vorherigen Kapitels zu.

Schwierige Entscheidung

Angenommen, Sie würden als Großmutter bzw. Großvater von Ihrem Enkelkind mit der Frage konfrontiert, ob man bei den wichtigen Entscheidungen des Lebens besser auf den Kopf oder das Herz hören sollte, wie würden Sie reagieren? Verfassen Sie eine begründete Antwort.

Kann ja eigentlich nicht sein

„Wenn ich als Kind hingefallen war, tröstete mich meine Mutter. Sie pustete und sprach die magischen Worte: ‚Schau mal, Eckart, da fliegt das Aua durchs Fenster!' Und ich habe es wirklich fliegen sehen. Sogar durch geschlossene Fenster. Mein ganzes Medizinstudium habe ich darauf gewartet, dass mir ein gelehrter Professor erklärt, warum das Aua fliegen kann." (E. von Hirschhausen)
Erläutern Sie, inwiefern ein Aua wegfliegen kann.

Abschlussaufgabe

Stellen Sie die Gedanken-Scanner (Projektaufgabe) Ihrer Lerngruppe vor. Erläutern Sie die verschiedenen Wirklichkeitsperspektiven, die in Ihrer Darstellung jeweils verwendet werden. Diskutieren Sie abschließend, welche Konsequenzen es für den Umgang miteinander hätte, wenn es tatsächlich möglich wäre, auf diese Weise in die Wahrnehmungen anderer „hineinzusehen".

Anhang

Stichwortverzeichnis

Quellenverzeichnis

Bildquellennachweis

Umschlag ShutterStock.com RF (pluie_r), New York, NY; **V2.1** Picture-Alliance (dpa / Wolfgang Kumm), Frankfurt; **V1.1** Picture-Alliance (dpa / EPA / Andy Rain), Frankfurt; **V2.2** stock.adobe.com (Oksana Duschek), Dublin; **V1.2** 123rf Germany, c/o Inmagine GmbH (Artem Egorov), Nidderau; **V2.3** stock.adobe.com (canbedone), Dublin; **V1.3** stock.adobe.com (Johnny), Dublin; **2.1** MISEREOR-Hungertuch 2017/2018 „Ich bin, weil du bist" von Chidi Kwubiri © MISEREOR; **2.2** akg-images, Berlin (c) VG Bild-Kunst, Bonn 2018 [Franz Radziwill: Der Kosmos kann zerstört werden, der Himmel nicht, 1953]; **3.1** Alamy stock photo, Granger Historical Picture Archive, Abingdon (c) VG Bild-Kunst, Bonn 2018 [Edward Hopper: Zimmer am Meer, 1951]; **3.2** imago, Landmark Media, Berlin (c) VG Bild-Kunst, Bonn 2018 [Marina Abramovic: Rhythm, 1974]; **4.1** Interaktives Kunstprojekt Heilig-Kreuz-Kirche Münster 2011 (c) Sara Dietrich, Foto: Melina Oak; **4.2** Picture-Alliance (dpa / EPA / Andy Rain), Frankfurt; **7** MISEREOR-Hungertuch 2017/2018 „Ich bin, weil du bist" von Chidi Kwubiri © MISEREOR; **9** 123rf Germany, c/o Inmagine GmbH (Artem Egorov), Nidderau; **11.1** ShutterStock.com RF (Motortion Films), New York, NY; **11.2** 123rf Germany, c/o Inmagine GmbH (Antonio Diaz), Nidderau; **11.3** 123rf Germany, c/o Inmagine GmbH (Cathy Yeulet), Nidderau; **11.4** Getty Images Plus (monkeybusinessimages), München; **11.5** Getty Images Plus (Juanmonino/iStock), München; **11.6** Getty Images Plus (iStock / Daisy-Daisy), München; **14** Mattiello/toonpool.com; **15** akg-images, Album, Berlin (c) Banco de México Diego Rivera Frida Kahlo Museums Trust / VG Bild-Kunst Bonn, 2018 [Frida Kahlo: The Broken Column, 1944]; **16.1** 123rf Germany, c/o Inmagine GmbH (Dean Drobot), Nidderau; **16.2** 123rf Germany, c/o Inmagine GmbH (Fabio Formaggio), Nidderau; **16.3** Getty Images Plus (William Perugini/Image Source), München; **18** akg-images (Zeichnung: Gerd Hartung), Berlin; **19** Artothek, Museum Folkwang Essen, Spardorf [Edvard Munch: Der Kuss, 1895]; **20.M6** 123rf Germany, c/o Inmagine GmbH, Nidderau; **20.M7** Picture-Alliance (AP / Jens Meyer)), Frankfurt; **20.M8** laif (Jasmin KRPAN / GAMMA), Köln; **20.M9** Getty Images Plus (iStock / teksomolika), München; **22** Interfoto (Felicitas), München; **24** epd-bild (Andreas Schoelzel), Frankfurt; **25** Alamy stock photo (Lanmas), Abingdon; **26** Alamy stock photo, Granger Historical Picture Archive, Abingdon (c) Banco de México Diego Rivera Frida Kahlo Museums Trust / VG Bild-Kunst, Bonn 2018 [Frida Kahlo: Diego und ich, 1959]; **28** Keystone, Hamburg; **29** laif (Hollandse Hoogte / Marco Okhuizen), Köln; **31** akg-images, Berlin (c) VG bild-Kunst, Bonn 2018 [Franz Radziwill: Der Kosmos kann zerstört werden, der Himmel nicht, 1953]; **33.1** artothek, Peter Willi, Spardorf (c) Succession Picasso / VG Bild-Kunst, 2018 [Pablo Picasso: Die Friedenstaube, Entwurf, 1961]; **33.2** Picture-Alliance (Artur Widak / NurPhoto), Frankfurt; **34** bpk-images, Hamburger Kunsthalle, Berlin (c) Fondation Oskar Kokoschka / VG Bild-Kunst, Bonn 2018 [Oskar Kokoschka: Sturmflut in Hamburg]; **40** stock.adobe.com (thauwald-pictures), Dublin; **42** stock.adobe.com (skyNext), Dublin;

44 stock.adobe.com (Johnny), Dublin; **46** Kretzer, Claudius, ..; **48** imago images (epd), Berlin; **50** Derenthal, Olaf, ..; **51.1** 123rf Germany, c/o Inmagine GmbH (VITALII SHCHERBYNA), Nidderau; **51.2** Abtei Dormitio, Tiberias; **51.3** Abtei Dormitio, Tiberias; **52** stock.adobe.com (canbedone), Dublin; **53** Alamy stock photo, Granger Historical Picture Archive, Abingdon (c) VG Bild-Kunst, Bonn 2018 [Edward Hopper: Rooms by the Sea, 1951; **54** Rudolph, Elisabeth, ..; **55** Hain, Rüdiger, Fulda; **56** Bridgeman Images, Private Collection /James Goodman Gallery, Berlin (c) VG Bild-Kunst, Bonn 2018 [Edward Hopper: Summer in the City, 1950]; **58** J. Verheesen [CC BY-SA 3.0 (https://creativecommons.org/licenses/by-sa/3.0)], siehe *3; **61** akg-images, Erich Lessing, Berlin (c) Succession Picasso / VG Bild-Kunst, Bonn 2018 [Pablo Picasso: Guernica, 1937]; **62** ShutterStock.com RF (nearchos), New York, NY; **62** ShutterStock.com RF (meunierd), New York, NY; **66** akg-images (SMB, Gemäldegalerie), Berlin; **67** stock.adobe.com (diuno), Dublin; **68** akg-images (André Held), Berlin; **69** akg-images, Berlin (Ikone) übermalt von Kerstin Walter; **70** Getty Images Plus (iStock / Rawpixel), München; **72** akg-images, Berlin; **74** imago images (epd), Berlin; **75** Picture-Alliance, Frankfurt; **76** Hain, Rüdiger, Fulda; **77** imago, Landmark Media, Berlin (c) VG Bild-Kunst, Bonn 2018 [Marina Abramovic: Rhythm, 1974]; **79** Fotosatz_Buck, Kumhausen/Hachelstuhl; **84** ShutterStock.com RF (charnsitr), New York, NY; **86.1** ShutterStock.com RF (FeelGoodLuck), New York, NY; **86.2** ShutterStock.com RF (Dmytro Zinkevych), New York, NY; **87.1** ShutterStock.com RF (Willyam Bradberry), New York, NY; **87.2** ShutterStock.com RF (Master Video), New York, NY; **89.1** ShutterStock.com RF (Alexander_P), New York, NY; **89.2** ShutterStock.com RF (studiostoks), New York, NY; **92** ShutterStock.com RF (marekuliasz), New York, NY; **95** www.panthermedia.net (nuttakit), München; **96** Tan, Silvia Maria, Münster; **102** ShutterStock.com RF (Kathy Hutchins), New York, NY; **102** Alamy stock photo, Marmaduke St. John, Abingdon, Oxon (c) VG Bild-Kunst, Bonn 2020 [Marina Abramovic: The Artist is present]; **103** CartoonStock Ltd (Forsman, Kresten), Bath; **105** Interaktives Kunstprojekt Heilig-Kreuz-Kirche Münster 2011 (c) Sara Dietrich, Foto: Melina Oak; **107** stock.adobe.com (silvae), Dublin; **108** Alamy stock photo, Sam Stephenson, Abingdon, Oxon [Martin Barraud: There But Not There]; **111** Getty Images Plus (Vetta / AskinTulayOver), München; **112** Picture-Alliance (chromorange), Frankfurt; **113** Plaßmann, Thomas, Essen; **114** epd-bild (Oliver Hauptstock), Frankfurt; **116** Plaßmann, Thomas, Essen; **117.1** Bistum Essen, Essen; **117.2** Bistum Essen, Essen; **117.3** Bistum Essen, Essen; **117.4** Bistum Essen, Essen; **117.5** Bistum Essen, Essen; **117.6** Bistum Essen, Essen; **118.1** iStockphoto (E+ / choja), Calgary, Alberta; **118.2** stock.adobe.com (benjaminnolte), Dublin; **118.3** Getty Images (Westend61), München; **118.4** imago images (biky), Berlin; **118.5** (c) KNA-Bild (Jörg Loeffke), Bonn; **118.6** Picture-Alliance (dpa-Zentralbild), Frankfurt; **118.7** (c) KNA-Bild, Bonn; **118.8** Getty Images (Westend61), München; **118.9** epd-bild (Stefan Arend), Frankfurt; **119** Fotosatz_Buck, Kumhausen/Hachelstuhl;

120 akg-images (De Agostini Picture Library), Berlin; **121** epd-bild (Stefan Arend), Frankfurt; **123** (c) KNA-Bild, Bonn; **125.1** Jugendkirche effata[!] (Anselm Thissen), Münster; **125.2** Jugendkirche effata[!] (Anselm Thissen), Münster; **125.3** (c) KNA-Bild (Harald Oppitz), Bonn; **126** epd-bild (Jens Schlüter), Frankfurt; **127.1** epd-bild (Norbert Neetz), Frankfurt; **127.2** epd-bild (Christina Oezlem Geisler), Frankfurt [Alexander Wiedekind-Klein, BlessU-2]; **129** Picture-Alliance (dpa / EPA / Andy Rain), Frankfurt; **131** ShutterStock.com RF (Rawpixel.com), New York, NY; **132** ShutterStock.com RF (igor kisselev), New York, NY; **133.1** stock.adobe.com (Valenty), Dublin; **133.2** ShutterStock.com RF (Monkey Business Images), New York, NY; **134.1** akg-images, Berlin. (c) VG Bild-Kunst, Bonn 2019 [Marc Chagall: Der Spaziergang]; **134.2** stock. adobe.com (Michael Eichhammer), Dublin; **135** ShutterStock.com RF (modigia), New York, NY; **136.M2** Kranenberg, Hendrik, Drolshagen; **136.M3** ShutterStock. com RF (Jan van der Hoeven), New York, NY; **137.1** stock. adobe.com (Fiedels), Dublin; **137.2** ShutterStock.com RF (H Art), New York, NY; **139.1** Kranenberg, Hendrik, Drolshagen; **139.2** akg-images (Heritage-Images / The Print Collector), Berlin; **140** ShutterStock.com RF (Franzi), New York, NY; **141** ShutterStock.com RF (View Apart), New York, NY; **142.1** stock.adobe.com (mehaniq41), Dublin; **142.2** stock.adobe.com (Franz Pfluegl), Dublin; **143** Picture-Alliance (AP Photo/John Minchillo), Frankfurt; **144** Alamy stock photo (Helmut Feil), Abingdon; **146** Plaßmann, Thomas, Essen; **148** stock.adobe.com (pfluegler photo), Dublin; **149.1** stock. adobe.com (klesign), Dublin (Fotonegativ); **149.2** stock. adobe.com (Victor), Dublin; **149.3** stock.adobe.com (Fiedels), Dublin; **149.4** Getty Images Plus/Microstock (iStock / Marvid), München; **149.5** Klett-Archiv; **149.6** stock.adobe.com (klesign), Dublin; **150** Picture-Alliance (dpa / Wolfgang Kumm), Frankfurt; **151** stock.adobe.com (Oksana Duschek), Dublin; **152** CartoonStock Ltd (Lopes, Tony -Stoney-), Bath

*3 Lizenzbestimmungen zu CC-BY-SA-4.0 siehe: http:// creativecommons.org/licenses/by-sa/4.0/legalcode

Sollte es in einem Einzelfall nicht gelungen sein, den korrekten Rechteinhaber ausfindig zu machen, so werden berechtigte Ansprüche selbstverständlich im Rahmen der üblichen Regelungen abgegolten.

Textquellennachweis

8 Interview mit Chidi Kwubiri, geführt von Inka Dewitz, v. 13.09.2016, Perfect Shot Films Berlin. Übersetzung ins Deutsche: Barbara Kochhan, Duisburg. https://blog.misereor.de/2016/09/13/misereor-hungertuch-kuenstler-chidi-kwubiri-kunst-ist-mir-angeboren/; **10** Solveig D. aus Münster, in: „Mein 18. November". Menschen schreiben Alltagsgeschichte(n). Hrsg. v. Ruth-E. Mohrmann, Britta Spies und Lutz Volmer. Münster/New York/München/Berlin (Waxmann) 2006, S. 48–50.; **12** Fulbert Steffensky, Wider die Angst vor dem Unglück, in: EFL-Beratung Nr. 40/2018, S. 19–27, hier: S. 26 f.; **12.M2** Reinhold Boschki, „Beziehung" als

Leitbegriff der Religionspädagogik. Grundlegung einer dialogisch-kreativen Religionsdidaktik, Ostfildern 2003, S. 89.; **13** Hans-Joachim Höhn, Postsäkular. Gesellschaft im Umbruch – Religion im Wandel, Paderborn u. a. 2007; **13.M3** Hans-Joachim Höhn, Zeit und Sinn. Religionsphilosophie postsäkular, Paderborn u.a. 2010, S. 127.; **13.M4** Hans-Joachim Höhn, Postsäkular. Gesellschaft im Umbruch – Religion im Wandel, Paderborn u. a. 2007, S. 66.; **14** Bernhard Beller: Anthropologie und Ethik bei Arnold Gehlen. Inaugural-Dissertation zur Erlangung des Doktorgrades der Philosophie an der Ludwig-Maximilians-Universität München. v. 19.07.2010, unter: https://edoc.ub.uni-muenchen.de/15913/1/Beller_ Bernhard.pdf (S. 41; 42); **16** Georg Langemeyer, Art. Personalität des Menschen, in: Wolfgang Beinert (Hg.), Lexikon der katholischen Dogmatik, Freiburg 1997, S. 413.; **16** Hans Belting, Faces. Eine Geschichte des Gesichts, München 2/2014, S. 26.; **17** Kathrin S. Kürzinger, „So bin ich – bin ich so?". Identität und Spiegelungen des Selbst in Selfies und Selbstporträts, in: Tanja Gojny u.a. (Hrsg.), Selfie –I like it. Anthropologische und ethische Implikationen digitaler Selbstinszenierung, Stuttgart 2016, 117–129, hier: 127 f.; **17** Kathrin S. Kürzinger, „So bin ich – bin ich so?". Identität und Spiegelungen des Selbst in Selfies und Selbstporträts, in: Tanja Gojny u.a. (Hrsg.), Selfie –I like it. Anthropologische und ethische Implikationen digitaler Selbstinszenierung, Stuttgart 2016, 117–129, hier: 127 f.; **18** Konrad Stauss, Die heilende Kraft der Vergebung. Die sieben Phasen spirituelltherapeutischer Vergebungs- und Versöhnungsarbeit, München 2010, S. 48 f.; **18** Herbert Vorgrimler, Art. Agape, in: Neues Theologisches Wörterbuch, Verlag Herder 2000.; **19** Detlef Lienau, Fitness – Selbstvergöttlichung oder Identitätsermöglicher? Körperpraktiken aus christlicher Sicht, in: inspiration 2/2018, S. 2–8; **20** Carey Hart, Tattoos und ihre Geschichten, übers. v. Nadine Kaatz u. Ben del Rio. Potsdam 2013, S. 74.; **20** Michelle Delio, Tattoo: Tätowierung – der wiederentdeckte Kult, übers. v. Helmut Roß, Niedernhausen 1994, S. 13.; **21** Silke Heine: Glaube geht unter die Haut, in: katholisch.de, Jerusalem - 21.03.2015, unter: https://www.katholisch. de/aktuelles/aktuelle-artikel/glaube-geht-unter-die-haut; **21** Detlef Lienau, Fitness – Selbstvergöttlichung oder Identitätsermöglicher? Körperpraktiken aus christlicher Sicht, in: inspiration 2/2018, S. 2–8.; **22** Clara Herdeanu, Sprache & Wissen. Wie wissen wir, was wir zu wissen glauben?, in: https://www.sprachrealitaet.de/ sprache-macht-diskurs/sprache-wissen/; **22** Martin Heidegger, Unterwegs zur Sprache, Pfullingen 1959, S. 11.; **23** Sprache schafft Wirklichkeit - Glossar und Checkliste zum Leitfaden für einen rassismuskritischen Sprachgebrauch, hrsg. von AntiDiskriminierungsBüro (ADB) Köln / Öffentlichkeit gegen Gewalt e.V., Köln 2013; **24** Eberhard Jüngel, Hoffen, Handeln - und Leiden. Zum christlichen Verständnis des Menschen aus theologischer Sicht, v. 28.01.2002, unter: https://www. ekd.de/bioethik_juengel_vortrag_020128.htm, Hervorhebungen im Original.; **25** Eberhard Jüngel, Hoffen, Handeln - und Leiden. Zum christlichen Verständnis des Menschen aus theologischer Sicht, v.

28.01.2002, unter: https://www.ekd.de/bioethik_juengel_vortrag_020128.htm; **26** Claudia Hofrichter u. a. (Hg.), Ich glaube. Handreichung zur Firmvorbereitung, München 1994, S. 274.; **26** Gottfried Wenzelmann, Innere Heilung. Theologische Basis und seelsorgerliche Praxis, Wuppertal 2010, S. 103 f.; **28** Hans Scholl/Sophie Scholl, Briefe und Aufzeichnungen, hrsg. v. Inge Jens, Frankfurt 1995; **29** Sophie van der Stap, Heute bin ich blond. Das Mädchen mit den neun Perücken, übers. v. Barbara Heller. München 2009, 33. 48–50.; **32** Heribert Prantl, Leiter des Meinungsressorts der Süddeutschen Zeitung, Bibel heute 3/2016, S. 25.; **34** Norbert C. Baumgart, Gab es wirklich eine Sintflut?, in: Bibel heute 2/2007, 17 f.; **36** Erich Zenger, Christoph Dohmen, Irmtraud Fischer: Die Anfänge, in: Die Bibel. Einheitsübersetzung. Kommentierte Studienausgabe. Stuttgarter Altes Testament. Band 1, hg. v. Christoph Dohmen, Stuttgart, Katholisches Bibelwerk 2017, S. 7 f.; **37** Dirk Schliephake, Bibel erzählen praktisch, in: Bibel heute 3/2016, S. 28.; **38** Stuttgarter Altes Testament. Einheitsübersetzung mit Kommentar und Lexikon, hg. v. Erich Zenger, übers. v. Heinrich Arenhoevel. Stuttgart 2004, S. 27.; **39** Bettina Wellmann, Von einem Schöpfergott, dem alles leidtut, in: Bibel heute 2/2007, 6 f.; **40** Uta Zwingenberger, Begreifen, was uns ergreift, in: Bibel heute 2/2005, S. 18–21.; **43** Deutsche Bibelgesellschaft, unter: https://www.die-bibel.de/bibeln/leitfaden-bibellese/ist-die-bibel-noch-aktuell/die-bibel-wort-gottes/; **44** Benedikt Jürgens, Die ersten fünf Bücher der Bibel – Der „Pentateuch", in: Andreas Leinhäupl (Hg.), Jetzt verstehe ich die Bibel, Stuttgart 2010, S. 90 f.; **44** Einheitsübersetzung der Heiligen Schrift, vollständig durchgesehene und überarbeitete Ausgabe © 2016 Katholische Bibelanstalt, Stuttgart; **45** Hanna Liss, TANACH – Lehrbuch der jüdischen Bibel, Heidelberg 2008, S. 25 f.; **46** Benedikt Kranemann, Die Flut und die Taufe, in: Bibel heute 2/2007, S. 24 f.; **46** Die Feier der Kindertaufe in den katholischen Bistümern des deutschen Sprachgebietes, hrsg. im Auftr. der Bischofskonferenzen Deutschlands, Österreichs und der Schweiz und des Bischofs von Luxemburg, Freiburg: Herder 2001; **47** Benedikt Kranemann, Die Flut und die Taufe, in: Bibel heute 2/2007, S. 24 f.; **48** Liedtext „Mehr als dies" Text: Heinz Rudolf Kunze © M8 Musik Edition/ Weltverbesserer Musikverlag GmbH Kunze Edition Intro Gebr. Meisel GmbH, Berlin, erschienen auf der CD „Das Original" Ariola (Sony Music), produziert von Heiner Lürig und Heinz Rudolf Kunze; **48** Elisabeth Birnbaum, „Wenn dich morgen dein Kind fragt", in: Bibel heute 3/2016, S. 4 f.; **49** Johann Baptist Metz, Glaube in Geschichte und Gesellschaft. Studien zu einer praktischen Fundamentaltheologie, 5. Auflage, Mainz 1992, 192.; **50** Aus dem Blog von Pater Olaf Derenthal: Pastoralarbeit in Zeiten von Rebellion und Gewalt, 22. Mai 2018, unter: https://olafcssp.wordpress.com/2018/05/22/pastoralarbeit-i; **52** Josef Karg im Interview mit Moritz Bleibtreu: „Das Internet hat zu viel Einfluss auf die Menschen", Augsburger Allgemeine v. 19.10.2018, unter: https://www.augsburger-allgemeine.de/panorama/Moritz-Bleibtreu-Das-Internet-hat-zu-viel-Einfluss-auf-die-Menschen-id52485816.html; **56** Björn

Krause, Bevor du in den Tag springst, nimm Anlauf, in: Cord 3/2018, S. 55–58.; **57** Wilhelm Schmid, Philosophie der Lebenskunst. Eine Grundlegung, Frankfurt 1999, S. 88–91.; **58** Epikur. Brief an Menoikeus. Zitiert nach: Epikur. Philosophie der Freude. Eine Auswahl aus seinen Schriften übersetzt, erläutert und eingeleitet von Johannes Mewaldt. Stuttgart 1973, S. 40–42.; **59** Otto Hermann Pesch, Katholische Dogmatik aus ökumenischer Erfahrung, Bd. 2, Ostfildern 2010, S. 828.; **60** Michael Tilly, Apokalyptik, Tübingen 2012, S. 20.52.53.; **60** Michael Tilly, Apokalyptik, Tübingen 2012, S. 88.91.; **61** Michael Tilly, Apokalyptik, Tübingen: Francke 2012, S. 59.61.; **62** Aron Moss: Nächstes Jahr in Jerusalem... wirklich!, in jüdische.info, unter: https://de.chabad.org/holidays/passover/pesach_cdo/aid/1219847/jewish/Nchstes-Jahr-in-Jerusalem.htm; **63** Klaus Koenen: Eschatologie (AT), v. Januar 2007, in Bibelwissenschaft.de, unter: https://www.bibelwissenschaft.de/wibilex/das-bibellexikon/lexikon/sachwort/anzeigen/details/eschatologie-at/ch/3bfeb137218c8a1a59163138deaee307/; **63** Daniel Lifschitz, Auf drei Säulen ruht die Welt. Lebenswissen der Chassidim, übers. v. Christina Callori di Vignale. Freiburg 1996, S. 12.; **64** Kasper, Walter, Jesus der Christus, Mainz 1992, S. 83-85.; **65** Lothar Wehr, Die Gegenwart der Gottesherrschaft – ein Anfang, der Großes verheißt (Mk 4,3–9,26–29.30–32), in: Christoph Heil/Rudolf Hoppe (Hg.), Menschenbilder Gottesbilder. Die Gleichnisse Jesu verstehen, Ostfildern 2016, S. 64–66.; **66** Jacob Kremer, Lukasevangelium, Würzburg 1988 (Die neue Echter Bibel: Kommentar zum Neuen Testament, Bd. 3), S. 161 f.; **66** Eleonore Beck/ Gabriele Miller/ Eugen Sitarz (Hg.): Das Neue Testament. Übersetzt von Fridolin Stier, München: Kösel 1989; **66** Josef Hainz (Hg.): Münchener Neues Testament, Mannheim: Patmos-Verlag 2013; **66** Kurt Erlemann, Fenster zum Himmel. Gleichnisse im Neuen Testament, Göttingen: Vandenhoeck & Ruprecht 2017, S. 126.; **66** Katholisches Bibelwerk (Hg.): Die Bibel. Gesamtausgabe. Revidierte Einheitsübersetzung 2017, Stuttgart: Katholisches Bibelwerk 2016; **66** Deutsche Bibelgesellschaft (Hg.): Die Bibel nach Martin Luthers Übersetzung. Lutherbibel revidiert 2017, Stuttgart: Deutsche Bibelgesellschaft 2016; **66** Deutsche Bibelgesellschaft (Hg.): Zürcher Bibel, Stuttgart 2019; **66** Deutsche Bibelgesellschaft (Hg.): Gute Nachricht Bibel, Stuttgart: Deutsche Bibelgesellschaft 2016; **66** Constanze Grimm (Hg.): Und Gott chillte. Die Bibel in Kurznachrichten, Frankfurt/Main: Edition Chrismon 2009.; **66** Peter Zürn, 25. Sonntag im Jahreskreis Lesejahr C. Lk 16,1-13, unter: https://www.bibelwerk.de/fileadmin/sonntagslesung/c_jahreskreis.25_e_lk.16.pdf; **67** Jacob Kremer, Lukasevangelium, Würzburg 1988 (Die Neue Echter Bibel: Kommentar zum NT mit der Einheitsübersetzung, Bd. 3), S. 162.; **67** Josef Ernst, Lukas. Ein theologisches Portrait, Düsseldorf 1985, S. 90.; **68** Rita Burrichter/Claudia Gärtner, Mit Bildern lernen. Eine Bilddidaktik für den Religionsunterricht, München 2014, S. 85.; **68** Konrad Onasch/Annemarie Schnieper, Ikonen. Faszination und Wirklichkeit, München: Bassermann 2007, S. 18, 19.; **70** Al-Ghasāli, Das Elixier der

Glückseligkeit, aus dem Persischen und Arabischen übertragen von Hellmut Ritter, Wiesbaden 2017, S. 24, 57 f.; **70** Der Koran. Übersetzt von Adel Theodor Khoury. Unter Mitwirkung von Muhammad Salim Abdullah, Gütersloher Verlagshaus, Gütersloh, 4. Auflage, 2007.; **71** Die Botschaft des Koran, Übersetzung und Kommentar, v. Muhammad Asad, Ostfildern 2015, S. 1181.; **71** Mouhanad Khorchide, Islam ist Barmherzigkeit, Freiburg: Herder 2012, S. 85.94.95.; **72** Bernd Schröder, Glück + Lebenskunst = Segen?, in: Rudolf Englert, Helga Kohler-Spiegel, Elisabeth Naurath, Bernd Schröder und Friedrich Schweitzer (Hg.), Glück und Lebenskunst, Neukirchen-Vluyn 2013 (Jahrbuch der Religionspädagogik, Bd. 29), S. 205–207.; **73** Pinchas Lapide, Pinchas Lapide, Gütersloh 1996; **73** Said, Psalmen, München 2008, S. 88; **73** Fridolin Stier, Vielleicht ist irgendwo Tag, Freiburg 1993, S. 108.; **74** Dorothee Sölle; Luise Schottroff, Die Erde gehört Gott, Hamburg 1985, S. 137 f.; **74** Streeck, Nina, Dorothee Sölle, in: Internetportal Rheinische Geschichte, abgerufen unter: http://www.rheinische-geschichte.lvr.de/Persoenlichkeiten/dorothee-soelle/DE-2086/lido/57c9529636ad16.61654631 (25.11.2018); **75** Janne Teller, Krieg. Stell dir vor, er wäre hier, übers. v. Sigrid Engeler, München 2011, S. 7–12.14.15.; **76** https://artgallery.yale.edu/collections/objects/52939; **78** Lena Essling (Hg.): Marina Abramovic. The Cleaner, übers. v. Wolfdietrich Müller, Johannes F. Sohlman, Matthias Wolf, Berlin 2017, 86.; **79** Marina Abramovic: Durch Mauern gehen. Autobiografie, übers. Charlotte Breuer und Norbert Möllemann, München 2016, 94-97.; **80** Aus: Babel, ein Traum von Macht, Thomas Rosen & Aziz al-Kashani, Jan de Leeuw, Babel, übers. v. Rolf Erdorf, Stuttgart: Verlag Freies Geistesleben 2018, S. 123–125.; **81** Günter Rager: Naturalistische Leugnung von Freiheit und radikaler Freiheitsbegriff: Wie frei sind wir wirklich?, 14.07.2011, unter: https://www.eugen-biser-stiftung.de/fileadmin/user_upload/Veranstaltungen/Vortrag_Rager_14072011_Freiheit.pdf (am 18.10.2018); **82** Fernando Savater, Tu, was du willst. Ethik für die Erwachsenen von morgen, übers. v. Wilfried Hof, Frankfurt: Campus 1993, zit. nach Weinheim/ Basel: Beltz und Gelberg 2001, S. 57–59.; **83** Thomas Pröpper, Gottes Freundschaft suchen. Predigten, geistliche Gedanken und Gebete, hrsg. von Klaus Müller, Regensburg: Verlag Friedrich Pustet 2016, S. 201.203–205.; **84** Julian Nida-Rümelin/ Nathalie Weidenfeld, Digitaler Humanismus. Eine Ethik für das Zeitalter der Künstlichen Intelligenz, München 2018, 26-30.; **84** Matthias Kreienbrink, Der Mensch hinter der Klickmaschine, in: ZEIT ONLINE, 29.05.2018, unter: https://www.zeit.de/digital/games/2018-05/detroit-become-human-playstation-4-kuenstliche-intelligenz-menschlichkeit-spiel; **85** Catrin Misselhorn, Maschinenethik und „Artificial Morality": Können und sollen Maschinen moralisch handeln? in: Aus Politik und Zeitgeschichte 6-8/ 2018, auch unter: http://www.bpb.de/apuz/263684/koennen-und-sollen-maschinen-moralisch-handeln?p=all; **88** Muhammad Rassoul: Sahih Al-Buharyy. Düsseldorf 2008, 38.; **88** Revidierte Elberfelder Bibel (Rev. 26) © 1985/1991/2008 SCM R.

Brockhaus im SCM-Verlag GmbH & Co. KG, Witten; **88** Carl Gustav Jung, in: Hans-Martin Lohmann, Sigmund Freud, Abriss der Psychoanalyse, Ditzingen: Reclam 2017, S. 11.; **88** Leon Festinger, Theorie der kognitiven Dissonanz, übers. v. Volker Möntmann, Bern/Stuttgart/Wien: Huber 1957, S. 15.16.18.43.46.47.; **88** Gaudium et spes, Artikel 16 (Auszug aus dem Konzilstext „Gaudium et spes" 1965 der katholischen Kirche), Pastoralkonstitution über „Die Kirche in der Welt von Heute", verkündet in der 3. Öffentlichen Sitzung des 2. Vatikanischen Ökemenischen Konzils am 7.12.1965, Übers. im Auftrag der deutschen Bischöfe, KNA (Kath. Nachrichtenagentur); **88** Auszug aus: Liedtext „Jein", Text: Björn Warns/ Martin Schrader/ Boris Lauterbach/ Mario von Hacht © Rückbank Musikverlag, Hamburg, in: Fettes Brot: Außen Top Hits, innen Geschmack. Alternative Records 1996, Track 2.; **88** Carl Gustav Jung: Gesammelte Werke. Band 7. Das Gewissen in psychologischer Hinsicht. Zürich 1958, 185-207.; **88** Jack Hawley: Bhagavadgita: Der Gesang Gottes. Eine zeitgemäße Version für westliche Leser, übers. v. Peter Kobbe, München 2002, 120.; **89** Leo Festinger, Theorie der kognitiven Dissonanz. übers. v. Volker Möntmann, Bern/Stuttgart/Wien 1978, S. 15, 16, 18, 43, 46, 47.; **90** Jutta Standop, Werte-Erziehung. Einführung in die wichtigsten Konzepte der Werteerziehung, Weinheim/Basel: Beltz 2005, S. 45–49.; **92** Josef Bordat, Gewissen. Ein katholischer Standpunkt, Bonn: Lepanto-Verlag 2013, S. 24–18.; **93** Max Josef Suda, Die Ethik Martin Luthers, Göttingen: Vandenhoeck und Ruprecht, 2006, S. 60.; **93** Rüdiger Kaldewey/Franz Wendel Niehl, Grundwissen Religion. Begleitbuch für Religionsunterricht und Studium, München: Kösel 2009, S. 192.194.196.197.; **94** Max Josef Suda, Ethik. Ein Überblick über die Theorien vom richtigen Leben, Wien/ Köln/ Weimar 2005, 17.; **94** Rupert Scheule, Wir Freiheitsmüden. Warum Entscheidung immer mehr zur Last wird, München: Kösel 2015, S. 93–95.; **96** Silvia Tan, unter: https://www.gib-deinem-gewissen-eine-stimme.com (abgerufen am 22.10.2018); **96** Vgl. Heinz Eduard Tödt, Versuch einer ethischen Theorie sittlicher Urteilsfindung, in: Repetitorium der Ethik, hg. von Christopher Frey, Peter Dabrock und Stephanie Knauf, Waltrup 1997; **98** Frank Schubert, Filmkritik I, Robot, in: Spektrum - Die Woche v. 10.08.2004, auch unter: https://www.spektrum.de/news/i-robot/751810; **98** Julian Nida-Rümelin, Nathalie Weidenfeld, Digitaler Humanismus. Eine Ethik für das Zeitalter der Künstlichen Intelligenz, München: Piper 2018, S. 90–94.; **99** Yvonne Hofstetter, Sie wissen alles. Wie intelligente Maschinen in unser Leben eindringen und warum wir für unsere Freiheit kämpfen müssen, München: Bertelsmann 2014, S. 9.; **100** Peter Bieri, Das Handwerk der Freiheit. Über die Entdeckung des eigenen Willens, Frankfurt: Fischer 2007, S. 31–33. © Hanser Verlag 2001; **100** Moritz Schlick: Fragen der Ethik, Frankfurt a. M.: Suhrkamp 1984, S. 161–164.; **102** Hans Peter Riegel, Wie Lady Gaga Marina Abramović inspiriert, in Welt Online, am 16.05.2014, unter: https://www.welt.de/kultur/kunst-und-architektur/article128099958/Wie-Lady-Gaga-Marina-Abramovic-inspiriert.html; **108** Fulbert Steffensky, Schwarzbrot-

Spiritualität. Stuttgart 2006, S. 32–35.; **109** Was alles gottesdienstschön ist. Christen antworten. Andere Zeiten e. V., Sonntags. Erfindung der Freiheit, Hamburg 2013, S. 23.; **110** Roland Schulz, Reise ins Ich. In: Fluter – Wer Weiss? Das Glaubens-Heft. Heft 13/ Dezember 2004, Bundeszentrale für politische Bildung, S. 23–24.; **112** Dagmar Peters im Gespräch mit Reinhold Boschki: Hausaufgaben für die Kirchen, Domradio Köln v. 13.04.2018, unter: https://www.domradio.de/themen/glaube/2018-04-13/studie-belegt-jugendliche-glauben-gott am 28.10.2018.; **114** Roland Juchem, Man hat's nicht mit der Religion, KirchenZeitung Bistum Hildesheim v. 22.07.2015, unter: https://www.kiz-online.de/content/man-hats-nicht-mit-der-religion, am 28.10.2018.; **114** statista: Das Statistik-Portal: „Was würden Sie sagen, sind Ihnen christliche Werte wie zum Beispiel Nächstenliebe oder Barmherzigkeit in Ihrem persönlichen Leben wichtig oder nicht wichtig?", https://de.statista.com/statistik/daten/studie/186869/umfrage/wichtigkeit-christlicher-werte, am 28.10.2018; **114** https://www.bertelsmann-stiftung.de/fileadmin/files/BSt/Publikationen/GrauePublikationen/GP_Religionsmonitor_verstehen_was_verbindet_Religioesitaet_und_Zusammenhalt_in_Deutschland.pdf , Seite 14; **115** Domradio.de: Uta Vorbrodt: „"Gleichgültigkeit gegenüber der Kirche"", am 21.07.2017, https://www.domradio.de/themen/bist%C3%BCmer/2017-07-21/keine-trendwende-beim-mitgliederschwund; **115** evangelisch.de/ Martin Rothe, „Entscheidend ist solide geistliche Arbeit", v. 29.05.2013, unter: https://www.evangelisch.de/inhalte/84119/29-05-2013/detlef-pollack-entscheidend-ist-solide-geistliche-arbeit, (Entnahme 28.10.2018); **115** Allensbacher Archiv, IfD Umfrage 11017, 2013, unter: https://fowid.de/meldung/lebensauffassungen-katholiken; **116** Anna Findl-Ludescher, Art. Kirchenbilder in: Aigner/Findl-Ludescher/Prüller-Jagenteufel: Grundbegriffe der Pastoraltheologie (99 Wörter konkret), Don Bosco Verlag, München 2005, S. 110–113.; **117** https://zukunftsbild.bistum-essen.de/die-bistums-projekte/die-bistumsprojekte/initiative-fuer-den-verbleib-in-der-kirche/kirchenstudie/ergebnisse-stimmungsbild-und-interviews/; **117** https://zukunftsbild.bistum-essen.de/die-bistums-projekte/die-bistumsprojekte/initiative-fuer-den-verbleib-in-der-kirche/kirchenstudie/ergebnisse-stimmungsbild-und-interviews/; **117** https://zukunftsbild.bistum-essen.de/die-bistums-projekte/die-bistumsprojekte/initiative-fuer-den-verbleib-in-der-kirche/kirchenstudie/ergebnisse-stimmungsbild-und-interviews/; **117** https://zukunftsbild.bistum-essen.de/die-bistums-projekte/die-bistumsprojekte/initiative-fuer-den-verbleib-in-der-kirche/kirchenstudie/ergebnisse-stimmungsbild-und-interviews/; **117** https://zukunftsbild.bistum-essen.de/die-bistums-projekte/die-bistumsprojekte/initiative-fuer-den-verbleib-in-der-kirche/kirchenstudie/ergebnisse-stimmungsbild-und-interviews/; **118** Veronika Prüller-Jagenteufel, Art.

Grundvollzüge der Kirche, in: Aigner/Findl-Ludescher/Prüller-Jagenteufel: Grundbegriffe der Pastoraltheologie (99 Wörter konkret), Don Bosco Verlag, München 2005, S. 99–101.; **120** Udo Schnelle, Die theologische und literarische Formierung des Urchristentums, in: Friedrich Wilhelm Graf u. a. (Hg.): Die Anfänge des Christentums, Frankfurt am Main: Fischer Taschenbuch-Verlag 2009, S. 168–200.; **121** Detlef Pollack im Gespräch mit Michael Köhler, „Die Kirche hat enorm an Einfluss verloren", Deutschlandfunk v. 17.05.2012, unter: https://www.deutschlandfunk.de/die-kirche-hat-enorm-an-einfluss-verloren.694.de.html?dram:article_id=206033, am 28.10.2018; **122** Daniel Bogner, Die unkomfortable Lage der Kirchenkritik, in: Herder Korrespondenz 68 (2014), H. 1, S. 46–49.; **124** Kirsten Dietrich, Stylisch chillen mit Jesus, Deutschlandfunk Kultur v. 10.05.2018, unter: https://www.deutschlandfunkkultur.de/die-jugendkirche-effata-in-muenster-stylisch-chillen-mit.1278.de.html?dram:article_id=417616, am 28.10.2018; **124** Friederike Lanz (Bistum Limburg): „Seelsorge auf Schienen", v. 21.02.2018, unter: https://bistumlimburg.de/beitrag/seelsorge-auf-schienen/, am 28.10.2018; **126** Christian Führer, Und wir sind dabei gewesen. Die Revolution, die aus der Kirche kam, Berlin: Ullstein 2009, S. 214–219.; **127** Evangelische Kirche in Hessen und Nassau, Weltweit erster Segensroboter „BlessU-2" auf der Weltausstellung , unter: https://gott-neu-entdecken.ekhn.de/veranstaltungen-projekte/projekte-der-ekhn/segensroboter-blessu-2.html, am 28.10.2018; **127** Katja Ridderbusch, Abendmahl aus Plastik, Deutschlandfunk, Tag für Tag v. 25.07.2018, unter: https://www.deutschlandfunk.de/kommunionssets-in-den-usa-abendmahl-aus-plastik.886.de.html?dram:article_id=423676abgefugen am 28.20.18; **128** Fulbert Steffensky: Das Haus, das die Träume verwaltet, aus: ders. Das Haus, das die Träume verwaltet. Würzburg: Echter 1998, auch unter: http://www.landeskonvent-ekkw.de/pdf/Sonder-Mobo%201%20-%202006.pdf; **128** Zitat Alfred Loisy, in: Katholisches Sonntagsblatt Ausgabe 41/2011, auch unter: https://www.kathsonntagsblatt.de/inhalte.php?jahrgang=2011&ausgabe=41&artikel=6; **131** Astrid Erll, Marion Gymnich, Interkulturelle Kompetenzen. Erfolgreich kommunizieren zwischen den Kulturen, Stuttgart 2002, 54.; **132** Tamara Bach, Vierzehn. Hamburg 2016, 14–41.; **134** Julia Engelmann. Wir können alles sein, Baby. Neue Poetry-Slam-Texte, München 2015, S. 31–34.; **134** Bertolt Brecht, Liebesgedichte. Frankfurt/Main 2006; **135** Holger Wyrwa, Mobbing – nicht mit mir. München 2017, S. 25–28.; **136** Rainer Mausfeld, Wahrnehmungspsychologie, in: A. Schütz, H. Selg, M. Brand & S. Lautenbacher (Hrsg.), Psychologie. Eine Einführung in ihre Grundlagen und Anwendungsfelder. Stuttgart: Kohlhammer 2015; **138** Peter Kliemann, Glauben ist menschlich. Argumente für die Torheit vom gekreuzigten Gott, Stuttgart 2008, S. 51–52.; **138** Religionslehrerverband Münster, unter: http://www.vkrm.de/arbeitsweise_nw, (letzter Zugriff am 28.03.2019); **140** Peter Kliemann, Glauben ist menschlich. Argumente für die Torheit vom gekreuzigten Gott, Stuttgart 2001, S. 53–54.; **140** Josef Imbach, Woran Gott glaubt. Denkanstösse für Zeitgenossen, Würzburg 2004, S. 78.; **142** Ulrich Lüke, Das Säugetier von Gottes Gnaden. Evolution, Bewußtsein, Freiheit, Freiburg 2006, S. 27–29.; **143** Hans Kessler, Evolution und Schöpfung in neuer Sicht. Kevelaer 2009, S. 17–19.; **144** Liedtext „Unsichtbar", Text: Kristoffer Hünecke/ Johannes Strate © Rechte beim Urheber , in: Revolverheld, Album: Zimmer mit Blick, 2018 (P) 2018 Sony Music Entertainment Germany GmbH; **145** nach: Fluter – Wer Weiss? Das Glaubensheft (BpB). H. 13 2004, S. 25, geringfügig aktualisiert nach statista.de (div. Umfragen), 28.10.2018; **146** Sabine Pemsel-Maier, Grundbegriffe der Dogmatik. München 2003, S. 103–105.; **147** Hans Küng, Christ sein. Freiburg i. Br. 2016, 521-522.; **147** Zitat von Jorge Bucay, aus: Jorge Bucay, Komm, ich erzähl dir eine Geschichte. übers. v. Stephanie von Harrach, Zürich: Ammann 2005; **147** Auszug aus Liedtext „Unsichtbar", Text: Kristoffer Hünecke/ Johannes Strate © Rechte beim Urheber, in: Revolverheld, Album: Zimmer mit Blick, 2018 (P) 2018 Sony Music Entertainment Germany GmbH; **148** Schweizer Portal für Philosophie, Hermeneutik, unter: https://www.philosophie.ch/philosophie/ themenbereiche/theoretische-philosophie/hermeneutik, am 28.10.2018.; **150** Eckart von Hirschhausen: Glück kommt selten allein. Hamburg 2015, 62-64; **150** Jonathan Steinert, Interview mit Eckart von Hirschhausen, pro-medienmagazin, 11.06.2015, unter: https://www. pro-medienmagazin.de/gesellschaft/ gesellschaft/2015/06/11/jeder-mensch-ist-ein-wunder/, am 28.10.2018; **150** Eckart von Hirschhausen, v. 14.05.2010 auf Domradio Köln, unter: https://www. domradio.de/themen/oekumenischer- kirchentag/2010-05-14/eckart-von-hirschhausen-ueber- oekumene-humor-und-die-kirchenkrise, am 28.10.2018; **150** Eckart von Hirschhausen, „Lachen oder verzweifeln? Lachen ist gesünder!", Domradio Köln v. 14.05.2010, unter: https://www.domradio.de/themen/ oekumenischer-kirchentag/2010-05-14/eckart-von- hirschhausen-ueber-oekumene-humor-und-die- kirchenkrise, letzter Zugriff am 28.10.2018; **151** Ludwig Wittgenstein: Tractatus logico-philosophicus: Logisch- philosophische Abhandlung (edition suhrkamp), Frankfurt/ Main 1987; **151** Susanne Niemeyer, Damit wir klug werden. 100 Experimente mit Gott. Freiburg 2015, S. 84.; **151** Andreas Knapp, Tiefer als das Meer, Würzburg: Echter 2005, S. 10.; **152** Pablo Picasso, unter: https:// www.gutzitiert.de/zitat_autor_pablo_picasso_thema_ malen_zitat_33175.html; **152** Eckart von Hirschhausen, „Geleitwort", in Anna-Elisabeth Neumeyer: Die Angst vergeht, der Zauber bleibt. Therapeutisches Zaubern® in Arztpraxen und Krankenhäusern. 2016, S.9.; Zeitalter der Künstlichen Intelligenz, München: Piper